Nas asas da mamata

EDUARDO MILITÃO, EUMANO SILVA,
LÚCIO LAMBRANHO E EDSON SARDINHA

Nas asas da mamata

A história secreta da farra das passagens
aéreas no Congresso Nacional

© 2021 - Eduardo Militão, Eumano Silva, Lúcio Lambranho e Edson Sardinha
Direitos em língua portuguesa para o Brasil:
Matrix Editora
www.matrixeditora.com.br

Diretor editorial
Paulo Tadeu

Capa, projeto gráfico e diagramação
Marcelo Correia da Silva

Foto da capa
Shutterstock

Revisão
Adriana Wrege
Silvia Parollo

CIP-BRASIL - CATALOGAÇÃO NA PUBLICAÇÃO
SINDICATO NACIONAL DOS EDITORES DE LIVROS, RJ

Nas asas da mamata / Eduardo Militão... [et al.] - 1. ed. - São Paulo: Matrix, 2021.
312 p.; 23 cm.

ISBN 978-65-5616-123-5

1. Brasil - Política e governo - História. 2. Corrupção na política - Brasil. I. Militão, Eduardo.

21-72054

CDD: 364.13230981
CDU: 328.185(81)

Meri Gleice Rodrigues de Souza - Bibliotecária - CRB-7/6439

Sumário

Agradecimentos 7

Apresentação 9

Primeira Parte – O CÉU É O LIMITE 13

Capítulo 1 – Lua de mel em Foz do Iguaçu..14
Capítulo 2 – Michel e Marcela passeiam no sul da Bahia 19
Capítulo 3 – As conexões da família Sarney..22
Capítulo 4 – Práticas perdulárias.. 26

Segunda parte – O ESCÂNDALO DAS PASSAGENS 29

Capítulo 5 – Conversa com a fonte em frente ao mercado 30
Capítulo 6 – Inquéritos rastreiam negócios paralelos 32
Capítulo 7 – Trabalho de reportagem 37
Capítulo 8 – Mais de meio século de vida no poder......................................41
Capítulo 9 – Surge uma pista sobre medidas sigilosas 43
Capítulo 10 – Uma "bomba" chega às mãos do repórter...............................47
Capítulo 11 – Apuração e checagem do conteúdo dos DVDs...................... 49
Capítulo 12 – O Congresso em Foco sacudiu o Parlamento....................... 53
Capítulo 13 – Ministros também voaram por conta do Legislativo............57
Capítulo 14 – Conhecer o mundo às expensas da Câmara.......................... 60
Capítulo 15 – As autoridades gostam de mordomias 68
Capítulo 16 – Os privilégios têm história 70
Capítulo 17 – Com o nome na roda, Gilmar Mendes pede investigação 76
Capítulo 18 – Repercussão geral...79
Capítulo 19 – Os líderes embarcam para Nova York 82
Capítulo 20 – Michel Temer voltou ao sul da Bahia......................................87
Capítulo 21 – Dagoberto usou cota para 40 voos internacionais............... 89
Capítulo 22 – Faltou a explicação oficial dizer quem criou a regra........... 93
Capítulo 23 – Ministro do TCU também passeou.. 96
Capítulo 24 – Miami, Paris e Nova York, os destinos preferidos 98
Capítulo 25 – Programa do Jô faz paródia com turismo parlamentar.......104
Capítulo 26 – Um site revelador 107
Capítulo 27 – Editorial: "O que estamos esperando?" 110
Capítulo 28 – Esposa e filhos circulam com verba dos senadores 113
Capítulo 29 – Quando fala, Lula passa pano..115
Capítulo 30 – Ciro convidou cozinheiro e ajudante do Ceará................... 120
Capítulo 31 – Bolsonaro fez carreira e patrimônio com
                regalias do mandato 123

Capítulo 32 – Atos secretos: privilégios ocultos no Senado 129
Capítulo 33 – Pressionado, Sarney faz discurso no plenário 131
Capítulo 34 – As questões éticas ficaram de lado 134
Capítulo 35 – Com a democracia, o Parlamento assume os escândalos 137
Capítulo 36 – Quanto custa o mandato de um senador 152

Terceira parte – INVESTIGAÇÕES E IMPUNIDADE....................................155

Capítulo 37 – Na Justiça e na Câmara, uma dezena de processos..........156
Capítulo 38 – Furto de papéis nas gavetas dos gabinetes.......................158
Capítulo 39 – Uma ação penal tramitou no Supremo 160
Capítulo 40 – Na sentença, juiz apontou enriquecimento ilícito 163
Capítulo 41 – A cada passo, um obstáculo para as investigações 165
Capítulo 42 – Servidor alerta para arquivos das companhias aéreas 169
Capítulo 43 – O Congresso segura as investigações.................................172
Capítulo 44 – Janot cometeu uma trapalhada...177
Capítulo 45 – Procurador-geral descarta crime de peculato 180
Capítulo 46 – Cinco procuradores contestaram arquivamento de inquérito ...182
Capítulo 47 – Sindicância concluída sem ouvir políticos........................185
Capítulo 48 – Os chefes se livram das acusações.....................................189
Capítulo 49 – Gravações constrangedoras 191
Capítulo 50 – Um inquérito civil busca o dinheiro..................................192
Capítulo 51 – A análise do perito Marcion..196
Capítulo 52 – Mudança de orientação no Ministério Público 199
Capítulo 53 – Caso encerrado sem punições..201
Capítulo 54 – Desembargadores trancam ação penal 205
Capítulo 55 – Janot recebe pressão 208
Capítulo 56 – A canetada final de Raquel Dodge 210
Capítulo 57 – Quem quer passagem? 212
Capítulo 58 – O fim da apuração da conexão maranhense.......................215

Quarta parte – ÚLTIMO TRECHO...227

Capítulo 59 – O que disseram os políticos...228
Capítulo 60 – Por onde andam os políticos? 239

Epílogo..247

Anexos...251

Anexo I – Fac-símiles de documentos 252
Anexo II – Fotografias 273
Anexo III – Listas 276
Anexo IV – Principais reportagens do escândalo 293

Notas 301

Agradecimentos

Agradeço a Deus, pai da busca sincera pela "verdade verdadeira", à discreta coragem de Anacleto Bastos, a meu pai, Francisco, um mecânico com o vírus do jornalismo, à minha cuidadosa mãe, Rosa, à minha incrível e crítica esposa, Aurilene, a meus irmãos André, Lau e João, à dupla "Lumanu", a meus tolerantes, persistentes e competentes amigos coautores desta obra, aos sinceros comentários do Rubens Valente e ao apoio de Amaury Ribeiro e Paulo Tadeu.

Eduardo Militão

Agradeço aos repórteres da cobertura política de Brasília nas últimas décadas, a quem dedico esta obra; à minha família, pelos laços de amor e afeto. Aproveito para dedicar o livro às vítimas da pandemia e dos maus governos; aos que atuam para preservar a democracia nestes tempos difíceis.

Eumano Silva

Agradeço aos filhos Leo e Matheus, à minha mãe, Márcia, e aos irmãos Daniel (*in memoriam*), Denise, Ana Luiza e Gabriel.

Lúcio Lambranho

Agradeço aos meus filhos Felipe e Miguel, à minha esposa, Mariene, aos meus pais, Realino e Luzia, e aos meus irmãos, pela base de tudo. A Sylvio Costa e aos colegas do Congresso em Foco, meu agradecimento especial por viajarmos juntos nessa jornada.

Edson Sardinha

Apresentação

Na história do Congresso Nacional, o ano de 2009 sobressai como um período de escândalos, com envolvimento direto das cúpulas da Câmara e do Senado em denúncias rumorosas publicadas pela imprensa. Seguidas revelações de privilégios acumulados por parlamentares e diretores expuseram vícios da administração do Legislativo e apontaram mecanismos de desvio e desperdício de dinheiro público.

Ao longo dos meses, os brasileiros tomaram conhecimento de fatos como atos secretos, empresas em nome de babá, sala para encontros íntimos dentro do Senado... Nesse ambiente de revelações bombásticas e constrangedoras, uma série de reportagens publicadas pelo site Congresso em Foco descortinou os gastos indiscriminados dos políticos com transporte aéreo.

Sob alguns aspectos, começava uma nova fase do jornalismo. Pela primeira vez, um veículo exclusivamente digital puxou o noticiário político de Brasília, com ampla repercussão na mídia tradicional.

Os jornalistas Lúcio Lambranho, Eduardo Militão, Edson Sardinha e Eumano Silva estavam no centro do caso. Agora, publicam *Nas asas da mamata*, uma reconstituição detalhada dos fatos tratados na época, enriquecida com novas apurações e personagens.

Durante mais de dois meses, os quatro profissionais mantiveram uma eletrizante cobertura de um dos casos mais estrondosos da temporada de escândalos. A publicação do conteúdo de 18 CDs e DVDs com arquivos de companhias aéreas desnudou a prática generalizada de conhecer o mundo às custas dos cofres públicos.

Sem distinção de partidos, deputados e senadores gastaram as verbas – previstas para o exercício dos mandatos – em viagens particulares dentro do país e também para o exterior. Distribuíram bilhetes para familiares, amigos e outras categorias de convidados sem relação com a atividade parlamentar.

A fartura de verbas permitiu até o surgimento de um mercado paralelo de negócios com os créditos disponíveis para voos dos parlamentares.

Centenas de políticos apareceram durante dias seguidos nos telejornais por causa de passeios por destinos como Nova York, Miami e Paris. Familiares compartilhavam as mordomias e as mamatas financiadas pelo Congresso. Entre os personagens em evidência estavam os presidentes da Câmara, Michel Temer, do Senado, José Sarney, os deputados Rodrigo Maia, Ciro Gomes, Fábio Faria e Fernando Gabeira.

O descontrole das verbas das cotas de passagens parlamentares arrastou para as manchetes o então presidente do Supremo Tribunal Federal (STF), Gilmar Mendes, e a apresentadora Adriane Galisteu. Nas páginas de notícias e nos programas de humor, o turismo patrocinado pelo Parlamento virou assunto nacional.

Revisitado mais de uma década depois, o escândalo conhecido como "farra das passagens" ecoa a falta de escrúpulos dos políticos em usar os mandatos para auferir vantagens impróprias. Sob o ponto de vista de algumas investigações, praticaram ações criminosas – peculato, particularmente.

Apesar de cobranças de diferentes setores da sociedade, os chefes políticos conseguiram estancar o escândalo e reduzir os danos provocados pelas revelações. A aliança em 2009 entre o presidente da República, Luiz Inácio Lula da Silva (PT), e o PMDB, partido de Temer e Sarney, contribuiu para o abafamento do escândalo.

Na reconstituição dos fatos, fica também evidente a preferência do Ministério Público e do Judiciário pelos processos relacionados ao governo federal. Nesse sentido, a procrastinação das investigações sobre as passagens contrasta com a celeridade das condenações dos envolvidos nos escândalos do Mensalão, julgados em 2012, e da Operação Lava Jato, a partir de 2014.

Novas pesquisas nos arquivos feitas na produção do livro identificaram outros nomes que usaram a cota das passagens para viagens familiares, como os então deputados Jair Bolsonaro, Arthur Lira, Chico Rodrigues e Davi Alcolumbre. Personagens secundários no Congresso, passaram despercebidos na cobertura da época. São casos inéditos, revelados agora com exclusividade.

Quem acompanhou a política no atribulado ano de 2009 não se surpreendeu, portanto, com episódios como o dinheiro encontrado na cueca do agora senador Chico Rodrigues, em 2020, ou com a viagem do senador Flávio Bolsonaro às custas do Congresso, acompanhado da esposa, para Fernando de Noronha, no Nordeste brasileiro.

Apurado durante onze anos, este livro-reportagem resgata a série publicada pelos autores no Congresso em Foco, atualizada com trabalhos posteriores, produzidos por Eduardo Militão para outros veículos de comunicação. Descreve também detalhes da tramitação dos processos internos e na Justiça, abertos antes e depois das reportagens do site. Mostra em detalhes cada passo das investigações até o arquivamento.

Nesse rumo, o livro torna público o conteúdo inédito do inquérito aberto pelo Ministério Público em 2009, com base em uma reportagem do site sobre a viagem de sete convidados da senadora Roseana Sarney. Mantido em sigilo até janeiro de 2021, o processo envolve mais de três dezenas de senadores e, pela condução por parte das autoridades, acrescentou mais um capítulo de impunidade na história do Congresso.

O trabalho dos quatro jornalistas narra episódios que, no conjunto, formam um roteiro completo dos estratagemas construídos pelas autoridades para arrancar benesses do Estado. Amparados em arquivos de companhias aéreas, com fac-símiles das passagens e planilhas elaboradas por investigadores, os autores destrincharam os caminhos por onde escoaram mais de R$ 50 milhões entre 2007 e 2009. Apenas na Câmara, o Congresso Nacional autorizou 78 mil bilhetes sob suspeita, incluindo tarifas e taxas de embarque. Em outubro de 2020, essa movimentação correspondia a R$ 94 milhões. Os montantes referentes ao Senado referem-se apenas a uma amostra do que realmente se passou pela Casa.

Praticamente nada voltou para os cofres públicos. Os valores devolvidos pelos políticos – boa parte com patrimônio milionário – não chegam a 1% do total.

Contextualizados, os fatos compõem, ainda, uma amostragem ampla e representativa da atuação morosa e falha do Ministério Público e do Judiciário em ações contra políticos. Os evidentes desvios de finalidade das verbas de transporte aéreo denotam a complacência da cúpula da Procuradoria-Geral da República com as práticas perdulárias de deputados e senadores.

Um dos inquéritos arquivados atingiu 560 parlamentares, a mais ampla investigação contra políticos desde a redemocratização. No final, com idas e vindas, predominou a interpretação de que as regras internas permitiam aos titulares dos mandatos consumir os créditos aéreos como se fossem patrimônio privado.

Dividido em quatro partes, o livro separa as informações sobre as viagens dos desdobramentos do caso na Justiça. Traça também um histórico de mudanças nas regras criadas pelo Congresso para transporte dos parlamentares. Faz, ainda, um apanhado dos grandes escândalos de corrupção desde a ditadura.

No conjunto, *Nas asas da mamata* procura contribuir com a memória política brasileira ao recuperar, organizar e contextualizar as informações de um escândalo de grandes dimensões, emblemático sobre a atuação dos políticos brasileiros. Mostra, sem filtros, como deputados e senadores, confiantes na impunidade, criam e desfrutam de privilégios custeados pela população.

Os autores

Primeira parte

O CÉU É O LIMITE

Capítulo 1

Lua de mel em Foz do Iguaçu

Jair e Michelle se casaram no civil, em Brasília, no dia 28 de novembro de 2007, uma quarta-feira. Sem alarde, rubricaram os papéis em um cartório da Avenida W3 Sul. Sacramentaram, assim, a união conjugal formalizada poucos meses antes, logo no início do namoro, com a assinatura de um pacto antenupcial.

O casal se conheceu no Congresso Nacional no início daquele ano. Deputado federal pelo Rio de Janeiro, Jair Messias Bolsonaro saía de uma relação anterior, com Ana Cristina Vale, quando começou o romance com Michelle de Paula Firmo Ferreira, assessora da Câmara. Aproximados pelo ambiente político, o parlamentar e a funcionária viviam em plenitude as condições proporcionadas pelo Legislativo.

No dia seguinte ao matrimônio, o deputado e a esposa viajaram para Foz do Iguaçu (PR). Pegaram um voo da companhia aérea Gol, com parada em Curitiba. Os bilhetes custaram R$ 1.729,24 em valores da época, quitados com a cota parlamentar[1] – verba destinada a ressarcimento de gastos do mandato dos congressistas.

Antes de se ausentar de Brasília, Bolsonaro pediu autorização à Câmara para não comparecer às sessões naquele período. A burocracia registrou o motivo: "núpcias"[2]. Isso impediu o corte de sete dias do salário do parlamentar.

Terceiro ponto turístico mais frequentado por estrangeiros no Brasil, o complexo de Foz do Iguaçu se localiza na fronteira do Brasil com Argentina e Paraguai. Os pacotes de atrações incluem visitas guiadas à Usina Itaipu Binacional, obra colossal de engenharia. O Ecomuseu preserva itens da arqueologia, da vegetação, dos cursos d'água e da fauna da região existentes antes da inundação provocada pela barragem da hidrelétrica.

Durante todo o ano, visitantes brasileiros e estrangeiros desfrutam as belezas naturais das exuberantes quedas d'água, sobrevoos de helicóptero, caminhadas no Parque Nacional do Iguaçu e passeios até o Marco das Três Fronteiras. Pela Ponte da Amizade chega-se a Ciudad del Este, no Paraguai, caminho para compras populares e rota de contrabando percorrida por "sacoleiros" – nome local dado às pessoas que atravessam o rio Paraná a pé para buscar mercadorias no país vizinho.

Em outros tempos, ainda como militar, Jair Bolsonaro cruzou a ponte com sacolas nas costas. Um prontuário protocolado em novembro de 1989 pelo Serviço Nacional de Informações (SNI) – órgão que coordenava a espionagem oficial durante a ditadura – mencionou as atividades ilegais do então capitão do Exército[3].

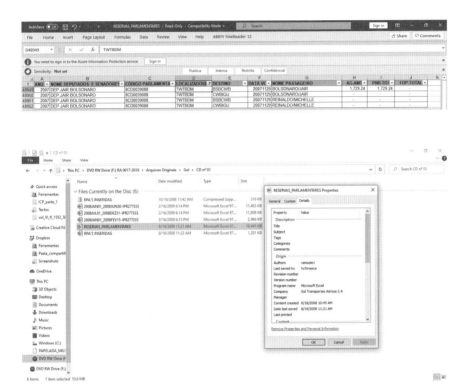

Fig. 1 – Viagem de Bolsonaro e Michelle para Foz do Iguaçu está registrada em arquivos da companhia Gol, que mostram passagens pagas com dinheiro público em documentação enviada ao Ministério Público. O código do aeroporto da cidade fronteiriça é "IGU" e está anotado na coluna "Destino".

* * *

Michelle de Paula Firmo Ferreira, seu nome de solteira, viajava às custas da Câmara antes de contrair matrimônio com Bolsonaro. A assessora parlamentar ainda namorava o político quando os voos começaram, em agosto de 2007. A maioria serviu para Michelle se deslocar entre Brasília e Rio de Janeiro, a residência de origem do namorado e futuro marido.

Entre o segundo semestre de 2007 e o início de 2009, o casal percorreu trechos de ida ou volta para o Rio ao menos 13 vezes. E houve a viagem a Foz. O custo desses voos foi de pelo menos R$ 11 mil, em valores da época.

Outros integrantes da família de Michelle a acompanharam em alguns passeios. Em novembro de 2007, por exemplo, a assessora parlamentar levou junto a filha do primeiro casamento, Letícia, à época com cerca de cinco anos. Em julho de 2008, a criança também viajou com a mãe, a mulher do deputado.

Em duas ocasiões, o pai de Michelle, Vicente de Paulo Reinaldo, e a madrasta, Maísa Antunes, viajaram com bilhetes pagos com dinheiro público. Foram de Brasília para o Rio de Janeiro. A meia-irmã, Suyane Ferreira, fez o trajeto uma vez de ida e volta para o Rio, e outra só de ida.

Ângela Ferreira, tia de Michelle, também foi e voltou de Brasília para a Cidade Maravilhosa[4].

As companhias TAM, Varig e Gol registraram pelo menos 17 viagens de Michele pagas pela Câmara entre agosto de 2007 e fevereiro de 2009. Ora estava sozinha, ora com o marido, a filha, parentes ou pessoas com quem tinha relação ou que não foram identificadas pelos autores deste livro. Esses voos de Michelle, familiares e conhecidos custaram R$ 18 mil, em valores da época[5].

A verba de transporte aéreo da Câmara também beneficiou os filhos de Jair Bolsonaro. Até mesmo os dois mais velhos, donos de cargos eletivos e rendimentos próprios, repassaram faturas das viagens particulares para os cofres do Congresso.

Flávio, o primogênito – chamado de Zero Um pelo pai –, cumpria o segundo mandato de deputado estadual. Carlos, o Zero Dois, exercia o quarto período na Câmara de Vereadores carioca.

O Zero Três, Eduardo, cursava o último ano da faculdade de Direito, na Universidade Federal do Rio de Janeiro (UFRJ). Jair Renan, o Zero Quatro, ainda era criança. Tinha em torno de dez anos nessa época.

O caçula dos homens percorreu pelo menos três vezes o trecho Rio-Brasília entre 2007 e 2008, com passagens da cota. Os irmãos mais velhos saíam do Rio para outras cidades litorâneas.

Em 21 de janeiro de 2008, a Varig emitiu passagens para Salvador (BA), em nome de Flávio e Carlos. Com eles voou também uma mulher não identificada pelos autores. Foi uma viagem em época de verão para a terra do acarajé, do Pelourinho e de praias ensolaradas. As passagens de volta estavam datadas para dois dias depois. O roteiro completo, pela Varig, custou R$ 3.903,72 para a Câmara, segundo os localizadores dos bilhetes[6].

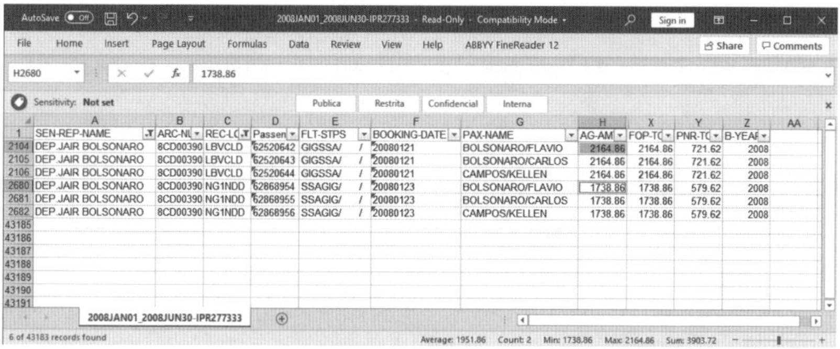

	SEN-REP-NAME	ARC-NU	REC-LC	Passen	FLT-STPS		BOOKING-DATE	PAX-NAME	AG-AM	FOP-TC	PNR-TC	B-YEAR
2104	DEP.JAIR BOLSONARO	8CD00390	LBVCLD	62520642	GIGSSA/	/	20080121	BOLSONARO/FLAVIO	2164.86	2164.86	721.62	2008
2105	DEP.JAIR BOLSONARO	8CD00390	LBVCLD	62520643	GIGSSA/	/	20080121	BOLSONARO/CARLOS	2164.86	2164.86	721.62	2008
2106	DEP.JAIR BOLSONARO	8CD00390	LBVCLD	62520644	GIGSSA/	/	20080121	CAMPOS/KELLEN	2164.86	2164.86	721.62	2008
2680	DEP.JAIR BOLSONARO	8CD00390	NG1NDD	62868954	SSAGIG/	/	20080123	BOLSONARO/FLAVIO	1738.86	1738.86	579.62	2008
2681	DEP.JAIR BOLSONARO	8CD00390	NG1NDD	62868955	SSAGIG/	/	20080123	BOLSONARO/CARLOS	1738.86	1738.86	579.62	2008
2682	DEP.JAIR BOLSONARO	8CD00390	NG1NDD	62868956	SSAGIG/	/	20080123	CAMPOS/KELLEN	1738.86	1738.86	579.62	2008

Fig. 2 – Registros da Varig mostram viagem feita pelos irmãos Flávio e Carlos, acompanhados de uma mulher, para Salvador (BA), durante o verão de 2008, com dinheiro público.

O primogênito visitou Florianópolis (SC). Tinha 27 anos quando, em 2 de julho de 2008, recebeu um bilhete da TAM do Rio para a capital catarinense, mais um destino no litoral. Eram férias escolares e recesso na Assembleia Legislativa. Outro bilhete esticou a viagem até Porto Alegre. Os dois trechos custaram R$ 948,00, incluindo as taxas de embarque[7].

No dia 1º de dezembro do mesmo ano, uma semana antes de completar 26 anos, Carlos viajou para Fortaleza, outra porta de entrada para a costa ensolarada brasileira. Junto com Zero Dois, viajou uma mulher não identificada pelos autores deste livro. O passeio ao Ceará saiu por R$ 1.017,00 para os cofres públicos.

Entre 2007 e abril de 2008, os três filhos mais velhos do deputado Bolsonaro fizeram pelo menos mais cinco viagens com dinheiro público no circuito Rio, São Paulo e Brasília – ao custo de R$ 2.344,00. Em 25 de abril de 2008, por exemplo, o vereador e o irmão Eduardo consumiram créditos da cota em passagens do Rio para Brasília. Cinco dias depois, Zero Um completou 28 anos.

Com a cota do pai, Carlos viajou junto com um primo. Em 25 de setembro de 2007, embarcou para a capital federal ao lado de Leonardo Rodrigues de Jesus, conhecido como "Léo Índio". Trata-se de um dos parentes mais próximos de Zero Dois. É filho de Rosemeire Nantes Rodrigues, irmã de Rogéria Nantes, mãe dos três primeiros filhos de Jair Bolsonaro. A Câmara despendeu R$ 1.138,00 com o passeio do vereador carioca e de "Léo Índio", ida e volta[8].

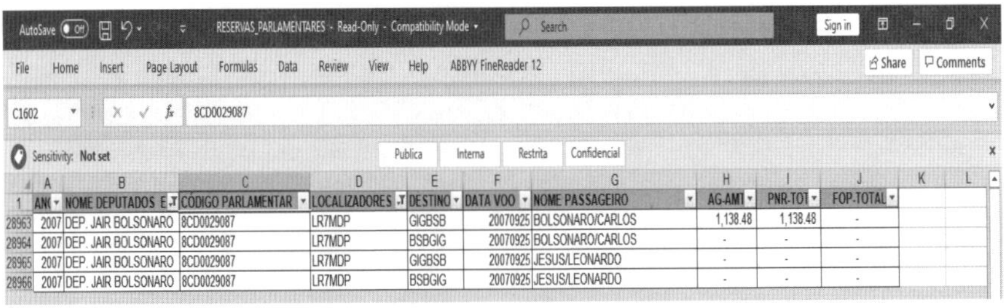

	ANO	NOME DEPUTADOS E	CÓDIGO PARLAMENTAR	LOCALIZADORES	DESTINO	DATA VOO	NOME PASSAGEIRO	AG-AMT	PNR-TOT	FOP-TOTAL
28963	2007	DEP. JAIR BOLSONARO	8CD0029087	LR7MDP	GIGBSB	20070925	BOLSONARO/CARLOS	1,138.48	1,138.48	-
28964	2007	DEP. JAIR BOLSONARO	8CD0029087	LR7MDP	BSBGIG	20070925	BOLSONARO/CARLOS	-	-	-
28965	2007	DEP. JAIR BOLSONARO	8CD0029087	LR7MDP	GIGBSB	20070925	JESUS/LEONARDO	-	-	-
28966	2007	DEP. JAIR BOLSONARO	8CD0029087	LR7MDP	BSBGIG	20070925	JESUS/LEONARDO	-	-	-

Fig. 3 – Arquivos da Gol mostram viagem de Carlos Bolsonaro e "Léo Índio" para Brasília.

O "filho 04" também viajou com dinheiro público. Jair Renan Bolsonaro voou acompanhado de sua mãe, Ana Cristina Valle Mendes, então mulher do deputado. Em 9 de agosto de 2007, eles saíram de Brasília com destino ao Rio de Janeiro, segundo registros da companhia aérea Gol. No dia seguinte, havia um bilhete de volta para mãe e filho, que tinha nove anos de idade. As viagens custaram R$ 1.100,00, aproximadamente, em valores da época. Um ano depois, Jair já estava casado com Michelle. Em julho de 2008, o pequeno Jair Renan viajou com o deputado. Como tinha menos de doze anos, o custo do voo da criança foi menor: R$ 379,00. O bilhete do deputado saiu por R$ 619,00. A Câmara pagou tudo[9].

Jair Bolsonaro foi procurado para esclarecer as viagens feitas com parentes, mas seus assessores não prestaram informações aos autores.

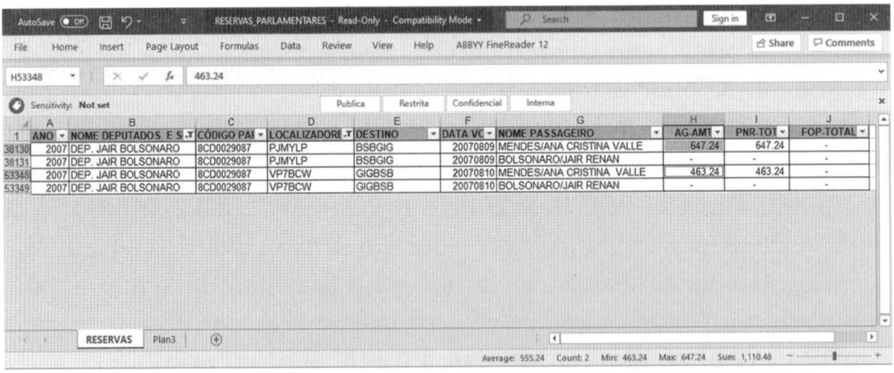

	ANO	NOME DEPUTADOS E S	CÓDIGO PAR	LOCALIZADORE	DESTINO	DATA VC	NOME PASSAGEIRO	AG-AMT	PNR-TOT	FOP-TOTAL
38130	2007	DEP. JAIR BOLSONARO	8CD0029087	PJMYLP	BSBGIG	20070809	MENDES/ANA CRISTINA VALLE	647.24	647.24	-
38131	2007	DEP. JAIR BOLSONARO	8CD0029087	PJMYLP	BSBGIG	20070809	BOLSONARO/JAIR RENAN	-	-	-
53348	2007	DEP. JAIR BOLSONARO	8CD0029087	VP7BCW	GIGBSB	20070810	MENDES/ANA CRISTINA VALLE	463.24	463.24	-
53349	2007	DEP. JAIR BOLSONARO	8CD0029087	VP7BCW	GIGBSB	20070810	BOLSONARO/JAIR RENAN	-	-	-

Fig. 4 – Registros da Gol mostram viagem da ex-mulher de Jair Bolsonaro, Ana Cristina Valle, com o "filho 04" do hoje presidente, Jair Renan. Tudo pago com dinheiro público.

Capítulo 2

Michel e Marcela passeiam no sul da Bahia

No sul da Bahia, o verde da Mata Atlântica se encontra com o mar em um cenário paradisíaco. As piscinas naturais de água transparente, as praias desertas, os *resorts* de luxo e a alegre hospitalidade dos nativos tornam a região um dos trechos mais apreciados do litoral brasileiro.

Desde a década de 1970, povoados como Arraial d'Ajuda e Trancoso recebem visitantes de todo o país e do exterior – *hippies*, jovens em busca de vida alternativa, empresários interessados em ganhar dinheiro e turistas endinheirados à procura dos prazeres locais.

De São Paulo, sobretudo, milhares de visitantes chegam todos os verões para apreciar a Costa do Descobrimento. No dia 29 de janeiro de 2008, o então deputado Michel Temer (PMDB-SP) pegou um voo da Varig com a esposa, Marcela – com quem se casou em 2003 –, e parte da família[10].

Um irmão do parlamentar, Adib Temer, uma cunhada, Fernanda Tedeschi Temer, e uma familiar, identificada como Wally Temer, também viajaram. Ninguém precisou colocar a mão no bolso para pagar pelo transporte aéreo. As verbas públicas cobriram os custos dos bilhetes. Para isso, o casal se valeu da cota de passagens aéreas reservada para o trabalho parlamentar do deputado.

O voo custou R$ 2.773,00, de acordo com os registros da companhia aérea Varig. A viagem de cada passageiro saiu por R$ 554,00[11].

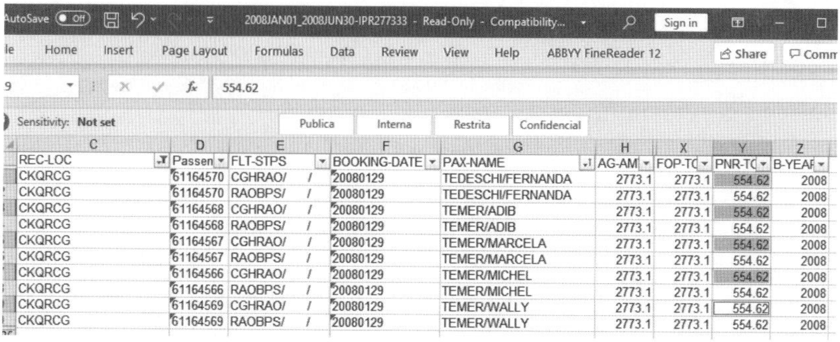

Fig. 5 – Banco de dados digital mostra voos da família Temer para Porto Seguro (BA), identificada com o código "BPS", em janeiro de 2008.

O Congresso se encontrava em recesso naqueles dias de verão. Temer e familiares embarcaram no Aeroporto de Congonhas, em São Paulo, fizeram parada em Ribeirão Preto, no interior do estado, e seguiram para Porto Seguro (BA), principal aeroporto do sul da Bahia.

O calor úmido e agradável convida os veranistas para um banho na agitada Taperapuã, nas praias isoladas de Santo André e na histórica Santa Cruz Cabrália, referência presumida para a chegada de Pedro Álvares Cabral em 22 de abril de 1500, depois de atravessar o Atlântico.

Entre 2007 e o início de 2009, Michel Temer voou pelas companhias TAM, Gol e Varig com verba da Câmara. Usou a cota 48 vezes – ele próprio, em 21 ocasiões. Afora o turismo na Bahia, fez basicamente a rota de compromissos como parlamentar por São Paulo.

Na época da viagem para Porto Seguro, no verão de 2008, o casal vivia o esplendor dos primeiros anos de casamento, celebrado cinco anos antes. O parlamentar tinha 67 anos, e Marcela, 24. Na política, o peemedebista consolidava a liderança no partido e no Parlamento.

Desde 2001, Temer comandava o PMDB nacional. Depois de presidir a Câmara, de 1997 a 2000, o deputado paulista se preparava para retornar ao cargo em 2009, com o apoio do PT, legenda do então presidente da República, Luiz Inácio Lula da Silva.

Temer estudou na Faculdade de Direito da Universidade de São Paulo. Professor de Direito Constitucional, ascendeu na vida pública quando ocupou o cargo de procurador-geral do estado de São Paulo, em 1983, no primeiro ano do governo de Franco Montoro (PMDB). Em 1984, tornou-se secretário de Segurança Pública de São Paulo. Exerceu as duas funções, de novo, no governo de Luiz Antônio Fleury, na década de 1990.

A máquina de espionagem da ditadura acompanhou os movimentos de Temer no governo Montoro. Um relatório produzido na época pelo Serviço Nacional de Informações (SNI) – órgão que coordenava os serviços secretos dos militares – traçou um perfil do professor que, aos 43 anos, assumiu a Secretaria de Segurança.

O Informe nº 315 cita os juristas José Carlos Dias e Miguel Reale Junior como responsáveis pelas indicações de Temer para o primeiro escalão do governo estadual. O relatório o descreveu como autor de livros de Direito e defensor dos direitos humanos[12].

Os cargos na administração paulista alavancaram a carreira política. Nas eleições de 1986 e 1990, Temer ficou na suplência da bancada federal do estado, mas assumiu parte dos mandatos com o deslocamento dos titulares para secretarias em São Paulo. Assim, participou da Assembleia Nacional Constituinte. Nessas duas legislaturas, Temer intercalou períodos na Câmara com as passagens pelo governo estadual.

A carreira na Câmara deslanchou a partir de 1995, quando o jurista de São Paulo chegou a Brasília como integrante efetivo da bancada paulista. Temer teve a favor o espaço aberto na cúpula do PMDB com as cassações provocadas pela CPI dos Anões do Orçamento, em 1993 e 1994.

Nessa crise, perderam o mandato os dois deputados mais influentes do partido: o ex-presidente da Câmara Ibsen Pinheiro (PMDB-RS) e Genebaldo Correia (PMDB-BA). Temer, então, foi escolhido líder do partido logo depois de assumir o mandato. Chegou ao posto com o apoio do ex-governador Orestes Quércia, o padrinho político, ainda influente na legenda.

Dois anos depois de escolhido líder do PMDB, Temer foi eleito presidente da Câmara pela primeira vez. Sucedeu Luís Eduardo Magalhães (PFL-BA), filho de Antônio Carlos Magalhães (PFL-BA), o ACM, empossado no mesmo dia, 1º de fevereiro de 1997, na presidência do Senado.

Nesse mandato, o peemedebista se aliou a ACM para ficar mais tempo no comando da Câmara. Com apoio do governo, ambos conseguiram mudar a interpretação do artigo 57 da Constituição Federal – que limita a recondução nesses cargos – e se reelegeram para o comando do Legislativo. Assim, o deputado paulista e o senador baiano permaneceram quatro anos no topo do Parlamento.

Enquanto ascendeu na carreira política, os rendimentos e o patrimônio de Temer aumentaram. Acumulou salários pagos pelo Congresso, pelo governo de São Paulo e como procurador do estado. Em 1997, por exemplo, teve o equivalente a R$ 11 mil mensais recebidos da Câmara, conforme informou à Receita Federal. E outros R$ 6 mil do governo paulista. Em 2003, ganhava quase R$ 13 mil brutos por mês em benefícios como membro do Legislativo.

Em 2006, pouco antes de viajar para a Bahia com Marcela e seus parentes, o deputado informou à Receita que seu patrimônio era de R$ 2,29 milhões[13].

Capítulo 3

As conexões da família Sarney

Nos primeiros tempos da redemocratização, costumava-se brincar em Brasília que alguns políticos, por viverem sempre no poder, nunca aprenderam a dirigir nem tiraram carteira de habilitação – pois sempre tiveram motoristas oficiais.

A troça se aplicava aos governantes e congressistas aliados da ditadura que continuaram no poder com a saída dos militares. Nesse perfil estavam todos os filiados ao Partido da Frente Liberal (PFL), nascido de uma dissidência do Partido Democrático Social (PDS), legenda alinhada aos governos dos generais. Mais tarde, o PFL trocaria o nome para Democratas (DEM).

Embora não fosse pefelista, José Sarney se enquadrou melhor do que ninguém no espírito da piada. Senador pelo Maranhão na década de 1970, rompeu com os militares quando presidia o PDS para integrar como vice a chapa do mineiro Tancredo Neves (PMDB) para o Palácio do Planalto no Colégio Eleitoral, em janeiro de 1985.

Por causa da legislação, o político maranhense precisou se filiar ao PMDB para participar da disputa. Com a doença – e posterior morte – de Tancredo, assumiu o Planalto. Começou o período batizado de Nova República, nascido da "Aliança Democrática", o acordo celebrado entre peemedebistas e dissidentes do PDS para encerrar o período militar.

Na transição para o governo civil, José Sarney apenas mudou de automóvel "chapa branca" – deixou os veículos do Senado para se deslocar em carros da Presidência da República.

Com exceção de curtos intervalos, como durante o meio mandato de Fernando Collor, Sarney esteve sempre na cúpula do poder. A partir de fevereiro de 2009, ainda filiado ao PMDB, o político maranhense ocupava a presidência do Senado pela terceira vez.

Como veremos a seguir, ao longo da trajetória do patriarca, a família desfrutou das oportunidades proporcionadas pelo poder.

* * *

Marly e José Sarney embarcaram em um avião da TAM de Brasília para São Paulo no dia 15 de maio de 2007. Da capital paulista voaram no mesmo dia para Paris, onde dormiram por quatro noites antes de seguirem para Viena.

Sarney participou na Áustria de uma reunião do InterAction Council, organização de ex-líderes mundiais, fundada em 1983, voltada para a cooperação internacional. A estada em Viena durou três dias. O casal esticou a viagem até Nova York e, depois de mais três pernoites, regressou no dia 27 de maio para o Brasil.

Registrado em quatro cartões de embarque, o roteiro de Marly e Sarney durou 12 dias. Para os cofres públicos, só de passagens e taxas, representou um gasto de US$ 46.632, ou R$ 92 mil, segundo a cotação do dólar na época[14].

Um ex-assessor do Senado, Marco Antônio Bogéa, viajou de Brasília para São Paulo no dia 19 de julho de 2008 para entregar uma mala ao empresário Fernando Sarney, filho do ex-presidente José Sarney. A Polícia Federal acompanhou os passos do cidadão antes, durante e depois do deslocamento entre as duas cidades.

Ligado à família do peemedebista, Bogéa pegou o voo JJ 3719, da companhia aérea TAM, em Brasília e entregou a bagagem na casa de Fernando Sarney nos Jardins, bairro da capital paulista. Monitorado pela PF, o ex-assessor do Senado se tornara alvo da Operação Boi Barrica, investigação sobre suspeitas de movimentação irregular de dinheiro de empresas da família do ex-presidente.

Contra Fernando, pesavam acusações de crimes contra a administração pública, contra o sistema financeiro nacional e de formação de quadrilha. Os indícios apontavam para tráfico de influência para interferir em obras e projetos nas estatais Valec, Eletrobras e Petrobras.

Naquela ocasião, apesar de não estar mais trabalhando no Congresso, Bogéa usou passagens aéreas pagas pela Câmara para se deslocar entre Brasília e São Paulo. Os bilhetes foram emitidos nas cotas de bilhetes de avião destinadas, originalmente, aos deputados Carlos Abicalil (PT-MT) e Valadares Filho (PSB-SE).

Os dois parlamentares, na verdade, nada tinham a ver com a mala levada para o filho do ex-presidente da República. Mesmo assim, tiveram os nomes associados à viagem monitorada pela PF.

Bogéa era usuário assíduo das cotas de deputados. A Câmara pagou oito voos para ele em 2007 e 2008. Os bilhetes saíram dos gabinetes do líder do PV, Sarney Filho (MA) – irmão caçula de Fernando –, e dos deputados Raymundo Veloso (PMDB-BA) e Gonzaga Patriota (PSB-PE).

Ao identificar a origem da passagem utilizada por Bogéa para transportar a mala misteriosa, a Polícia Federal tocou sem querer em um mercado paralelo de créditos provenientes das cotas parlamentares. Como veremos a partir do capítulo 5, verbas destinadas ao transporte de parlamentares escoavam para um submundo de compra e venda de bilhetes aéreos.

A apuração dos federais nunca revelou o conteúdo da mala na chamada "ação controlada", que monitorou um dos investigados. E, mais tarde, a investigação foi anulada.

O próprio Sarney Filho usou nove bilhetes internacionais pagos com dinheiro público em 2007 e 2008. Caçula do ex-presidente da República José Sarney, ele é conhecido por Zequinha entre amigos e familiares. O então deputado viajou com a mulher, Camila Serra – com a cota da Câmara – para Buenos Aires. Os bilhetes foram emitidos em dezembro de 2007. Em março do ano seguinte, o casal fez nova viagem. O destino dessa vez foi Madri[15].

Marcos Sarney, filho do deputado, teve uma viagem da capital paulista a Miami, em agosto de 2007, paga pela Câmara. Em junho de 2008, foi Maria Fernanda Del Rey quem usou a cota para voar de Santiago do Chile a São Paulo. Ela é esposa do deputado estadual maranhense Adriano Sarney (PV), filho de Zequinha.

Senadora pelo Maranhão, Roseana Sarney (PMDB), a mais velha dos três filhos do ex-presidente José Sarney, convidou sete pessoas de São Luís para visitá-la em Brasília em março de 2009. O grupo voou com passagens aéreas da cota parlamentar.

A viagem nada tinha a ver com o mandato exercido pela filha do ex-presidente. Foi um encontro de parentes e empresários amigos. Alguns estavam envolvidos na Operação Boi Barrica.

No cargo de líder no Congresso do governo Luiz Inácio Lula da Silva (PT), Roseana usou a cota de passagens do Senado para custear o transporte dos sete convivas do Maranhão para o Distrito Federal. A comitiva era composta pelas seguintes pessoas:

– Heitor Heluy, assessor do Tribunal Regional do Trabalho do Maranhão, em São Luís.

– Sebastião Murad, ex-deputado estadual, dono de uma rede de postos de combustíveis em São Luís.

– Eduardo Haickel, dono do posto de combustíveis Tiger, em São Luís.

– Henry Duailibe, dono da concessionária Duvel, da Ford, em São Luís.

– Rosa Lago, mulher do empresário Eduardo Lago, que tem negócios com Fernando Sarney.

– Teresa Murad Sarney, mulher de Fernando Sarney.

– Adalberto Furtado, conhecido como "Bil", dono da Construtora Estela, em São Luís.

Capítulo 4

Práticas perdulárias

Jair Bolsonaro, Michel Temer e José Sarney chegaram à Presidência da República depois de longa trajetória no Parlamento. Construíram a carreira política amparados por prerrogativas e verbas proporcionadas pelos mandatos legislativos. Os episódios narrados nesta Primeira Parte mostram como autoridades dessa estatura usaram para fins particulares as verbas destinadas ao transporte dos congressistas.

O livro trata dos gastos com passagens aéreas emitidas entre 2007 e 2009 pela Câmara e pelo Senado. Bolsonaro, Temer e Sarney cumpriam mandatos parlamentares nesse período e se beneficiaram dos recursos públicos em viagens privadas – tanto dos próprios políticos quanto de terceiros, principalmente familiares.

A prática perdulária, como veremos, tornou-se comum no Congresso a partir de 2000, quando Temer presidia a Câmara e afrouxou as regras das cotas parlamentares. Centenas de deputados e senadores de todos os partidos, indiscriminadamente, locupletaram-se com o dinheiro público em viagens dentro e fora do país.

No enredo do desperdício, Temer e Sarney tiveram papel central na aplicação de normas permissivas para o consumo de passagens aéreas. Sem a mesma influência dos dois emedebistas no Parlamento, Bolsonaro usufruiu silenciosamente das condições criadas pelas cúpulas do Congresso.

Os autores destacaram Bolsonaro, Temer e Sarney nos primeiros capítulos em virtude da relevância do cargo alcançado pelo trio na hierarquia da República. Ocuparam a cadeira presidencial com trajetórias distintas e em circunstâncias específicas. Nos fatos reportados neste livro, igualaram-se na falta de zelo com recursos destinados às viagens dos parlamentares.

* * *

Em 2009, quando eclodiu o escândalo, o Brasil atravessava as turbulências decorrentes da crise econômica mundial de 2008, provocada pelo estouro da bolha imobiliária nos Estados Unidos. No auge da instabilidade global, o então presidente, Luiz Inácio Lula da Silva (PT), disse que o "tsunami" que afetava outros países seria apenas uma "marolinha" no Brasil.

Lula se aproximava do final do segundo mandato e contava com a aprovação de 84% da população, segundo pesquisa CNT/Sensus[16]. Nessa época, um grupo de aliados tentava aprovar no Congresso a permissão para mais quatro anos no Planalto. Sem mandato parlamentar no período investigado, o petista não estava entre os usuários das passagens do Congresso.

Com reflexos no governo e no Parlamento, o Mensalão tramitava no Supremo Tribunal Federal. O caso havia atingido o coração do governo Lula em 2005, e também a base parlamentar de apoio ao Planalto. No ano seguinte, foi feita a denúncia contra 40 políticos, banqueiros, doleiros e publicitários. Em agosto de 2007, a acusação foi recebida e eles viraram réus.

Fortalecidos pela Constituição de 1988, o Ministério Público e a Polícia Federal aumentavam as investigações contra políticos, fenômeno mais tarde amplificado pela Operação Lava Jato. O Supremo concentrava esforços no Mensalão quando se tornaram públicos os gastos exorbitantes dos congressistas com passagens áreas.

Para reconstituir os fatos contemplados pelo livro, os autores usaram como referência as reportagens publicadas em 2009 sobre cotas de verbas parlamentares. A Segunda Parte resgata, em ordem cronológica, o noticiário sobre o assunto, transformado em escândalo nacional com a série de reportagens publicada em 2009 pelo Congresso em Foco e repercutida por toda a imprensa do país. A Terceira Parte conta como as investigações posteriores acabaram por produzir impunidade. O último trecho deste "voo" aponta para onde pousamos.

Segunda parte

O ESCÂNDALO
DAS PASSAGENS

Capítulo 5

Conversa com a fonte em frente ao mercado

O dia amanheceu levemente nublado naquela manhã do segundo trimestre de 2008, quando Eduardo Militão – repórter do site Congresso em Foco – encontrou-se na periferia de Brasília com uma fonte de informação. A conversa aconteceu na calçada de uma avenida larga, em frente a um mercadinho.

No jargão jornalístico, chama-se de "fonte" uma pessoa que passa informações e pistas úteis para uma reportagem. O mesmo termo se aplica a qualquer tipo de documento que tenha valor noticioso.

Tratava-se de uma pessoa que tinha um boteco de nome engraçado localizado em uma rua paralela à avenida. Do outro lado da pista, ficava uma fábrica. Neste livro, essa pessoa será chamada pelo nome fictício de Anacleto Bastos, a fim de preservar sua identidade.

Essa área de Brasília se diferencia bastante da imagem da capital levada pelos meios de comunicação para o restante do país, mais focada na Praça dos Três Poderes, nos palácios e nos ministérios projetados por Oscar Niemeyer.

A maior parte da população mora em cidades como Taguatinga, Ceilândia e Samambaia, distribuídas ao redor do Plano Piloto, a cidade planejada pelo urbanista Lúcio Costa. A construção da capital também provocou o surgimento de mais de duas dezenas de municípios ao redor do Distrito Federal, nos estados de Goiás e Minas Gerais – região conhecida como Entorno.

Nesse conjunto de cidades, dentro e fora do Distrito Federal, mora uma parcela significativa dos funcionários públicos e das demais categorias que trabalham no Plano Piloto. São pessoas anônimas que vivem por dentro a rotina do poder e da política.

Foi em um ponto marcado em uma dessas cidades que Anacleto recebeu o repórter para uma conversa. Ele tinha uma denúncia para fazer sobre uma rede criminosa no Congresso. Ali mesmo, na calçada, na frente do mercadinho, o homem que era dono de um boteco contou sua história. Mas, no passado, foi diferente. Anacleto contou ter sido dono de uma agência de viagens em

Brasília. Mas o negócio de vender pacotes turísticos, passagens aéreas e diárias em hotéis havia quebrado.

Enquanto atuou nesse meio, ele teve ligação com um agente de viagens que tinha uma forma peculiar de ganhar dinheiro. Esse cidadão, de nome Vagdar, conseguia vender bilhetes de avião cerca de 4% mais baratos do que os concorrentes. Para isso, ele se valia de uma operação comercial com o Parlamento.

A fonte se referia a Vagdar Fortunato Ferreira, dono da agência Polo Turismo. Desde o final dos anos 1990, pelo menos, o agente comprava passagens na Câmara dos Deputados e no Senado. Fazia as transações com os próprios parlamentares e obtinha deságios de 50%, afirmou Anacleto.

Os congressistas ganhavam esses créditos para voar pelo país durante o mandato. Alguns não usavam parte da cota e repassavam para o agente. As negociações eram feitas, como se dizia na época, por baixo dos panos.

Pelo relato, com o desconto obtido nos gabinetes dos parlamentares, Vagdar conseguia oferecer um preço mais atrativo para seus clientes e ainda ganhava uma comissão mais vantajosa em relação ao mercado regular. O repórter pediu para gravar a entrevista, mas Anacleto não topou.

– Como vamos provar isso, meu senhor? – questionou o jornalista.

– É fácil. Você compra um trechinho pequeno, tipo Goiânia, sabe? — respondeu Anacleto, com convicção.

A fonte garantiu que a passagem seria entregue por Vagdar com a pequena anotação "Gab." e o número do gabinete do deputado responsável pela venda dos créditos. O número se referia a um ponto no Anexo III ou no Anexo IV da Câmara, dois prédios onde funcionam os gabinetes dos políticos, no coração de Brasília. Militão anotou tudo no bloquinho.

Sem abandonar a dica, ele se manteve atento nos meses seguintes a qualquer pista relacionada a um mercado paralelo de créditos aéreos montado nas dependências do Congresso. O nome de Vagdar também não saiu mais da cabeça do jornalista.

Os autores deste livro ainda não sabiam, mas outros operadores atuavam da mesma forma na venda de passagens aéreas repassadas pelos parlamentares. Em alguns gabinetes e salas do Congresso existia um mercado ilegal de créditos de viagens.

Capítulo 6

Inquéritos rastreiam negócios paralelos

Informações aqui e acolá sobre uso indevido de passagens aéreas no Congresso vinham desde os anos 1990 – e aumentaram à medida que o tempo passava.

Um inquérito aberto em 1998 nos bastidores do Legislativo rastreou o desvio ilegal de passagens aéreas dos parlamentares. No centro da investigação estava Elói Xaveiro dos Santos, funcionário do Congresso e agente de viagens. O processo foi arquivado em 2005, sem punição aos envolvidos.

Na manhã de 25 de maio de 2005, uma quarta-feira, a deputada Thaís Barbosa (PMDB-MT), com 64 anos à época, desceu pelo elevador e caminhou cerca de mil metros entre o Anexo IV da Câmara – onde ficava seu gabinete – e o térreo do Anexo I, para abrir uma ocorrência policial. Em um canto do prédio funcionava uma espécie de delegacia dedicada a investigar pequenos crimes nas dependências da Casa.

A repartição se chama Coordenação de Polícia Judiciária do Departamento de Polícia Legislativa da Câmara. Atua em casos como furtos, extravios e estelionato. O agente Roberto Peixoto, um homem alto, magro, de pele branca e cabelos castanhos, colheu o depoimento da deputada.

Thaís Barbosa narrou ter sido vítima de falsificação de sua assinatura na tentativa de "transferir parte de sua cota de passagens aéreas para outro parlamentar". Referia-se a Lino Rossi, deputado licenciado do Mato Grosso, apontado como potencial beneficiado pela fraude.

Eleita suplente da bancada estadual em 2006, a congressista do Mato Grosso assumira três meses antes a vaga de Rossi, o titular do mandato. Soube da fraude avisada por uma funcionária do balcão da Varig no térreo do Anexo IV.

A tentativa de golpe teve como autores os servidores Marlon Araújo e José Reis, além do agente de viagens Pedro Damião Pinto Rabelo. Como desdobramento da queixa da deputada, os três foram indiciados por Alber Vale, diretor da polícia da Câmara[17].

Mais importante: os inquéritos abertos com base nessas denúncias levaram às investigações judiciais que permitiram a descoberta de que deputados e senadores abusavam das verbas para transporte aéreo disponibilizadas pelos gabinetes. O desvio de finalidade do dinheiro público carimbado para transporte aéreo ia muito além da esperteza de servidores e comerciantes.

Os brasileiros ainda precisaram de quatro anos para descobrir que existia uma verdadeira farra com as verbas das passagens.

Em dezembro de 2006, o jornal *O Diário do Norte do Paraná* publicou uma reportagem revelando que o Ministério Público em Maringá (PR) tinha aberto um inquérito civil para investigar as acusações de negociação ilegal de passagens aéreas das cotas para viagens dos deputados federais Maurício Rabelo (PL-TO) e Milton Barbosa (PSC-BA) com a empresa Katar Turismo.

Dias depois, a informação foi publicada e ampliada pelo jornal *O Estado de S. Paulo* e pelo site Congresso em Foco.

O assunto entrou no radar dos autores do livro e de outros jornalistas. Porém, até a conversa com o senhor de meia-idade, dois anos depois, nenhuma nova informação foi obtida.

Surgiu mais uma pista na época da conversa na calçada com o dono de boteco e ex-operador de turismo Anacleto Bastos. Em 25 de abril de 2008, jornais do Mato Grosso noticiaram um depoimento em Cuiabá do ex-deputado federal e apresentador de TV Lino Rossi. O procedimento fazia parte de um inquérito aberto pela Polícia Federal e de uma sindicância interna na Câmara.

O ex-parlamentar era acusado de desviar passagens aéreas e créditos em selos postais do gabinete no Congresso. A notícia reforçou a informação dada por Anacleto: havia um derrame de créditos de bilhetes de avião no mercado.

Como desdobramento dessas descobertas, a procuradora da República Anna Carolina Resende abriu inquérito civil público em junho de 2008. A representante do Ministério Público Federal (MPF) no Distrito Federal apontou "fortes elementos de irregularidades cometidas na emissão de passagens aéreas pagas com recursos da Câmara dos Deputados" e no uso de "verbas destinadas aos senhores deputados para expedição de correspondências".

Dois dias depois, o MPF apresentou uma denúncia contra Lino Rossi por improbidade administrativa.

Um dos autores deste livro, Lúcio Lambranho, descobriu, no segundo semestre de 2008, que o Ministério Público Federal (MPF) em Brasília tinha ampliado a investigação de Lino Rossi. Em 17 de setembro daquele ano, o Congresso em Foco publicou a primeira reportagem exclusiva sobre o derrame de passagens. O título antecipou o escândalo que se abateria sobre o Congresso no ano seguinte: "Viagens sob suspeita".

Logo abaixo, mais detalhes do caso:

> MPF pede abertura de investigação sobre desvios nas cotas de transporte aéreo e postal de deputados.
>
> A venda de passagens aéreas da cota dos deputados, que acabam virando salário indireto ou sendo usadas por parentes, é alvo de um pedido de investigação encaminhado pelo Ministério Público Federal (MPF) em Brasília à Procuradoria-Geral da República. O caso tem como base uma denúncia de peculato e estelionato qualificado contra o ex-deputado Lino Rossi, justamente por irregularidades e uso indevido desses dois benefícios. O MPF quer abrir a "caixa-preta" das passagens aéreas e da cota de selos, já que o assunto é tratado com pouca transparência pela Câmara, mesmo depois de uma sindicância interna que remeteu o caso de Rossi para os procuradores da República, ainda em 2005.

Importante ressaltar que, pela primeira vez, revelava-se que uma autoridade considerava existir abusos e crimes com as cotas de passagens dos parlamentares. As suspeitas apontavam para peculato – ou desvio de dinheiro – e estelionato qualificado.

Como informou o texto do Congresso em Foco, a Câmara abriu a sindicância em 2005. Três anos depois, porém, nada tinha sido feito para coibir o uso indevido dos bilhetes e créditos dos mandatos parlamentares.

Nas investigações sobre a "farra das passagens", o Ministério Público Federal tentou enquadrar centenas de congressistas no crime de peculato, definido no artigo 312 do Código Penal com a seguinte redação: "Apropriar-se o funcionário público de dinheiro, valor ou qualquer outro bem móvel, público ou particular, de que tem a posse em razão do cargo". Prevê punição de dois a doze anos de cadeia, mais multa.

Até a década de 1990, apesar das irregularidades, os desvios de finalidade das verbas destinadas a passagens ainda representavam um montante pouco expressivo se comparado ao que isso se tornou na virada do século. Uma rápida pesquisa no histórico das regras de uso de passagens aéreas pelos congressistas revela o momento exato em que deputados e senadores tiveram as cotas aumentadas significativamente, sem nenhum tipo de controle.

A reconstituição dos fatos revela o papel central na criação dessas normas exercido por um dos personagens abordados no início deste livro: Michel Temer.

Nesse contexto, o fato determinante para a grande farra foi a criação das cotas de passagens em 2000. Temer presidia a Câmara desde 1997. Até então, as regras das passagens eram ditadas pelo Ato 4, de 1971, que garantia aos deputados quatro bilhetes de ida e volta gratuitos por mês. Um deles deveria ser entre Brasília e a antiga capital federal, o Rio de Janeiro. Com o sistema de cotas, os deputados deixaram de receber bilhetes com destino fixo. Passaram a receber verbas sem prévia determinação dos percursos.

Temer justificou a mudança em 2000 com a suposta necessidade para o exercício do mandato dos deputados. Os parlamentares se queixavam da restrição das viagens ao estado de origem. Alegavam que não podiam visitar outras unidades da Federação para participar de debates nacionais.

A regra foi ampliada em 2002 pelo presidente da Casa na época, o deputado Aécio Neves (PSDB-MG). A Mesa Diretora é o órgão que comanda a administração da Câmara. Ela é formada pelo presidente da Casa, pelo vice e pelos secretários. São sete deputados titulares e quatro suplentes. Pois, na gestão de Aécio, a Mesa decidiu beneficiar seus próprios integrantes e os líderes partidários com um adicional na cota de passagens aéreas.

O extra garantia aos sete titulares da direção um aumento equivalente a 70% da maior cota (Roraima). Os quatro suplentes da direção e os vários líderes de partidos tinham direito a mais 25%[18].

Assim, em 2009, todos os deputados tinham direito a um crédito mensal para usar com passagens aéreas. O valor variava conforme o estado de origem. Só em 2008, a Câmara gastou R$ 78,5 milhões com passagens. O valor destinado a cada bancada estadual era reajustado a cada seis meses. Sobrava muito para viagens além daquelas de ida e volta a Brasília.

* * *

A primeira reportagem do site Congresso em Foco, de setembro de 2008, mostrava que um dos envolvidos na investigação interna da Câmara tinha emprego novo em outro gabinete parlamentar. E isso mesmo depois de começar a responder a ação na Justiça.

Marlon Melo de Araújo, ex-assessor de Lino Rossi, trabalhava no gabinete do deputado Edmilson Valentim (PCdoB-RJ). Tratava-se de um dos cinco acusados de desviar dinheiro de cotas de passagens na denúncia do Ministério Público.

Valentim demitiu o funcionário do cargo após ser informado por um dos autores deste livro, Lúcio Lambranho, das acusações contra o servidor. Ao anunciar a demissão, o deputado do PCdoB afirmou que não o teria contratado se soubesse da existência da denúncia.

Marlon Araújo confirmou ao repórter que retirou passagens em Brasília em nome da mulher e dos filhos de Lino Rossi. Mas negou ter falsificado a assinatura do ex-parlamentar e de sua suplente durante o período de licença do deputado. Segundo a acusação, essa fraude permitiu ao servidor obter passagens para negociar no mercado paralelo.

O ex-assessor também se defendeu da denúncia de que teria ficado com cerca de R$ 6 mil da cota de selos do deputado. Disse que enviou o material reclamado para o escritório de Rossi. Seriam duas caixas com pacotes de selos. Uma delas foi extraviada. Como Araújo era responsável pelo envio, acabou arrolado na acusação.

"Trabalhar com aquele deputado só me deu problema", reclamou o ex-servidor na entrevista. "Foi uma bobeira minha que podia ter ficado só no âmbito da Câmara."

Lino Rossi também fora acusado pelo Ministério Público de ser um dos coordenadores do esquema de superfaturamento de ambulâncias, caso conhecido como "escândalo das sanguessugas". De acordo com a denúncia, o deputado recebeu R$ 3 milhões, em 117 pagamentos, da Planam, empresa pivô do escândalo, em troca de liberação de emendas parlamentares.

No depoimento em Cuiabá para o processo das passagens, Rossi defendeu a tese de que não teve nenhuma participação no desvio dos bilhetes de avião. Ele disse que descobriu assinaturas falsas nas requisições de passagens apresentadas a uma companhia aérea quando reassumiu o mandato, depois de mais de quatro meses de licença.

Na ocasião, a Câmara negou aos repórteres do Congresso em Foco a existência de auditoria interna sobre esse caso, base da denúncia apresentada pelo MPF. Em resposta ao site, a assessoria de imprensa da instituição reconheceu não existir nenhum acompanhamento ou fiscalização sobre o uso das passagens das cotas. "A responsabilidade pelo uso do dinheiro é do deputado, que administra sua cota com as companhias aéreas ou agência de viagem de sua livre escolha", disse a Casa, em 2008.

A Câmara escondia sua própria apuração, mas os fatos já demonstravam a falta de controle na emissão dos bilhetes por assessores.

Capítulo 7

Trabalho de reportagem

As notícias sobre os casos dos deputados Maurício Rabelo, Milton Barbosa e Lino Rossi indicavam sangria nas verbas destinadas a cotas de passagens para o exercício dos mandatos dos parlamentares. À medida que transcorriam os meses, aumentavam os rumores de viagens de lazer pagas com dinheiro do Congresso.

Repórteres de diferentes redações buscavam novos elementos sobre os bilhetes aéreos dos gabinetes de deputados e senadores. Não se tinha ideia, no entanto, da dimensão dos desvios de finalidade das cotas. Também não eram públicos os casos das famílias de Temer e Bolsonaro e dos amigos de Roseana Sarney narrados anteriormente.

Fundado em 2004 pelo jornalista Sylvio Costa, o site Congresso em Foco funcionava em uma sala do Brasil XXI, um complexo de edifícios de fachadas espelhadas ao lado da Torre de TV, área central de Brasília. Em abril de 2009, a redação ficava na sala 921 do bloco E, um espaço apertado para cerca de dez jornalistas em intensa atividade na busca e publicação de notícias.

O Congresso em Foco foi um dos primeiros veículos de imprensa exclusivamente digital em Brasília. Nascido em 1962 em Vitória (ES), Sylvio saiu da capital capixaba em 1989. Foi para Brasília e, nos anos 1990, atuou como repórter de economia da *Folha de S.Paulo* e da revista *IstoÉ*. Nessa época, também foi editor no jornal *Correio Braziliense*. Tornou-se servidor do Senado, mas licenciou-se do cargo, sem receber rendimentos, para voltar à iniciativa privada.

Sylvio passou uma temporada em Londres, onde fez mestrado em Comunicações na Universidade de Westminster, com bolsa do Conselho Britânico. Na Inglaterra, foi produtor *freelancer* da emissora BBC. Ao voltar para o Brasil, abriu uma empresa de comunicação e começou a editar livros e cadernos especializados para jornais. Em 2003, criou um boletim especializado em política para uma empresa de consultoria. A partir dali, convidou a empresa para ser sócia num site especializado, mas os empresários não aceitaram.

O jornalista resolveu tocar o projeto sozinho. Logo na largada, contratou o jovem jornalista Edson Sardinha para trabalhar com ele. Foi o início do Congresso em Foco. Mesmo no papel de empreendedor, Sylvio manteria no comando do site o tino de repórter e se envolveria diretamente nos assuntos da redação.

No caso da farra das passagens, o chefe acompanhou cada passo da apuração e tomou as decisões editoriais que nortearam a publicação de um valioso material obtido por Lúcio.

Apesar do espaço econômico, a redação do site tinha janelas para o Parque da Cidade Sarah Kubitschek. O cenário era inspirador: extensos gramados, árvores floridas e a roda-gigante do parque da Nicolândia.

Atletas e famílias se movimentam o dia inteiro por uma área equivalente a 420 campos de futebol, uma das maiores áreas do Plano Piloto dedicadas ao lazer.

Sem a tradição dos grandes veículos de comunicação, o Congresso em Foco começava em 2009 a despontar como mais um concorrente no disputado mercado de jornalismo do Distrito Federal. Como o próprio nome diz, o site especializou-se na cobertura do Poder Legislativo, mas com abrangência também sobre o Executivo e o Judiciário.

Uma sequência de reportagens exclusivas a partir de março de 2009 levou o Congresso em Foco para o centro do jornalismo político nacional, com ampla repercussão em todos os veículos de imprensa do país. Durante algumas semanas, com o material sobre as passagens do Legislativo, o site, com cinco anos de existência, esteve à frente do noticiário em relação aos gigantes concorrentes analógicos.

Ainda no início de março, Lúcio recebeu de uma fonte o inquérito da Operação Boi Barrica. Na leitura do processo, o repórter descobriu a viagem de Bogéa relacionada ao gabinete do deputado Carlos Abicalil.

A notícia sobre o homem, monitorado pela PF, com uma mala para Fernando Sarney foi publicada pelo site no dia 5 de março de 2009. O texto descreveu o acompanhamento de Bogéa na operação policial e as suspeitas em relação a Fernando Sarney.

Com a divulgação do episódio, o público ficou sabendo que os recursos da Câmara serviram para custear voos de um cidadão que não tinha relação formal com o Congresso e, pior, era investigado pela Polícia Federal. Ficou também mais evidente a falta de critérios para a autorização de emissão dos bilhetes.

Nessa época, começou a circular pelo Congresso um zum-zum-zum sobre a viagem de São Luís para Brasília de um grupo de amigos de Roseana Sarney. Dizia-se que as passagens tinham saído da cota do gabinete da senadora.

Alguns dias depois de publicar a reportagem sobre Bogéa, Lúcio recebeu de uma fonte uma lista com nomes de sete pessoas ligadas à família do ex-presidente. A fonte afirmou que eram os usuários das passagens da cota da parlamentar maranhense.

Com a lista dos convidados de Roseana em mãos, o repórter chamou o colega Eduardo Militão para uma parceria na apuração da história. Na dinâmica das redações da imprensa, os trabalhos em equipe são comuns, para apressar a busca de informações. As diferenças de estilo e de fontes também contribuem para a produção de reportagens mais completas.

Instigado por Lúcio, logo no primeiro passo, Militão telefonou para a agência de viagens responsável pela compra de passagens do Senado. Atendido por um funcionário da empresa, o jornalista se identificou como repórter do Congresso em Foco e pediu informação sobre quem havia pago as passagens do grupo.

Funcionário – Você tem a data da passagem deles? É todo mundo o mesmo trecho?

Repórter – Parece que é o mesmo trecho. Acho que é São Luís-Brasília.

A ligação caiu. Novo telefonema:

Repórter – Oi, é o Eduardo Militão de novo. A ligação tinha caído.

Funcionário – Deixa eu te falar. Foi... pra cota da senadora Roseana Sarney.

Repórter – Ah, tá. Senadora Roseana Sarney, né?

Funcionário – Isso.

Repórter – Foi nos dias 8 e 9 de março, né?

Funcionário – Isso.

A lista recebida por Lúcio estava correta. Para provar a confirmação, Militão gravou a conversa com o empregado da agência de turismo. Com as informações checadas, o Congresso em Foco abriu no dia 16 de março de 2009 mais uma manchete sobre as cotas de passagens:

"De São Luís a Brasília, por conta do Senado".

A reportagem apresentou os sete nomes dos amigos de Roseana que viajaram com dinheiro da cota. Foi um legítimo furo jornalístico, com informação obtida e checada na apuração dos repórteres, sem amparo nas investigações policiais ou sindicâncias. Um verdadeiro trabalho de reportagem.

O texto também mostrou as relações de alguns convidados com a família Sarney e com as investigações da Operação Boi Barrica. O grupo de maranhenses desfrutava de estreito convívio pessoal, social, político, empresarial e até judicial com o clã político do estado – a começar por Teresa, mulher de Fernando, também investigada na operação.

No avião também estava Rosa Lago, esposa do empresário Eduardo Carvalho Lago. Segundo a Polícia Federal, em 23 de outubro de 2006, pouco antes de Roseana Sarney ser derrotada por Jackson Lago (PDT) na disputa pelo governo do Maranhão, Eduardo Lago transferiu R$ 2 milhões para a conta-corrente da Gráfica Escolar.

A quantia voltou para a conta de Eduardo Lago. De lá, o dinheiro foi transferido para a conta de Fernando e Teresa Sarney – ex-sócios da Gráfica Escolar. Dos R$ 2 milhões, Fernando sacou R$ 1,2 milhão no dia 25 e os demais R$ 800 mil no dia 26 de outubro. Essas informações também faziam parte da investigação dos policiais federais sobre as atividades de Fernando.

Com a publicação da reportagem sobre a viagem dos amigos, o Ministério Público Federal abriu mais uma investigação, para apurar como Roseana utilizava o dinheiro destinado ao transporte aéreo pago pelo Senado.

Roseana teria mais um problema na Justiça.

Capítulo 8

Mais de meio século de vida no poder

José Sarney traçou uma das mais longevas e vitoriosas carreiras públicas de todos os tempos no país. Teve mandatos de deputado federal, senador e governador. Presidiu dois poderes, o Executivo e o Congresso.

Na política federal, Sarney reciclou e aplicou práticas do velho coronelismo regional brasileiro. Cercou-se de amigos e preencheu cargos para se perpetuar no topo da República. Desde a redemocratização, manteve uma rede de aliados em postos-chave de Brasília e preservou ligações no Judiciário.

Sarney iniciou a vida pública na década de 1950, quando se candidatou a deputado federal pelo antigo PSD. Transferiu-se depois para a UDN e, no início da ditadura, elegeu-se governador do Maranhão.

Durante a vigência do bipartidarismo – na ditadura –, quando existiam Arena, da situação, e Movimento Democrático Brasileiro (MDB), na oposição, Sarney ficou na base governista. Pela Arena, obteve dois mandatos de senador e, em 1979, chegou à presidência nacional do partido.

Na história do Brasil, Sarney ocupa lugar de destaque por ter feito a transição da ditadura para a democracia. No Planalto, convocou a Assembleia Nacional Constituinte e consolidou a volta dos civis ao poder.

Mas o político maranhense também se tornou conhecido por usufruir das benesses do Estado. Ao mesmo tempo que confundiu os interesses da família com o aparato estatal, Sarney construiu vasto patrimônio pessoal.

Em 1996, o patriarca declarou R$ 2 milhões em bens à Receita. Dez anos depois, o montante mais que dobrou: passou para R$ 4,6 milhões (R$ 10 milhões em valores atualizados em fevereiro de 2021), como ele afirmou à Justiça Eleitoral.

As riquezas de toda a família chegavam a mais de R$ 250 milhões em 2009, ou R$ 470,8 milhões em valores atualizados pela inflação[19]. Também em 1996, o deputado federal Zequinha Sarney (PFL-MA) declarou R$ 859 mil em bens, valor multiplicado vinte anos depois: a cifra passaria dos R$ 6 milhões em 2018 (R$ 6,6 milhões em fevereiro de 2021).

Roseana Sarney tinha R$ 1,9 milhão em bens em 1998 (R$ 7,3 milhões em fevereiro de 2021). Vinte anos depois, o patrimônio da filha do ex-presidente alcançou R$ 11 milhões (R$ 12,1 milhões em fevereiro de 2021).

Por viver tanto tempo no poder, em muitos aspectos a família agiu como se fizesse parte do aparelho estatal. Assim, os Sarneys se penduraram nos cargos públicos e, com essa relação íntima, financiaram os projetos políticos e as despesas pessoais.

O acúmulo de cargos, salários e previdência proporcionaram, em 2011, rendimentos de R$ 62 mil mensais ao político maranhense, acima do teto de R$ 27 mil fixado por lei. O montante incluía o salário de senador e aposentadorias como ex-governador do Maranhão e ex-servidor do Tribunal de Justiça local.

José Sarney se elegeu presidente do Senado pela terceira vez no início de 2009. Depois dos cinco anos no Palácio do Planalto (1985-1990), aos 78 anos, o experiente político cumpria também o terceiro mandato de senador pelo Amapá, para onde transferiu o título eleitoral, por ter mais facilidade nas urnas no estado da região Norte.

No comando do Congresso, Sarney exerceu o poder com os truques da velha política. Preencheu os cargos de confiança com funcionários amigos e controlou a máquina do Senado. Depois de deixar a Presidência da República, no comando do Legislativo, manteve-se influente e atuante na política nacional. No total, viveu por dentro dos poderes por mais de meio século da história da República.

Conhecedor, como poucos, dos meandros do poder, o experiente político maranhense teve papel importante na construção das estruturas administrativas que permitiram abusos com dinheiro público. Esse é o caso da farra das passagens.

Capítulo 9

Surge uma pista sobre medidas sigilosas

Ao longo de 2009, a imprensa ofereceu farto noticiário sobre os mecanismos implantados pelo ex-presidente Sarney para exercer o poder no Senado a partir da década de 1990. Um dos estratagemas consistia na efetivação de medidas internas, sem que o público tivesse acesso a elas.

Essa prática foi escancarada no final do primeiro semestre de 2009, como veremos adiante. Antes disso, no dia 27 de março, o site Congresso em Foco deu uma pista dos procedimentos administrativos adotados às escondidas da população.

> O Senado guarda a sete chaves um ato da Mesa Diretora que estende a ex-servidores que ocuparam os dois cargos mais altos na hierarquia da Casa um benefício garantido apenas a senadores e ex-senadores. O Ato 18, de 2000, da Comissão Diretora, garante assistência médica vitalícia para o ex-diretor-geral e o ex-secretário-geral da Mesa.

Assim começou uma reportagem assinada por dois autores deste livro, Lúcio e Edson Sardinha. O texto mostrou que dois altos funcionários ligados a Sarney tinham direito, desde 2000, ao cobiçado atendimento de saúde do Senado. O modelo vale para a vida toda e contempla a família inteira.

Tratado como sigiloso, o Ato 18 foi assinado em 2000 pelo então presidente do Senado, Antônio Carlos Magalhães (PFL-BA), aliado de Sarney e ex-ministro das Comunicações no governo do maranhense. Na ocasião, o servidor Agaciel Maia ocupava o cargo de diretor-geral, e Raimundo Carreiro estava no topo da secretaria-geral da Mesa Diretora. Ambos chegaram aos postos em 1995, quando Sarney assumiu a presidência do Senado pela primeira vez.

Agaciel e Carreiro construíram sua carreira sob a proteção do peemedebista. Leais, executaram medidas e encaminharam os assuntos de interesse do padrinho político. Com apoio irrestrito dos dois altos funcionários, Sarney alicerçou uma duradoura estrutura de poder no Legislativo.

Conhecido pelas iniciais ACM, Antônio Carlos Magalhães exercia em 2000 o segundo mandato consecutivo na presidência do Senado. Chegara à cadeira em 1997, na sucessão da primeira passagem de Sarney. Desde a redemocratização, o PMDB elegera todos os ocupantes do cargo – o senador baiano foi a primeira exceção.

Uma tragédia pessoal, com repercussões políticas, abalou ACM nessa época: a morte do filho Luís Eduardo Magalhães, no dia 21 de abril de 1998, aos 43 anos, após sofrer um infarto do miocárdio.

Deputado federal, Luís Eduardo (PFL-BA) presidiu a Câmara no biênio 1995-1997. Habilidoso na política, preparava-se para se candidatar a presidente em 2002. Depois de dois mandatos do tucano Fernando Henrique Cardoso – com o pefelista Marco Maciel (PE) como vice –, o PFL indicaria o filho de ACM para cabeça de chapa. Havia certo consenso nos dois partidos em torno do nome do deputado baiano.

Atordoado com a perda do filho, Antônio Carlos entregou-se à política ainda com mais voracidade, característica marcante de sua personalidade em cinco décadas de vida pública. Assim, entendeu-se com Temer, e juntos abriram uma brecha na interpretação da Constituição para permitir a reeleição de ambos para os cargos de presidentes do Senado e da Câmara, respectivamente.

No argumento do político baiano, eleição imediatamente subsequente é aquela realizada dentro da mesma legislatura.

Denomina-se legislatura o período de quatro anos decorrido entre a posse dos deputados eleitos – ou reeleitos – e o final dos mandatos. A mesma definição se aplica ao Senado, embora os mandatos tenham oito anos.

Em 2009, o Congresso estava na 53ª legislatura, contagem iniciada em 1826, ano da instalação da Câmara e do Senado, nos marcos da Constituição de 1824 – baixada pelo imperador Dom Pedro I.

Texto publicado pela *Folha de S.Paulo* no dia 22 de outubro de 1998 expôs a defesa feita por ACM para a recondução ao comando do Senado:

> "Assim, a proibição de reeleição deve ser considerada apenas para o segundo período de uma mesma legislatura. A eleição no primeiro período da legislatura seguinte, destaco, não é uma reeleição, mas uma nova eleição".

No ano seguinte, o STF ratificou essa interpretação. Com base na decisão, ACM e Temer dobraram os mandatos na cúpula do Legislativo. Antes de concluir o segundo período, em junho de 2000, o peemedebista aprovou na Mesa Diretora a proposta de transformar as passagens com destino fixo em verbas livres para serem consumidas em qualquer percurso. Qualquer pessoa poderia voar utilizando aquelas cotas.

Quando o Congresso em Foco revelou a existência do Ato 18, apenas Agaciel e Carreiro usufruíam de seus efeitos. Eles não exerciam mais os cargos de confiança no Parlamento.

Agaciel acabara de cair, como veremos no capítulo 14, envolvido em um escândalo relacionado ao patrimônio pessoal. Desde 2007, por influência de Sarney, Carreiro era ministro do Tribunal de Contas da União (TCU).

Por força do ato assinado por ACM, ao equiparar as duas funções às de ex-senador, além do atendimento vitalício na rede conveniada do Senado, os beneficiados tinham direito ao ressarcimento de despesas médicas, odontológicas e psicológicas.

Segundo o Sistema Integrado de Administração Financeira (Siafi), Carreiro obteve reembolso de R$ 3.043,00 do Senado para cobrir despesas de saúde em 2008. Foram três ordens de pagamento de R$ 860,00 e uma de R$ 463,00 no período. O ministro do TCU negou a condição de privilegiado.

"De maneira nenhuma. Foram quase 13 anos no cargo, e tive desgastes muito maiores do que os senadores. O país me pagou pouco", disse Carreiro ao Congresso em Foco. Na época, como ministro do TCU, o ex-secretário-geral da mesa do Senado recebia salário mensal de R$ 24,5 mil, teto do funcionalismo público.

Carreiro contou que recorreu ao Senado para cobrir os gastos com um implante dentário. Em 2008, acumulou ressarcimentos do antigo emprego com os do TCU. No total, recebeu R$ 13.877,32 do TCU, de acordo com o Siafi.

No contato com os repórteres, o ministro do TCU confirmou a existência da norma que, em relação a serviço de saúde, equiparou os cargos de direção ao mandato parlamentar. Informou o número do ato e o ano de sua edição. O Ato 18/2000, porém, não aparecia no sistema interno de informações administrativas da Casa, em que estavam listadas as demais normas de 2000.

O Congresso em Foco entrou em contato com a assessoria de imprensa do Senado para questionar a não inclusão do ato, mas não obteve retorno até a publicação da reportagem.

A descoberta do despacho favorável a Agaciel e Carreiro forneceu mais elementos sobre a exorbitância dos gastos com saúde. Desde 20 de março de 2009, o site expunha números até então desconhecidos pela sociedade.

Em 2008, o Senado liberou R$ 1,19 milhão do total de R$ 1,6 milhão reservado no orçamento para ressarcir despesas médicas e odontológicas. Os repasses cobriram tratamentos de 45 ex-senadores e dez dependentes. Entre os beneficiários estava um suplente de senador, que exerceu o mandato por apenas 45 dias. Os reembolsos decorrentes desses serviços custaram R$ 16,7 milhões em uma década.

O ressarcimento é uma das modalidades de atendimento de que dispõem senadores e ex-senadores. Em valores globais, a assistência médica e odontológica dos parlamentares e servidores custou R$ 61,35 milhões ao Senado em 2008. Esse cálculo inclui repasse para instituições privadas conveniadas e cobertura de custos do serviço médico.

Ainda havia muito a ser descoberto nas contas do Legislativo.

Capítulo 10

Uma "bomba" chega às mãos do repórter

Furos jornalísticos atraem informações inéditas, ensinam os jornalistas mais experientes. Foi o que aconteceu nos dias seguintes à publicação da lista de amigos da família Sarney.

Depois das reportagens sobre o deputado Lino Rossi, em 2008, Lúcio seguiria a boa cartilha dos repórteres que conseguem dicas e informações inéditas. Ele fizera inúmeros contatos com possíveis fontes do caso das passagens.

A persistência deu resultado. No final de março de 2009, o jornalista recebeu farto material sobre os bilhetes aéreos. Conseguiu, enfim, destampar os arquivos da Câmara. Depois de abrir os primeiros arquivos, percebeu que se tratava de trabalho para mais de um repórter.

Por e-mail, no dia 1º de abril, Lúcio passou uma mensagem para os editores:

Caros Eumano e Edson,
Senhores!
Temos uma bomba nas mãos.
Abri só metade dos 14 DVS [sic]. São os bilhetes da TAM de 2007 e 2008. Em todos temos passagens ida e volta para deputados e familiares para o exterior. Istambul, Madri, Paris, Londres, Miami, Nova York. Onde vcs imaginarem de lugar turístico [...] pra filho, mulher e os próprios deputados. Do PT ao DEM. São tantos que nem guardei os nomes.
[...]
É a Disneylândia com dinheiro público. É a agência de turismo de graça para deputados. [...]
Cada DVD tem mais de 6 mil bilhetes. Preciso de ajuda. Até porque tenho outros quatro CDs com as passagens da Gol/Varig. Lá tem coisa preciosa demais também. [...]
Sugiro uma força-tarefa. Eu, Edson e Militão. Isso pode vazar a qualquer momento. [...]
Pensem aí e me digam como devemos fazer e agir.

Esse é o tipo de recado que todo editor quer receber um dia. Vale também para os repórteres: todos querem escrever uma mensagem com pauta tão promissora.

Formado em jornalismo pela Universidade Federal de Santa Catarina, com 36 anos incompletos à época, Lúcio vivia em Brasília desde 2004. Antes de se mudar para a capital da República, Lúcio trabalhara em Florianópolis, nos periódicos *O Estado, Diário Catarinense, A Notícia* e *Revista Empreendedor*.

No Distrito Federal, passou pelas redações do *Correio Braziliense* e do *Jornal do Brasil*. Repórter investigativo, participou da cobertura das Comissões Parlamentares de Inquérito (CPIs), especialmente a CPI dos Bingos. O valioso arquivo das passagens chegou após todo o trabalho dos últimos anos.

Sylvio, chefe de Edson e Militão, aceitou a ideia de liberar os dois para ajudar Lúcio na empreitada. A partir daquele dia, o trio trabalharia isolado da redação – para evitar dispersão em outros assuntos, e também tomando precauções contra um possível vazamento de informações.

A preocupação com sigilo faz parte das apurações jornalísticas. De posse de uma pista importante, antes da publicação, repórteres e editores envolvidos na pauta falam o mínimo possível sobre o assunto com terceiros. Somente o necessário.

Uma simples menção de que algum colega tem uma "bomba" chama a atenção dos concorrentes e, não raras vezes, perde-se a exclusividade de uma informação. Nesse ambiente, qualquer palavra descuidada em uma conversa de bar pode deixar escapar uma pista que alertará os outros veículos de notícias.

Em Brasília, informação boa corre mais do que notícia ruim. O jornalismo político da capital tem tradição de competição acirrada entre jornalistas e redações nacionais e locais. A concorrência se tornou ainda mais intensa depois da redemocratização, com seguidos escândalos de corrupção e rumorosas comissões de inquérito.

Dezenas de repórteres passam o tempo todo atrás de notícias exclusivas. Vivem em razão disso, independentemente do interesse do veículo em que trabalham. Como em uma gincana sem fim, dormem e acordam pensando nos casos em apuração.

Na cobertura do poder, os grandes jornais e as revistas semanais travavam intensa disputa por cada informação digna de manchete e repercussão nacional. As TVs investiam menos em jornalismo investigativo.

O Congresso em Foco ainda era uma exceção digital nesse mundo analógico.

Capítulo 11

Apuração e checagem do conteúdo dos DVDs

O trio escalado para a pauta se refugiou na quitinete de Lúcio, localizada no Setor Sudoeste, bairro da capital. Ficava em uma espécie de mezanino de um prédio residencial. O modesto apartamento dispunha de espaço mínimo para abrigar cama, mesa, cozinha, pia e banheiro. Uma janela ampla tinha vista para um escritório da Polícia Federal e uma área verde.

De brincadeira, o lugar passou a ser chamado de "bunker do Sudoeste". Em espaço ainda mais exíguo que o da redação, os três jornalistas mergulharam no vasto mundo das cotas parlamentares. A decisão de incorporar Edson e Militão ao caso levantado por Lúcio deu mais velocidade ao trabalho, explorando as habilidades de cada um.

Braço direito de Sylvio Costa na redação, o editor Edson Sardinha dominava as ferramentas do site. Também conhecia como poucos os perfis dos 594 parlamentares, apresentados em detalhados textos de livros editados nos últimos anos pelo Congresso em Foco.

O site fora pioneiro na publicação dos históricos de deputados e senadores na Justiça. Em decorrência do foro privilegiado, processos com envolvimento de políticos se acumulavam no Supremo Tribunal Federal (STF). O Congresso em Foco começou a divulgar as listas dessas ações contra deputados e senadores, com grande repercussão na mídia.

Edson participava da produção dos perfis. Com esse banco de dados na memória, navegou pelos arquivos das passagens em condições privilegiadas para cruzar as informações dos usuários das cotas parlamentares.

Goiano, formado pela Universidade Federal de Goiás, Edson tinha 30 anos na época do "bunker do Sudoeste". Estava na empresa desde 2003, antes da criação formal do Congresso em Foco. Havia trabalhado para um projeto do jornal *O Estado de S. Paulo*, em parceria com a Universidade de Navarra, na Espanha.

A dedicação exclusiva durante alguns dias permitiu aos três jornalistas destrinchar milhares de documentos sobre os voos dos deputados. Isso quer dizer que eles saíram da pauta do dia a dia, quando o repórter apura e publica várias notícias por dia sobre o que acontece no Congresso e na política: de uma proposta de lei que está sendo discutida numa comissão à repercussão da entrevista bombástica que um ministro deu para uma revista ou as reuniões de uma CPI. Só nas horas vagas é que se pode cuidar de reportagens especiais.

Com dedicação exclusiva, todo esse trabalho de rotina ficou de lado por cerca de duas semanas. Eles se concentraram, sobretudo, na identificação dos bilhetes com características de uso para lazer, pesquisas sobre os beneficiados, checagens de informações e entrevistas com os envolvidos. Essas etapas, necessariamente, deveriam ser cumpridas antes da produção dos textos, da edição e da montagem das reportagens no sistema do site.

Como dito na mensagem de Lúcio, os 18 CDs e DVDs continham cópias e extratos das passagens dos deputados e senadores de um período de dois anos. Havia mais um lote de mídias com planilhas diversas. Além de volumoso, o arquivo se encontrava completamente desorganizado, sem sequência lógica dos bilhetes liberados pelos gabinetes.

Depois que recebeu o material, com dificuldade para processar as informações, Lúcio procurou um funcionário público conhecedor do assunto para pedir ajuda. Esse servidor ajudou a localizar planilhas que facilitaram a busca dos bilhetes.

Quase tudo era novidade para os três naquele caso. Para a tarefa, levaram *notebooks*, blocos de papel e celulares. Quando os colegas chegaram, Lúcio abriu um computador portátil na mesa e explicou como pesquisar. Tudo parecia absurdo à primeira vista.

Tinham de abrir o acervo com milhares de bilhetes de viagem digitalizados e esperar o lento processamento do computador de marca Dell, usado pelos repórteres do site. Os registros passavam segundo a segundo e os repórteres precisavam memorizar as três letras dos destinos voados.

O primeiro passo foi focar os destinos internacionais identificados por agrupamentos de letras como MIA, MAD, FRA, LHR e CDG – respectivamente, códigos dos aeroportos de Miami (EUA), Madri (Espanha), Frankfurt (Alemanha), Londres (Inglaterra) e Paris (França).

Com essas informações, os repórteres olhavam o nome dos passageiros, os vínculos com um senador ou deputado, as datas das viagens e quem mais embarcara com dinheiro público naquele voo. O trio fazia um cruzamento com fatos que haviam acontecido em datas próximas e buscavam fotos de família em férias para conferir se a viagem tinha alguma justificativa oficial – ou se era lazer puro.

Dos três, Militão era quem tinha mais intimidade com informática e arquivos pesados, porque fora obrigado a aprender sobre planilhas eletrônicas para tabular os resultados de seu trabalho de conclusão de curso de graduação. Com 30 anos na época, formado em Jornalismo pela Universidade Federal do Paraná, o repórter trabalhara no *Correio Braziliense*, no *Jornal do Brasil* e em pequenas revistas antes de chegar ao Congresso em Foco.

No "bunker do Sudoeste", o ambiente era ao mesmo tempo tenso e divertido. Em ambiente informal e descontraído, analisavam, um a um, os documentos extraídos dos arquivos, faziam pesquisas na internet e localizavam conexões com os políticos.

Sem revelar detalhes, ligavam para fontes em busca de complementos para as informações. Almoçavam nas redondezas para não perder tempo. Inquietos, queriam ver logo tudo divulgado. Todo repórter sabe que, enquanto uma informação não for publicada, nada está garantido.

Afinal, sempre é possível um concorrente conseguir a mesma história. No fim do dia, telefonavam para o editor-executivo, Eumano Silva, e atualizavam a apuração.

Com 45 anos na época, formado em 1987 pela Universidade de Brasília, Eumano trabalhou como repórter nos jornais *Folha de S.Paulo*, *O Estado de S. Paulo* e na revista *Veja*. Antes de entrar para o site, também foi editor de política do *Correio Braziliense* e chefe das sucursais em Brasília das revistas *IstoÉ* e *Época*.

Eumano estava no Congresso em Foco havia dois meses quando Lúcio conseguiu os arquivos das passagens. Nesse episódio, estava no lugar certo, na hora certa. Pura sorte. Para um jornalista enfronhado na política de Brasília, participar de uma cobertura desse porte é, antes de tudo, uma satisfação. Na divisão de tarefas, coordenou a série de reportagens e ajudou Edson na edição.

Em determinado momento, quando vários casos de uso aparentemente irregular de passagens estavam evidentes, o trio do Sudoeste voltou à redação com as últimas descobertas. Até artistas tinham passeado por conta da Câmara.

Edson, Lúcio e Militão receberam, então, a orientação de que deveriam escrever relatórios com resumos dos casos mais surpreendentes. Seriam os primeiros a se tornarem públicos – em data ainda não definida.

Nessa fase, os textos ficaram restritos aos dados revelados pelos documentos, enriquecidos com pesquisas e com conversas cuidadosas com algumas fontes, sem revelar pistas do conjunto do material. O trio escreveu as primeiras reportagens – ainda sem ouvir os parlamentares envolvidos – e arquivou os relatórios à espera da autorização para colocar na rede.

No primeiro momento, focaram os personagens mais influentes ou famosos. Com os textos prontos, os editores observavam se a apuração estava consistente e cruzavam as informações. Depois desse filtro, aguardavam autorização da direção para procurar os congressistas. Tecnicamente, ainda faltava ouvir o outro lado.

Depois de mais alguns dias – e vários relatórios escritos –, uma certa ansiedade começou a crescer na redação, especialmente no "bunker do Sudoeste". A tensão aumentou ainda mais quando Sylvio Costa avisou que chegara a hora de começar a colocar o material no ar. Mais: explicou que o arquivo seria – no jargão da imprensa – fatiado.

Isso significa que o fundador do Congresso em Foco optou por fazer uma série jornalística em vez de uma única edição. O importante, avaliou, era ter um roteiro para publicar o material, de forma que o público conseguisse acompanhar o caso sem ser sufocado por um oceano de informações.

Sylvio ainda deu mais uma orientação: as reportagens seriam publicadas sem os fac-símiles dos bilhetes. O Congresso em Foco manteria controle sobre os documentos. Assim, antes de serem procurados pelos repórteres, os parlamentares não teriam como saber exatamente que tipo de arquivo estava em poder do site.

Outra razão para não divulgar as cópias das passagens era dificultar o trabalho dos concorrentes: sem fac-símiles para repercutir as reportagens, o site teria de ser sempre citado pelos outros veículos. Os bilhetes do acervo digital eram a única prova de que os políticos esbanjavam dinheiro público em viagens particulares com familiares e amigos.

Por quase duas semanas, editores e repórteres conseguiram guardar o segredo do "bunker do Sudoeste". Para publicar, só faltava procurar os responsáveis pela farra das passagens.

Chegara a hora de jogar tudo na rede.

Capítulo 12

O Congresso em Foco
sacudiu o Parlamento

Às 7h25 do dia 14 de abril de 2009, terça-feira, um dos editores do Congresso em Foco postou a primeira reportagem da série produzida com o material dos DVDs: "Adriane Galisteu e artistas viajam por conta da Câmara".

Com esse título, o site iniciou uma sequência de revelações sobre a gastança do dinheiro dos contribuintes. Dia após dia, os brasileiros souberam como deputados e senadores queimavam as verbas para viagens.

O texto de estreia tratou da cota do então deputado Fábio Faria (PMN-RN). Começou assim:

> "A Câmara pagou passagem para os atores Kayky Brito, Sthefany Brito e Samara Felippo participarem do carnaval fora de época em Natal. Os bilhetes saíram da cota do deputado Fábio Faria (PMN-RN), dono do camarote Athletica, um dos mais concorridos do Carnatal por reunir o maior número de celebridades".

O deputado também utilizou a cota parlamentar para pagar sete viagens para a então namorada, a apresentadora de TV Adriane Galisteu, e a mãe dela, Emma Galisteu, entre 2007 e 2008.

> "Galisteu estreia um programa ao vivo na rede Bandeirantes na próxima sexta-feira (17). Um dos trechos pagos com recursos da Câmara transportou Emma de Miami, nos Estados Unidos, a Guarulhos, em janeiro do ano passado."[20]

A gentileza de Faria com dinheiro público se estendeu ao empresário Cláudio Torelli, amigo de Galisteu. Somadas, as passagens da apresentadora, da mãe e do amigo custaram à Câmara cerca de R$ 11 mil.

A presença de Galisteu, Kayky Britto, Sthefany Britto e Samara Felippo abrilhantou o ambiente de badalação do camarote, como registrou a revista *Caras,* voltada para celebridades. "Artistas se divertem no Carnatal", mostrava a reportagem. "Namorado de Adriane Galisteu é anfitrião da festa potiguar", continuava.

Os conhecimentos de Edson Sardinha sobre telenovelas foram úteis para identificar o grupo. Faria recebera os jovens amigos no badalado espaço Athletica – DDEX, dentro do Camarote Skol Beats. Pelo convescote passaram, segundo a revista *Caras*[21], a governadora do estado, Wilma Maria de Faria (PSB), e o pai do deputado, Robinson Faria (PMN), 48 anos, na época presidente da Assembleia Legislativa do Rio Grande do Norte.

O deputado que pagou as viagens para celebridades com dinheiro público tinha recém-completado 30 anos em 2006, quando elegeu-se para uma vaga na Câmara. Tinha um patrimônio composto por uma Toyota SW4 Hilux, modelo do ano, avaliada em R$ 160 mil. Era dono de uma academia com o empresário Marcus Buaiz, marido da cantora Wanessa Camargo, filha do sertanejo Zezé di Camargo. Também possuía uma empresa de comunicações e outra de documentos e tele-entregas. Os bens somavam R$ 249 mil.

Na mesma época, seu pai, o presidente da Assembleia no Rio Grande do Norte, o advogado Robinson Faria, tinha R$ 3,5 milhões em bens. Eram casas, apartamentos, sociedade em granja, fazenda, prédios, terrenos, quase meio milhão de reais guardados na poupança e uma Toyota SW4 do ano, além de uma rádio e uma empresa de administração.

No Carnatal, o nome do espaço Athletica era o mesmo da academia Athletica Club, sociedade que Fábio Faria tinha com o genro do sertanejo Zezé di Camargo.

Procurados na ocasião pelo site, os atores não negaram o favor. O empresário de Samara Felippo disse que Fábio Faria era "educado". "O Fábio é nosso amigo, é educado, ele nos convidou e foi ótimo", explicou Caio Fisher. "Eu não sei nada sobre isso. Tem que falar com ele."

Um assessor de Adriane Galisteu afirmou que ela não sabia que dinheiro público era usado para bancar os voos. "A Adriane sempre pagou as passagens", iniciou Nelson Sacho. "Teve momentos em que até pagou para ele. Mas, quando eles estavam namorando, teve momentos em que, de repente, ele pagou."

Em resposta aos questionamentos dos repórteres, sem esclarecer o valor, a assessoria de imprensa de Faria informou que ele ressarciria os cofres da Câmara. Assim, a repercussão negativa da reportagem teve como efeito imediato a devolução de dinheiro para o caixa do Legislativo.

***

Pela primeira vez, um veículo de imprensa exclusivamente de internet chacoalhou o Parlamento brasileiro. O Congresso em Foco mostrou que tinha bala na agulha e deu um furo jornalístico com forte impacto na política.

O "bunker do Sudoeste" operava em tensão máxima. Ao mesmo tempo que arredondavam as próximas reportagens, os três autores acompanhavam a repercussão nos veículos concorrentes.

A edição impressa da *Folha de S.Paulo* entrou no assunto no dia seguinte. "Verba da Câmara bancou viagens de Galisteu", registrou o jornal no título da matéria. "Além de pagar passagens da ex-namorada, Fábio Faria usou dinheiro público para levar atores para Carnaval fora de época em Natal". A arquiteta responsável pelo camarote no Carnatal também voara com bilhetes da cota de Faria.

O jornal paulista afirmou ainda o valor devolvido pelo deputado aos cofres da União: R$ 21,3 mil, depois que o Congresso em Foco revelou as despesas com as celebridades. Essa foi a primeira citação do site na grande imprensa relacionada ao arquivo das passagens.

Como justificativa para os voos de interesse privado, Faria afirmou que a emissão de bilhetes não era tarefa dele, mas de assessores. Em decorrência da repercussão do caso, Faria ordenou o cancelamento de voos programados para a cantora Preta Gil e para as atrizes Priscila Fantin e Deborah Secco.

Assinada pela repórter Maria Clara Cabral, a matéria da *Folha* mostrou também a primeira reação de Michel Temer. O presidente da Câmara demonstrou preocupação com a atitude de Faria. "Não é um padrão normal. Ele tem que devolver o dinheiro se achar que teve irregularidade."

Mais tarde, Temer mudou um pouco o tom e disse que encaminharia o caso do deputado potiguar para a corregedoria da Câmara. O presidente da Câmara tinha um padrão: a regra estabelecida por ele nove anos antes omitia qualquer restrição ao consumo da cota parlamentar. Se ele próprio criou as normas – e também se beneficiou da mordomia –, ficava difícil encarar os colegas e exigir que restituíssem dinheiro aos cofres públicos.

No mesmo texto do dia 15 de abril, a *Folha* explicou a regra das cotas. Lembrou a omissão do ato da Mesa Diretora em relação ao uso da verba e os valores máximos fixados para cada estado. No caso do Rio Grande do Norte, Faria e os outros deputados do seu estado tinham direito a R$ 18,7 mil para passagens.

Oficialmente, a Câmara entendeu que os bilhetes pagos por ela só poderiam ser usados para o exercício do mandato parlamentar, registrou o jornal. Os bilhetes de viagens internacionais dependiam de autorização da Mesa Diretora. Os gastos de Faria foram autorizados pelo terceiro-secretário da Mesa Diretora na época da emissão das passagens, o deputado Waldemir Moka (PMDB-MS).

Como veremos adiante, a restituição dos valores gastos com viagens particulares, feita por Faria, foi uma exceção entre os congressistas. De modo geral, valeu o padrão Temer.

As imprecisões iniciais das declarações de Temer e a contradição com a posição oficial da Mesa Diretora podem ser explicadas pela surpresa causada com a divulgação dos gastos de Faria. Boa parte dos parlamentares fizera viagens da mesma forma nos anos anteriores.

Nem o presidente da Câmara nem parlamentar algum sabiam dos arquivos em posse do Congresso em Foco. A divulgação da farra em Natal era apenas o começo.

Capítulo 13

Ministros também voaram por conta do Legislativo

A segunda reportagem com informações extraídas do banco de dados vasculhado pelos três jornalistas foi publicada às 17h02 do dia 15 de abril: "Ministros-deputados usam passagens da Câmara".

O texto revelou que os ministros José Múcio Monteiro (PTB-PE), Geddel Vieira Lima (PMDB-BA) e Reinhold Stephanes (PMDB-PR) usaram bilhetes da Câmara para voar. Eles eram deputados, mas se licenciaram de seus mandatos para exercer cargos no Executivo. Apesar de exercerem outra função, valiam-se das cotas de passagens para viajar pelos céus, como se ainda exercessem seus mandatos parlamentares. Em abril de 2009, Múcio, Geddel e Stephanes ocupavam, respectivamente, as pastas de Relações Institucionais, Integração Nacional e Agricultura no governo de Luiz Inácio Lula da Silva (PT).

De novembro de 2007, quando ganhou o cargo no Planalto, até 2009, o ministro Múcio utilizou 54 vezes a verba destinada ao gabinete na Câmara.

Das mais de cinco dezenas de viagens pela cota, o próprio político pernambucano fizera uso, ele próprio, de apenas cinco – entre Brasília, São Paulo, Rio de Janeiro, Recife e Porto Alegre. Sete bilhetes beneficiaram parentes do ministro: um filho, um genro, um sobrinho e um primo.

Stephanes usou a cota 15 vezes. A mulher, Cristina Angélica Batistuti Stephanes, diretora de Operações da Agência de Fomento do Paraná, percorreu o circuito Curitiba, Londrina, Brasília e Guarulhos.

A filha do ministro, Mylene Stephanes, gerente de atendimento do Hospital Cardiotrauma Ipanema, no Rio de Janeiro, também viajou com a cota do pai. Um bilhete foi emitido em 28 de junho de 2006 do Rio para Curitiba e, em 23 de julho, de Curitiba para Guarulhos.

Um assessor de Stephanes no Ministério da Agricultura fez duas vezes a rota Brasília-Curitiba – ida e volta.

Os quatro voos na cota de Geddel Vieira Lima, pela Gol, restringiram-se ao trajeto Brasília-Salvador. Parentes do então ministro e uma mulher de outro sobrenome fizeram *check-in* sem colocar a mão no bolso.

A Mesa Diretora tinha regra clara em relação aos deputados licenciados – caso dos ministros Múcio, Stephanes e Geddel. De acordo com o Ato nº 42, de 2000, os deputados não podiam utilizar a cota de passagens aéreas quando o suplente estivesse em exercício: "Art. 3º. Perderá o direito à cota o parlamentar titular: [...] II – cujo suplente encontrar-se no exercício do mandato".

O artigo seguinte previa a devolução do valor equivalente ao crédito utilizado pelos deputados licenciados.

"Art. 4º. Deverá ser restituída à Câmara dos Deputados, mediante desconto em folha ou crédito bancário, proporcionalmente aos dias de mandato não exercido, a importância correspondente à cota eventualmente utilizada nas condições apontadas nos incisos I e II do art. 3º."

Em confronto com a norma, os três ministros – e também deputados licenciados – deram respostas semelhantes às indagações dos jornalistas. As assessorias de imprensa das respectivas pastas afirmaram que os bilhetes tinham cobertura em créditos gerados pelas cotas enquanto exerciam os mandatos na Câmara.

Dessa forma, as verbas previstas para custeio de viagens no exercício parlamentar se transformaram em "créditos" pessoais das autoridades. O Congresso em Foco procurou o presidente da Comissão de Ética Pública da Presidência da República, o ex-ministro do Supremo Tribunal Federal Sepúlveda Pertence. O ex-magistrado preferiu não comentar a conduta dos deputados licenciados.

Na edição do dia seguinte, 16 de abril, o jornal *O Globo* destacou na primeira página a gastança dos deputados licenciados. "Ministros participam da farra de passagens", registrou, no título, o periódico carioca. A chamada de capa lembrou que a prática era proibida. Também noticiou o prazo de 30 dias dado pela Procuradoria-Geral da República para a Câmara regulamentar as viagens pagas com dinheiro público.

O termo "farra de passagens" apareceu pela primeira vez na grande imprensa. A expressão tinha sentido, pela extravagância dos gastos das autoridades, familiares e amigos com propósitos particulares – em grande parte associados a passeios e diversão.

Assinado pela repórter Isabel Braga, o texto de *O Globo* relatou ainda que Fábio Faria mentira sobre a restituição dos gastos com os convidados do camarote do Carnatal. Pela manhã, o deputado potiguar dissera que já devolvera o dinheiro. Na verdade, o ressarcimento só ocorreu à tarde, enquanto o caso ganhava mais repercussão.

O título no texto interno apelou para o sucesso do deputado entre as beldades globais: "Deputado-galã mentiu sobre devolução". Naquelas circunstâncias, Faria esbanjava prestígio – financiado pelos contribuintes.

O jornal ainda fez uma conta: "Considerando preços de mercado só para os 12 voos do Rio e de São Paulo para Natal, ida e volta, esse custo atingiria mais de R$ 35 mil". Faria devolveu R$ 21,3 mil.

Capítulo 14

Conhecer o mundo às expensas da Câmara

Ao mesmo tempo que os outros veículos entravam no caso das passagens, o Congresso em Foco avançava nas revelações. Na mesma quarta-feira, 16, ainda amanhecia quando o site estampou mais uma manchete amparada nos arquivos digitais: "Como conhecer o mundo por conta da Câmara".

Naquela edição, os três repórteres publicaram que 5 dos 11 integrantes da Mesa Diretora da Câmara tinham utilizado a cota para 49 viagens internacionais. A farra atravessou até o Oceano Atlântico.

Chama-se Mesa Diretora o colegiado de deputados encarregados de comandar a Câmara, sob a liderança do presidente e com mandatos de dois anos. São todos eleitos pelo plenário, levando-se em conta o tamanho das bancadas dos partidos e de acordos políticos.

Os bilhetes saíram dos gabinetes dos deputados Inocêncio Oliveira (PR-PE), segundo-secretário, Odair Cunha (PT-MG), terceiro-secretário, Nelson Marquezelli (PTB-SP), quarto-secretário, Leandro Sampaio (PPS-RJ), terceiro suplente de secretário, e Manoel Junior (PSB-PB), quarto suplente de secretário.

Inocêncio agradou a mulher dele, Ana Elisa Oliveira, e a filha Shely Oliveira Rollemberg com passagens da cota para os percursos São Paulo-Nova York, Nova York-São Paulo, São Paulo-Frankfurt e Milão-São Paulo.

As outras duas filhas do casal viajaram três trechos bancadas pelos cofres públicos: São Paulo-Nova York, Nova York-São Paulo e São Paulo-Frankfurt. Amanda Rollemberg, neta de Inocêncio, viajou de São Paulo a Miami, nos Estados Unidos, e de Miami a Salvador com a cota do deputado. As passagens foram emitidas nos dias 22 de agosto e 21 de dezembro de 2007.

Na época das viagens, o deputado pernambucano era o segundo vice-presidente da Câmara. Como todos os integrantes da Mesa Diretora, tinha direito a um adicional de R$ 13 mil nas suas cotas de passagens.

Sem nenhuma justificativa plausível, o acréscimo equivalia a 70% da maior verba distribuída aos parlamentares – os que residiam em Roraima. No caso dos suplentes de secretário, o acréscimo era de 25%, mesmo percentual garantido aos líderes partidários.

Nesse formato, como integrante da Mesa Diretora, Inocêncio dispunha de R$ 13 mil – além de R$ 15 mil reservados para a bancada de Pernambuco. Assim, o deputado administrava mensalmente R$ 28 mil para cruzar os céus do Brasil e do mundo às expensas da Câmara.

Feitos os cálculos, o montante disponível permitiria a Inocêncio, por exemplo, fazer nove viagens de ida e volta de São Paulo para Milão, na Itália, a cada trinta dias. E ainda sobrariam R$ 2 mil para serem utilizados posteriormente. Um voo de ida e volta da capital paulista para a cidade italiana custava R$ 2.900,00 pela TAM.

Entre os integrantes daquela Mesa, quem mais utilizou a cota para viagens internacionais foi o terceiro suplente de secretário, Leandro Sampaio. Ex-prefeito de Petrópolis (PPS-RJ), o político consumiu o crédito da Câmara para pagar 22 passagens aéreas ao exterior – foram 11 viagens de ida e volta feitas pelo parlamentar e por familiares.

O deputado fluminense viajou para a Alemanha, Chile e Argentina com a cota da Câmara. Esteve na Europa em companhia de um irmão, Leônidas Sampaio Fernandes Junior, e do filho Leonardo. As passagens foram emitidas em 6 de dezembro de 2007.

Nos meses anteriores, o terceiro suplente da Mesa Diretora visitara o Chile com a mulher, Tânia Fernandes, e viajara para a Argentina, onde o casal passeou acompanhado dos três filhos. O parlamentar ainda cedeu parte da cota para três pessoas que viajaram para Miami e para Humberto Vieira, presidente nacional do Movimento Pró-Vida, entidade que atua contra a descriminalização do aborto.

Em nome de Odair Cunha, os arquivos digitais guardaram um bilhete de Buenos Aires. O terceiro-secretário afirmou que cedeu milhagens acumuladas a um padre que retornava ao Brasil depois de participar na Argentina de um encontro sobre direito canônico.

O deputado petista também liberou 28 passagens da cota para a mulher dele, Ivanilda Vilas Boas Cunha. Foram oito voos entre Brasília e Belo Horizonte e cinco da capital federal para São Paulo.

A mãe de Odair, Alice Cunha, recebeu duas passagens usadas no trajeto Brasília-Belo Horizonte, em novembro de 2007. Um dos bilhetes foi gerado por milhagem e outro custou R$ 238,00.

A Terceira-Secretaria era o órgão que cuidava da administração das passagens aéreas da Câmara.

A cota do quarto-secretário da Mesa Diretora, Nelson Marquezelli (PTB-SP), também foi utilizada em sete viagens internacionais. Em 13 de setembro de 2007, foram emitidas passagens de ida e volta para o deputado paulista e a mulher, Maria Alice, entre São Paulo e Nova York.

Um mês e meio antes, havia sido usada na compra de três passagens, de São Paulo a Paris, para Luana, Luma e Robert Leroy. Em 6 de dezembro de 2007, foram expedidos bilhetes em nome de Marquezelli e da mulher, de Florianópolis para Buenos Aires e da capital argentina para São Paulo.

A cúpula do Congresso tentou reagir. Ainda na quinta-feira, 16, a Câmara e o Senado anunciaram regras para reduzir as cotas de passagens. Sem citar a fonte das informações, abordou os casos de Fábio Faria e Adriane Galisteu e dos ministros Reinhold Stephanes, José Múcio e Geddel.

Com as novas normas, os senadores tiveram um corte de 25% no crédito para emissão de bilhetes. Para os deputados, a redução foi de 20%. Temer se pronunciou: "A passagem aérea será para o parlamentar, para o cônjuge e seus dependentes legais e nada mais do que isso e, evidentemente, para a atividade parlamentar".

O primeiro-secretário da Mesa Diretora do Senado, Heráclito Fortes (DEM-PI), defendeu o uso de dinheiro público para custear passeios de familiares em viagens a trabalho dos congressistas: "O presidente da República viaja, carrega a esposa; o ministro viaja, leva a esposa. Isso é uma norma que tem no país".

O *Jornal Nacional* informou que, segundo o Ministério Público Federal, a Câmara gastara R$ 80 milhões em 2007 e 2008 com passagens, ou R$ 158 milhões nos dias de hoje[22]. Desse total, R$ 2,5 milhões, ou R$ 4,9 milhões em valores atuais, foram para viagens para o exterior de deputados que não estavam a trabalho.

* * *

Nem tudo foi simples. Os jornalistas do Congresso em Foco passaram a receber pressões para não publicarem nomes nas listas de políticos e passageiros. Um deputado da Bahia ligou para Edson Sardinha. Segundo ele, o site estava expondo a vida particular dos políticos. O parlamentar explicou que algumas passageiras eram, na verdade, amantes dos congressistas. Eles estavam com dificuldades para explicar isso em suas residências.

Sardinha respondeu ao deputado que o objetivo das reportagens era dar transparência aos gastos públicos, e não entrar na vida pessoal dos políticos.

Naqueles dias, Eduardo Militão foi abordado por um servidor na frente da vice-presidência da Câmara, um local de piso negro ao lado do plenário.

O funcionário tinha ido com a esposa para Buenos Aires passar a lua de mel. Afirmou que pagou as despesas, mas que as taxas de embarque foram quitadas com ajuda do Legislativo. E era exatamente isso que a listagem mostrava. Militão respondeu que não poderia mudar a informação porque ela estava correta. Despediram-se. Dali, o repórter foi ao comitê da Câmara.

Na outra ponta do Eixo Monumental de Brasília, no 9º andar de um dos edifícios do Complexo Brasil 21, funcionava a redação do Congresso em Foco. De lá, Sylvio Costa recebia ligações de parlamentares reclamando das reportagens, apesar de as informações serem verdadeiras. Alguns telefonemas eram percebidos pelos repórteres.

"A pressão que mais me incomodou era na linha do 'Quem está por trás?'", contou o fundador da empresa aos autores. Segundo Sylvio, a pergunta lhe soava como: "Que diabo de veículo seria esse que trata igualmente parlamentares de todos os partidos, vinculando os nomes de quase todos os congressistas a práticas indevidas de trato do dinheiro público? E com que objetivo?".

De acordo com Sylvio, do lado de fora do Congresso, as pessoas se escandalizavam com a farra e os seus detalhes. Mas a situação era inversa nos corredores do poder, em Brasília.

"Do lado de dentro, havia um clima muito pesado. Eu era tratado com desconfiança por parlamentares e assessores. Houve também ameaças e provocações várias, todas com a mesma intenção: minar a credibilidade de um trabalho feito com muito cuidado. Tínhamos transposto um limite que não se tolerava. Como questionar a gastança com passagens aéreas se 'sempre foi assim'?"

Sylvio recordou-se de um diálogo com um parlamentar que o procurou para reclamar. Houve surpresa, porque ele sempre o tratava de forma cordial. "Lembro de um deputado habitualmente gentil que me abordou com hostilidade: 'Vocês querem fechar o Congresso?'. E eu respondi na hora: 'Não, deputado, queremos melhorar o Congresso.'"

Sylvio foi procurado por outros parlamentares e também por funcionários da Câmara e do Congresso. Ele se recorda de alguns.

Um deputado até hoje se recusa a lhe conceder entrevistas, porque figurou numa lista de gastos há mais de dez anos. "Teve um deputado que ligou porque havia recebido apenas o reembolso de taxas de embarque", detalhou Sylvio. Depois da reportagem, o parlamentar devolveu os valores à Câmara. O site, então, publicou outra notícia, mostrando que o dinheiro tinha sido restituído aos cofres públicos, mas manteve a informação do gasto feito anteriormente – na lista. Porém, como pagou, o deputado queria que seu nome saísse da relação que estava no ar.

"Expliquei que outras pessoas tinham reembolsado também e que o procedimento adotado era informar os leitores sobre essa restituição, que ficaria *linkada* ao nome do parlamentar, mas sem sair da lista. Ele ficou bem nervoso com isso, mas quisemos seguir um padrão, já que estávamos sob tantos questionamentos."

Sylvio desconfia que alguns políticos atuaram para minar financeiramente o site que ele criou. De um lado, o Congresso em Foco ganhava prêmios jornalísticos, como o Esso, reconhecimento, prestígio e audiência. De outro, o faturamento não acompanhava esses resultados, afirmou. O ano foi de prejuízo no caixa da empresa.

"Não sei se políticos poderosos agiam de alguma maneira nos bastidores junto a potenciais anunciantes ou se estes é que preferiam ficar longe da confusão, mas uma coisa paradoxal é que ganhamos naquele ano de 2009 os principais prêmios jornalísticos do país, éramos citados diariamente pelos grandes veículos e tivemos o maior prejuízo da história do Congresso em Foco."

Apesar da tensão do momento, Sylvio disse que o período de publicação da série de reportagens lhe trouxe a "alegria de fazer algo importante". "Ajudou o país a se ver no espelho."

***

Publicadas no Boletim Administrativo do Senado Federal no dia 17 de abril de 2009, as mudanças nas regras tiveram conteúdo diferente das declarações de Heráclito Fortes. Do ponto de vista da verba para as passagens, a alteração mais significativa foi a transferência da responsabilidade da compra das passagens para os gabinetes dos parlamentares.

Desde 1988, cabia ao diretor-geral do Senado a responsabilidade pela aquisição dos boletos de voos. Os gabinetes enviavam as demandas e a área administrativa fazia a negociação com as agências de viagens e companhias aéreas. O Ato da Comissão Diretora nº 50, de 1988, estabelecia, logo no artigo 1º, a centralização da compra de passagens na cúpula da burocracia.

"Art. 1º. Fica o diretor-geral do Senado Federal autorizado a requisitar das empresas de transporte aéreo, mensalmente, para cada senador, 4 (quatro) bilhetes de passagem."

No Ato da Comissão Diretora nº 2, de 17 de abril de 2009, os parlamentares passaram a administrar seus próprios recursos:

"Art. 1º. Cada senador fará jus a verba mensal de custeio de locomoção, correspondente a cinco trechos aéreos de ida e volta da capital de seu estado de origem para Brasília".

Mais alto cargo na burocracia do Senado, a diretoria-geral tem atribuição de coordenar, supervisionar e controlar a gestão e as ações administrativas. Atua sob a orientação da Comissão Diretora do Senado Federal – colegiado correspondente à Mesa Diretora da Câmara.

Com as novas normas, os senadores puxaram para os gabinetes o dinheiro antes controlado pela burocracia. O contexto político ajuda a entender o sentido desse movimento.

Nas semanas anteriores à série de reportagens do Congresso em Foco, o posto tornara-se foco de um escândalo. Diretor-geral por 14 anos, Agaciel Maia caiu no dia 3 de março de 2009, depois da revelação, pela *Folha de S.Paulo*, de que omitira da Receita Federal uma casa avaliada em R$ 5 milhões.

Nesse ambiente, as descobertas sobre os abusos dos deputados com passagens aéreas aumentaram a apreensão dos senadores. As suspeitas de ilegalidade patrocinadas por Agaciel incomodaram os parlamentares, e, com isso, preferiram eles próprios cuidar da verba de transporte aéreo.

Havia ainda uma razão preventiva na mudança de regras. Os senadores também abusavam do uso de passagens e sabiam que o noticiário ainda restrito à Câmara não tardaria em atravessar o Salão Verde rumo ao Salão Azul do Congresso. Os nomes dos salões têm a ver com as cores de seus carpetes no Congresso.

Na Câmara, uma espécie de verde-musgo recobre o chão por onde parlamentares caminham para chegar ao plenário e conceder entrevistas sobre os principais projetos em discussão na Casa, em meio a uma série de obras de arte. Andando alguns metros ao norte, o carpete muda de cor para azul. É o Senado.

Na casa do Salão Azul, Agaciel saiu de cena. Assumiu seu adjunto, Alexandre Gazineo. O substituto ficou poucos meses no cargo: também foi derrubado por causa de outro escândalo. Veremos adiante.

∗∗∗

A permanência prolongada no topo da burocracia tinha relação com a hegemonia do grupo de Sarney no comando do Senado desde meados da década anterior. Ao se eleger presidente do Senado, em 1995, o senador maranhense nomeou Agaciel para a diretoria-geral.

Sarney chegou ao comando do Senado depois de vencer Iris Rezende (GO) e Pedro Simon (RS) na disputa dentro da bancada do PMDB. Com isso, impôs-se sobre os políticos que dirigiam o partido desde o tempo de oposição à ditadura.

Antes de aliar-se a Tancredo no colégio eleitoral, em 1985, Sarney apoiava o governo militar. Era, portanto, adversário dos peemedebistas históricos do Senado, como Humberto Lucena (PB), Mauro Benevides (CE) e Nelson Carneiro (RJ).

A supremacia de Sarney no Senado se prolongaria até 2013. Nesse período, presidiu a instituição cinco vezes e, na maior parte do tempo em que não ocupou a cadeira, teve aliados no cargo. O desgaste sofrido com as denúncias que afloravam no início de 2009 estava relacionado à centralização administrativa no mesmo grupo desde a nomeação de Agaciel para a diretoria-geral.

***

Ao anunciar medidas em 16 de abril de 2009 – terceiro dia de publicação da série do Congresso em Foco –, a cúpula do Senado tentou se antecipar às denúncias da imprensa. O anúncio do corte de 25% nos custos com passagens buscava amenizar as críticas contra o desperdício.

Na prática, porém, o texto publicado pela direção do Senado sinalizou uma economia menor do que o percentual prometido por Heráclito Fortes. A redução dos gastos se deu apenas na eliminação de uma cota extra disponível, desde 1988, para os integrantes e suplentes da Mesa Diretora e para os líderes dos partidos.

Os ocupantes desses cargos tinham direito a mais dois bilhetes mensais no itinerário Brasília-capital do estado de origem-Rio de Janeiro-Brasília. A Câmara adotara mecanismo semelhante em 2002.

No caso dos parlamentares do Distrito Federal, o benefício valia para o percurso Brasília-Rio de Janeiro-Brasília. O valor da verba destinada a passagens aéreas continuou calculado em função do preço de cinco passagens – não se formalizou, portanto, a economia de 25% anunciada pelo primeiro-secretário.

Por retirar o penduricalho, o Ato nº 2 passava a impressão de austeridade nos gastos. Mas os senadores continuavam autorizados a usar parte da cota para levar mulher e filhos ao exterior.

Como veremos no capítulo 16, embora semelhantes, Câmara e Senado adotaram ao longo do tempo mecanismos diferentes para requisição e pagamento das viagens dos congressistas. Mas a falta de controle sobre o uso do dinheiro se dava nas duas Casas do Parlamento.

Capítulo 15

As autoridades gostam de mordomias

A divulgação das viagens internacionais dos deputados chamou a atenção do jornalista Ricardo Kotscho, dono do blog Balaio do Kotscho, na época hospedado no Portal iG, como o Congresso em Foco.

"Virou deboche [...]. Simplesmente não consigo acreditar no que eles [os autores das reportagens] contam [...]. É um soco no estômago de quem trabalha para pagar suas contas e seus impostos. Em resumo: nossos deputados estão levando a família e os amigos para dar a volta ao mundo com suas cotas de passagens, que chegam a ultrapassar R$ 28 mil por mês – sim, por mês. Isso dá para fazer nove viagens à Europa. [...] quem paga somos todos nós, que sustentamos essa esbórnia", escreveu o jornalista.

O experiente jornalista resumiu, na sequência, a reportagem postada mais cedo pelo Congresso em Foco. Detalhou ainda os voos feitos por cada integrante da família de Inocêncio de Oliveira para a Europa e os Estados Unidos.

Veterano da imprensa, Kotscho voltara a trabalhar na área depois de passar menos de dois anos como secretário de imprensa da Presidência da República no início do governo Luiz Inácio Lula da Silva. Jornalista desde 1964, aprimorou ao longo das décadas o olhar certeiro para a notícia e a contundência nas críticas políticas.

Sobretudo, quando o assunto é gastança das autoridades, Kotscho tem conhecimento para opinar. Em 1976, quando trabalhava em *O Estado de S. Paulo*, coordenou a produção e escreveu a série de reportagens "Assim vivem os nossos superfuncionários", sobre como os ocupantes dos altos escalões da República, por fontes diversas, locupletavam-se com verbas públicas durante a ditadura.

A série publicada pelo *Estadão* revelou despesas de ministros, secretários, governadores, diretores de estatais e autarquias – ou, muitas vezes, de suas esposas – com festas, presentes, bebidas, comidas, cabeleireiros, reformas desnecessárias de apartamentos e troca de utensílios domésticos. Diretores de empresas do governo ganhavam fortunas em dividendos pelos cargos estatais.

O governo militar suspendera havia pouco tempo a censura prévia sobre o jornal. Essa circunstância permitiu a publicação do material em plena ditadura.

Durante a apuração, Kotscho descobriu que o *Diário Oficial da União* tinha uma rubrica chamada "mordomia", em que eram listados os produtos destinados aos altos funcionários. Nesse tópico, a imprensa oficial registrava gastos com benfeitorias e consumo das autoridades para os convescotes em Brasília.

Originalmente, a palavra "mordomia" definia os serviços de criadagem, alimentação e recepções bancadas pelo poder público. Depois da série de reportagens do *Estadão*, o termo se popularizou como sinônimo dos hábitos luxuosos de políticos e governantes.

A série coordenada por Kotscho se tornou referência de trabalho de excelência para as gerações seguintes. Em 2005, integrou a coletânea *10 reportagens que abalaram a ditadura*, parceria da Editora Record com a Associação Brasileira de Jornalismo Investigativo (Abraji), organizada pelo jornalista Fernando Molica.

Ao escrever a matéria sobre a farra das passagens, Kotscho cita o artigo de um ex-deputado, Davi Lerer (PMDB-SP), cassado pela ditadura. O ex-parlamentar escreveu que, logo depois da mudança da capital para Brasília, cada deputado tinha direito a quatro passagens aéreas – e somente eles poderiam usá-las.

"Não tinham direito a carro (uma Kombi ia buscá-los no hotel), nem a assessores e secretárias de gabinete. Aliás, nem gabinetes individuais tinham, muito menos esse acinte das verbas indenizatórias e todas as mordomias que foram se empilhando com o tempo", escreveu Kotscho, ao fazer o uso apropriado e justo da palavra que descobrira no D.O. mais de três décadas antes. O jornalista se referia aos primeiros anos de Brasília.

O fetiche pelos voos escancarado em abril de 2009 ficou evidente na década de 1970. Na reportagem do *Estadão*, Kotscho contou como o movimento no aeroporto de Brasília chegava a "provocar congestionamentos e brigas por guichês", tamanha a demanda para sair da capital federal nos fins de semana. Cerca de 80% dos passageiros eram funcionários públicos, e, desses, a "maioria absoluta" tinha os bilhetes pagos por órgãos oficiais.

Enfraquecido pela ditadura, o Congresso demonstrava mais parcimônia com as viagens de deputados e senadores. Cada parlamentar tinha direito a quatro passagens de ida e volta para seus estados de origem e uma para o Rio de Janeiro.

Capítulo 16

Os privilégios têm história

Nem sempre as viagens de deputados e senadores estiveram associadas a dinheiro fácil e mordomias. Um episódio narrado pelo jurista e diplomata Joaquim Nabuco, no livro *Um estadista do Império*[23], retrata outro tipo de relação entre os políticos e o Parlamento.

O avô de Nabuco, José Thomaz Nabuco de Araújo, elegeu-se deputado pelo Pará para a primeira legislatura do Congresso, instalada em 1826, menos de quatro anos depois da independência do Brasil.

A mudança da família de Belém para o Rio de Janeiro – então capital do país – demorou mais de três meses. Problemas nas embarcações forçaram uma parada no Maranhão. Com o imprevisto, a "pequena ajuda de custo" se mostrou insuficiente para os gastos da expedição.

José Thomaz arcou por conta própria com as despesas extras de passagens, comida e estadia. Para completar o pagamento, precisou vender três dos onze escravos que levava para servir a família na capital.

Mais de cem anos depois, a escravidão foi abolida, o Brasil se tornou uma República e os parlamentares cruzavam o território nacional de avião, uma invenção do século XX. O conforto e o *glamour* proporcionados pelas aeronaves atraiu, desde logo, o interesse dos políticos.

Nesse sentido, o Legislativo criou em 1950 um mecanismo legal para facilitar caronas de deputados e senadores nos voos das empresas em operação no Brasil. Ao aprovar a Lei nº 1.181, feita para subvencionar as companhias do setor, o Congresso determinou que deputados, senadores e jornalistas tivessem desconto nas passagens aéreas.

"Art. 8º. As empresas beneficiadas por esta Lei são obrigadas a conceder abatimento nunca inferior a 50% (cinquenta por cento) em suas passagens, aos membros do Parlamento Nacional e aos jornalistas profissionais, desde que viajem estes no exercício da profissão e mediante requisição da associação de classe a que sejam filiados."

Assim, na origem, os benefícios em viagens de avião surgiram como um jabuti em uma lei sobre abertura de crédito para empresas de transporte aéreo. No jargão do Legislativo, "jabutis" são propostas sem ligação com os temas centrais dos projetos em discussão, inseridas no meio dos textos legais. É como se fossem o réptil com uma carapaça grande, pois surpreendem quem está lendo um projeto de outro tema. Por exemplo, o deputado está analisando aumentar a punição para o crime de tráfico de drogas cometido com uso de crianças. Então, ele percebe que um colega incluiu uma emenda para aumentar o volume de leite de cabra que os estados nordestinos têm de comprar para a merenda escolar da região.

Foi com um jabuti como esse que os benefícios nas viagens foram assinados pelo presidente em exercício do Congresso, Fernando de Mello Vianna (PSD-MG). A lei formalizou a troca de um privilégio por outro. Para capitalizar o setor aéreo com dinheiro público, os congressistas exigiram subsídios para seus assentos nos aviões. Com a extensão da regalia a jornalistas, agraciaram também uma parcela da imprensa.

Em dezembro de 1955, a lei foi prorrogada por mais cinco anos. Dessa vez, assinada pelo presidente da República em exercício, senador Nereu Ramos (SC). O político catarinense cumpriu mandato-tampão entre novembro daquele ano e janeiro de 1956, quando Juscelino Kubitschek ocupou o Palácio do Catete, sede do governo federal na época.

O novo texto manteve o conteúdo do artigo 8º e acrescentou um parágrafo:

"Parágrafo único. O abatimento a que se refere este artigo é devido, sob pena de ser automaticamente suspensa a subvenção, tanto nas passagens correspondentes a viagens sobre o território nacional como nas viagens internacionais".

Como se vê, o adendo de 1955 explicita a obrigação de descontos nos boletos aéreos também em voos para o exterior. Se o privilégio não fosse concedido, as empresas perderiam a subvenção federal – automaticamente.

Nota-se, ainda, que as caronas dos deputados e senadores se transformaram em assunto do presidente da República. O Executivo e o Legislativo se juntaram para garantir os subsídios para o transporte dos legisladores.

Outro presidente, Juscelino Kubitschek, ampliou as benesses aéreas. Uma semana antes de passar a faixa presidencial para Jânio Quadros, JK sancionou uma mudança – decretada pelo Legislativo – na lei de 1955, para incluir novos beneficiários nos aviões comerciais.

De acordo com o artigo 8º da Lei nº 3.863-A, de 24 de janeiro de 1961, senadores e deputados ganharam o direito a, nas mesmas condições, levar dois dependentes em viagens internacionais. Funcionários do Congresso também terão o abatimento e, assim como os jornalistas, poderão levar cônjuges nas missões oficiais do Parlamento.

Com o golpe de 1964, os militares cassaram os mandatos de centenas de deputados e senadores e retiraram prerrogativas do Congresso. Primeiro presidente da ditadura, o marechal Humberto de Alencar Castello Branco usou um dos instrumentos de exceção – o Ato Institucional nº 2 – para acabar com os descontos nas passagens previstos na lei assinada por JK.

Amparado pelo AI-2, Castello Branco assinou no dia 14 de novembro de 1966 o Decreto-lei nº 29 e cancelou os abatimentos nos preços do transporte aéreo para parlamentares, funcionários do Congresso e jornalistas em missões oficiais. A decisão foi redigida assim:

"O presidente da República, usando da atribuição que lhe é conferida pelo art. 31, parágrafo único, do Ato Institucional nº 2, decreta:

Art. 1º. Ficam suprimidos os abatimentos previstos em leis, decretos, regulamentos e portarias que incidem sobre as tarifas das passagens e fretes aéreos, aprovados para as empresas brasileiras, que operam linhas regulares, domésticas ou internacionais".

A Câmara demorou cinco anos para retomar a prerrogativa sobre as viagens dos deputados. Editado no dia 11 de novembro de 1971, o Ato da Mesa nº 4 regulou o fornecimento de requisições de transporte aéreo dos parlamentares.

Dessa vez, a regalia foi concedida com preço cheio. Cada deputado teria direito a quatro passagens por mês, de março a dezembro:

– duas de Brasília à capital do estado do congressista;
– uma de Brasília à capital do estado, via Rio;
– uma passagem de Brasília ao Rio.

Nos meses de janeiro e fevereiro, o número de bilhetes seria menor: duas passagens de Brasília à capital do estado de origem.

Pelo regulamento, as requisições encaminhadas às companhias levavam a assinatura do diretor-geral da Câmara e um visto do terceiro-secretário da Mesa Diretora. É relevante observar que não se fez nenhuma exigência em relação à motivação das viagens.

O ato foi assinado pelo então presidente da Câmara, Pereira Lopes (Arena-SP). Antes de encerrar a sessão, o deputado paulista convidou os presentes para almoçar nas novas instalações do restaurante da Câmara.

***

As regras fixadas em 1971 permaneceram em vigor por quase três décadas. Em 2000, sob a presidência de Michel Temer, a Mesa Diretora substituiu o sistema de passagens com destinos fixos por um modelo mais flexível.

O Ato da Mesa nº 42, de 21 de junho de 2000, formalizou as novas orientações. Em vez de boletos para suas capitais – ou para o Rio –, cada deputado receberia uma cota mensal fixa, em dinheiro, calculada em função da distância do domicílio eleitoral.

O texto não fez nenhuma restrição aos destinos permitidos para as viagens dos parlamentares. Os casos omissos, estabeleceu o ato, seriam decididos pelo terceiro-secretário da Mesa Diretora.

Vale anotar que, pela primeira vez, a palavra "cota" apareceu na legislação para proporcionar verbas destinadas a passagens aéreas. Os valores dos créditos seriam reajustados em função da inflação mensal.

Outra mudança nas regras permitiu aos próprios deputados – e também a dois de seus assessores – requisitar as passagens diretamente das companhias aéreas. Ficaram dispensadas as assinaturas do diretor-geral da Câmara e do terceiro-secretário, como determinava o ato de 1971.

Com a nova regulação, os congressistas tiveram liberdade para comprar os bilhetes sem pedir autorização para ninguém. Ganharam um orçamento exclusivo para viagens. Puderam, ainda, escolher os roteiros dos passeios.

As únicas circunstâncias previstas para perda de direito à cota de passagens foram: afastamento do mandato, sem remuneração, para tratar de interesses particulares, e quando o suplente estivesse no exercício do mandato – caso dos ministros Reinhold Stephanes, Geddel Vieira Lima e José Múcio Monteiro, mostrado no capítulo 13.

Entre as novidades implantadas pelo ato de 2000, chama a atenção a dispensa de autorização por parte do terceiro-secretário para a emissão dos bilhetes. Ao mesmo tempo que perdeu a prerrogativa de filtrar voos sem justificativa, o ocupante desse cargo na Mesa Diretora ganhou poder para decidir os "casos omissos".

Com essa atribuição, caberia ao terceiro-secretário, por exemplo, esclarecer aos colegas se eram permitidas viagens de terceiros e passeios particulares até para o exterior. Não se teve notícia de que algum deputado tenha levado tal dúvida à cúpula da Câmara.

De qualquer forma, como veremos adiante, o deputado no posto de terceiro-secretário da Mesa Diretora no biênio 2007-2008, Waldemir Moka (PMDB-MS), adotava as mesmas práticas. O deputado do Mato Grosso do Sul consumiu a cota, em grande parte, em voos com a família para os Estados Unidos e Europa.

Dois anos depois, sob a presidência do deputado Aécio Neves (PSDB-MG), a Câmara ampliou as cotas de integrantes da Mesa Diretora, de suplentes de secretários da Mesa, de líderes de partidos, do líder do governo na Câmara e, quando deputado, do líder do governo no Congresso.

Na expressão do Ato nº 130, de 27 de junho de 2002, os ocupantes desses postos "farão jus" a um aumento nos recursos. Para membros da Mesa, o acréscimo foi de 70% da maior cota parlamentar – no caso, da bancada de Roraima. Os líderes tiveram 25% a mais para gastar com transporte aéreo.

As justificativas apresentadas para o incremento financeiro da cúpula da Câmara guardam pouca relação com a benesse autoconcedida:

"Com a edição do presente Ato da Mesa pretende-se modernizar e atualizar a legislação interna que disciplina a concessão de transporte aéreo a Deputados [...].

[...] Os dispositivos inseridos nessa legislação adequarão o quantum dessa cota às necessidades dos Membros da Mesa, dos Suplentes de Secretários, dos Líderes de Partidos Políticos ou do Governo, tendo em vista as atividades intrínsecas ao desempenho dessa função e as constantes viagens realizadas pelo País, para participarem de reuniões políticas, eventos, congressos, seja representando esta Casa ou acompanhando autoridades nacionais e estrangeiras" [...].

[...] com esse novo Ato da Mesa, estará ajustando a parte que trata do ressarcimento das despesas com transporte aéreo, inclusive, com inclusão expressa da possibilidade de ressarcimento de gastos dessa natureza efetuados junto a pessoas físicas, acompanhando as demandas dos deputados.

[...] Finalmente, é oportuno declarar que as despesas decorrentes da aplicação deste ato correrão à conta das dotações orçamentárias da Câmara dos Deputados [...].

Desses trechos da justificativa, vale ressaltar a expressão "atividades intrínsecas ao desempenho" das funções dos deputados. Mesmo genérica, a referência leva a crer que as viagens feitas com dinheiro das cotas devam ter relação com o mandato dos congressistas.

Observe-se, ainda, a "inclusão expressa da possibilidade" de ressarcimento de "pessoas físicas" acompanhando as demandas dos parlamentares. Nesse ponto, também vago, fica aberta a porta para viagens de terceiros.

Mais uma curiosidade: os integrantes da Mesa julgaram "oportuno" registrar que os gastos decorrentes da aplicação do ato "correrão" à conta da Câmara. Nesse aspecto, não deixaram margem para dúvidas.

***

Desde 2000, as cotas tinham os valores reajustados todos os meses com base nas variações dos preços das passagens. Em 2006, a Mesa Diretora mudou a regra e instituiu revisões automáticas, em janeiro e julho, de acordo com o Índice de Preços ao Consumidor Ampliado (IPCA).

A direção da Câmara ficou autorizada a acompanhar eventuais "distorções" entre o IPCA e os preços das companhias. Na prática, as planilhas das empresas aéreas determinavam as quantias mensais disponíveis para os deputados.

Assim, com diferentes mecanismos, entre 2000 e 2009, a Mesa Diretora aumentou as cotas de parte dos deputados e assegurou, para todos, correções mensais dos recursos, para acompanhar as tarifas do mercado.

Essa composição de reajustes permitiu o inchamento das cotas. Com tanta fartura, chegou-se à situação de abuso demonstrada pelos arquivos de DVDs com listas de passagens aéreas, obtidos pelos autores. O dinheiro fácil também estimulou o mercado paralelo de tíquetes.

Nesse histórico das regras, portanto, as alterações implantadas por Temer em 2000 permitiram aos deputados gerenciar as verbas dos bilhetes. Antes, desde 1971, as transações com as agências de viagens e companhias aéreas dependiam da assinatura do diretor-geral e do visto do primeiro-secretário.

No Senado, como vimos no capítulo 14, a compra de passagens estava centralizada no diretor-geral desde 1988 – regra só quebrada no Ato nº 2, de 17 de abril de 2009. Nesse período, a verba foi calculada em função do preço das passagens.

O Ato nº 2 fixou em quatro percursos mensais – entre Brasília, capital do estado de origem e Rio – o valor dos recursos disponíveis para cada senador. Logo em seguida, o Ato nº 5 aumentou a cota para cinco viagens de ida e volta. Esse aumento de 25% passou a valer no dia 1º de janeiro de 1989.

Antes do Ato nº 2, os senadores recebiam ajuda de custo para transporte aéreo. Não havia, até então, um ato que definisse valores-limite ou em que tipo de viagem os representantes dos estados podiam contar com a verba do Senado para voar pelo país.

Capítulo 17

Com o nome na roda, Gilmar Mendes pede investigação

As buscas nos 18 CDs e DVDs mostravam uma surpresa atrás da outra. Extratos de bilhetes apontaram dois gabinetes da Câmara como responsáveis pelo pagamento de passagens para o então presidente do Supremo Tribunal Federal (STF), Gilmar Mendes, e para outro ministro do STF, Eros Grau.

Verbas da cota do deputado Paulo Roberto (PTB-RS) quitaram os bilhetes de Gilmar e da esposa, Guiomar Lima Mendes, em viagem feita para os Estados Unidos, com parada em Fortaleza, em julho de 2008. Eros Grau voou de Brasília para o Rio de Janeiro em março de 2008 com passagem financiada pelo gabinete do deputado Fernando de Fabinho (DEM-BA).

Os dois ministros, de imediato, comprovaram o pagamento das viagens. Gilmar estava no México. De lá, orientou o assessor de imprensa Renato Parente a apresentar à reportagem a fatura do cartão de crédito com a despesa feita em uma agência de viagens. Parte do percurso foi coberto por milhagem. Ou seja, os valores já tinham sido pagos do bolso do ministro.

Eros Grau demonstrou que viajara a convite da Universidade Estadual do Rio de Janeiro (UERJ), onde dera palestra. Ou seja, a viagem do outro ministro também não foi paga pelo Congresso.

Com as informações disponíveis e checadas, o Congresso em Foco estampou – às 23h57 do dia 16 de abril – mais uma manchete tirada do arquivo digital: "Farra das passagens chega a Gilmar Mendes".

Vale fazer uma observação sobre o horário da publicação. Levar uma informação ao público, praticamente à meia-noite, ou a qualquer hora, era uma vantagem significativa do site em relação à imprensa escrita. Enquanto os jornais guardavam o material mais relevante para a edição impressa, nas ruas a partir da madrugada, os veículos digitais podiam soltar as notícias no momento que quisessem – como fazem as rádios e as TVs, mas com muito mais agilidade.

Ao fazer logo a publicação, o Congresso em Foco deu a notícia em primeira mão. Mesmo que a informação sobre os ministros do STF tivesse vazado ao longo do dia para algum jornal impresso, a tecnologia assegurava mais um ponto contra os concorrentes. Essa era mais uma novidade para o jornalismo.

Se Gilmar e Eros Grau pagaram as passagens do próprio bolso, por que a Câmara também pagou as viagens deles? A dúvida revelou que, além do uso de passagens para passeios, havia um mercado paralelo de comércio de créditos aéreos em questão.

A notícia do fim de noite apontou algo misterioso no mercado de passagens aéreas do Congresso. Dois pagadores diferentes quitaram os mesmos bilhetes usados pela autoridade máxima do Poder Judiciário. Com a revelação, os assombros provocados pelo descontrole no uso das cotas parlamentares chegaram ao STF.

O envolvimento de dois integrantes do Supremo no desperdício de dinheiro da Câmara fez o escândalo subir de *status*. Depois de envolver ministros do Executivo, como vimos no capítulo 13, a farra das passagens chegara à cúpula do Judiciário brasileiro.

Com o nome na roda, Gilmar telefonou do México, onde se encontrava, para Temer e pediu uma investigação sobre a emissão das passagens. Acionou também o procurador-geral da República, Antônio Fernando de Souza, com solicitação semelhante.

O presidente do STF queria saber por que as viagens dele e de Grau apareceram nos arquivos como financiadas por verbas do Legislativo.

Questionado sobre as passagens para o presidente do STF, o deputado Paulo Roberto demonstrou surpresa. Mas afirmou que a informação publicada pelo site reforçava sua suspeita de que um ex-funcionário utilizava sobra dos créditos do gabinete. O servidor teria sido demitido em outubro de 2008, mas o deputado não quis fornecer o nome.

O quarto-secretário da Mesa, Nelson Marquezelli (PTB-SP), também pediu explicações ao diretor-geral da Câmara, Sérgio Sampaio, sobre o uso de sua cota de passagens por três pessoas que o deputado alegava desconhecer. Luma, Luana e Robert Leroy foram beneficiários de bilhetes emitidos com a cota de Marquezelli no dia 2 de agosto de 2007, conforme revelou o Congresso em Foco. "Não faço ideia de quem sejam essas pessoas", disse o parlamentar.

Os indícios apontavam para a existência de um mercado paralelo de bilhetes particulares pagos com dinheiro público. Tornou-se também evidente a falta de controle do Congresso sobre as passagens aéreas destinadas a deputados e senadores.

Até aquele momento, dois ex-servidores da Câmara, um agente de viagens e os ex-deputados Lino Rossi e Thaís Bergo Barbosa respondiam à ação de improbidade, com pedido de ressarcimento aos cofres públicos do dinheiro das cotas gasto irregularmente.

O processo tramitava na 13ª Vara da Justiça Federal, no DF. Segundo a denúncia do Ministério Público Federal (MPF), os servidores e o agente de viagens desviaram passagens aéreas para uma operadora de turismo de Brasília, a Morena Turismo. Esse caso fora tratado pelo site na reportagem publicada em setembro de 2008.

Capítulo 18

Repercussão geral

A semana política terminou com deputados e senadores em polvorosa. Os congressistas acordaram na sexta-feira, 17, com as descobertas sobre Gilmar Mendes e Eros Grau. Acompanharam os desdobramentos e, ao longo do dia, tiveram novas surpresas.

Era o quarto dia seguido com reportagens sobre os voos com as cotas parlamentares – sem trégua. Os abusos cometidos com o dinheiro público tomaram conta do noticiário nacional. A repercussão crescente do caso forçou as autoridades a dar alguma resposta para a sociedade.

O STF encaminhou ofícios ao secretário-geral da Mesa Diretora da Câmara, Mozart Vianna, e ao procurador-geral da República, Antônio Fernando de Souza, para formalizar os pedidos de investigação antecipados no telefonema de Gilmar para Temer. A informação foi publicada pelo site Consultor Jurídico.

Pressionado pelos fatos, o presidente da Câmara determinou a abertura de uma sindicância para apurar o caso. Uma comissão de três servidores, que seriam definidos pela Diretoria-Geral da Câmara, recebeu o prazo de 60 dias para apresentar um parecer sobre os questionamentos do STF.

Poucas horas depois do anúncio da medida tomada por Temer, o editor executivo, Eumano Silva, publicou mais uma informação exclusiva do Congresso em Foco. Ministro das Comunicações e senador licenciado, Hélio Costa (PMDB-MG) levou a família para passar uns dias em Miami, nos Estados Unidos, com bilhetes pagos com verba do Legislativo.

O dinheiro da viagem – feita em janeiro de 2009 – saiu da cota de Wellington Salgado (PMDB-MG), suplente de Costa em exercício. O Senado também farreava com passagens aéreas.

A revelação do Congresso em Foco sobre Hélio Costa mereceu uma referência no *Jornal Nacional* na noite da sexta-feira, 17. O site foi citado como fonte da informação de que o ministro viajara para os Estados Unidos com bilhetes custeados pelo Senado.

Para qualquer político, aparecer no principal telejornal do país associado a um fato negativo causa desconforto e prejuízo na imagem perante os eleitores. No caso de Costa, tornar-se personagem do *JN* por uso indevido de recursos públicos representou um constrangimento particular.

Nas décadas de 1970 e 1980, Hélio Costa ocupou papel de destaque no telejornalismo da Globo. Foi correspondente da emissora nos Estados Unidos e, ironicamente, era uma das fisionomias mais conhecidas, justamente do *Jornal Nacional*.

Em tom de denúncia, a reportagem do *JN* tratava da investigação aberta pelo Ministério Público sobre "suspeita de tráfico" de passagens "desviadas das sobras" das cotas dos deputados.

O site do *Jornal Nacional* registrou a notícia.

> A investigação do Ministério Público Federal mostra que o esquema é ousado. A venda clandestina de bilhetes envolveria deputados, assessores e agências de viagem.
>
> Usaria a cota mensal de passagens aéreas a que o deputado tem direito e funcionaria assim: o passageiro compra o bilhete em uma agência de turismo. A agência entra em contato com o gabinete do deputado e pede a emissão da passagem em nome do comprador.
>
> A Câmara paga a companhia aérea. Depois, o dinheiro recebido pela agência do comprador é dividido.

Em seguida, o *JN* relatou os casos dos ministros do STF. Tornou públicos, também, novos casos de abusos com as verbas destinadas ao mandato dos congressistas.

Ex-presidente do Senado, Garibaldi Alves (PMDB-RN) autorizou o pagamento de R$ 118 mil em cotas de passagens à viúva do senador Jefferson Peres (PDT-MT), não utilizadas pelo titular enquanto era vivo.

Peres faleceu em maio de 2008. Depois disso, um passageiro identificado como Souza/Carpinteiro Peres usou a cota dele para emitir uma passagem.

Em 10 de dezembro daquele mesmo ano, a mulher de Jefferson, Marlídice de Souza, pediu ao Senado a conversão em dinheiro das passagens aéreas não usadas pelo marido falecido. A solicitação foi aceita e resultou em R$ 118 mil para os cofres da viúva, segundo a *Folha de S.Paulo*.

"Eu fiz em função dos apelos da viúva. Ela estava sem receber a pensão. Ela se mostrava numa aflição imensa e agora quem está aflito sou eu", declarou Garibaldi ao *JN*.

Outra novidade divulgada pelo telejornal envolveu o senador Tasso Jereissati (PSDB-CE). Em outra modalidade de queima de verbas públicas, o político cearense pagou parte do fretamento de jatinhos com a cota do Senado.

O destaque dado ao assunto pelo jornal com maior audiência na TV brasileira reforçou a importância da cobertura do Congresso em Foco. Aquela foi a primeira de uma sequência de seis referências ao site pelo *JN* naqueles dias. Toda a imprensa entrou no caso. A repercussão foi geral.

O desenrolar dos acontecimentos fez os jornalistas imaginarem que deputados e senadores estavam estupefatos ao acompanharem a exposição, em todos os meios de comunicação, dos roteiros de viagem, que, aparentemente, nunca seriam tornados públicos. Os que tinham os nomes divulgados contorciam-se para tentar apresentar alguma explicação. Quem tinha viajado, mas permanecia anônimo, vivia a expectativa de, a qualquer momento, ver sua foto estampada na TV ao lado de aviõezinhos.

Capítulo 19

Os líderes embarcam
para Nova York

A exposição pública de viajantes com dinheiro público continuou no fim de semana. Na noite de sexta-feira, 17 de abril, o site da revista *Época* antecipou o material da edição impressa com novas histórias sobre os voos. A publicação semanal da Editora Globo resgatou, por exemplo, um caso em que o senador Gerson Camata usou créditos da cota para o transporte do corpo de um brasileiro falecido em Portugal.

Em parceria com o Congresso em Foco, a revista mostrou também algumas novidades do arquivo digital em poder do site. Assinada pelos repórteres Isabel Clemente e Matheus Leitão, a reportagem montou um quadro com informações sobre viagens e fotos de quatro líderes de partidos na Câmara que voaram para o exterior: Mário Negromonte (PP-BA), Henrique Alves (PMDB-RN), Sandro Mabel (PR-GO) e José Aníbal (PSDB-SP).

O site deu sequência à série no início da manhã do sábado, 18 de abril, com mais detalhes sobre os líderes. Dos 23 representantes de bancada, 11 gastaram verbas da cota com passagens internacionais. Chamou a atenção, sobretudo, a preferência por Nova York pela maioria dos representantes das bancadas na Câmara.

A cidade americana apareceu como origem ou destino de 28 viagens custeadas com verbas das cotas parlamentares – seguida de Paris, com 16 *check-ins*. Miami, com 15 visitas, ficou na terceira posição entre os destinos estrangeiros dos líderes na Câmara. No total, os representantes do povo gastaram R$ 145 mil nesses voos.

Eleitos pelas bancadas para representar as legendas na Câmara, os líderes se beneficiavam de uma norma, de 2002, pouco conhecida pelo público fora do Legislativo. Como vimos no capítulo 6, sob o comando do então presidente da Câmara, Aécio Neves (PSDB-MG), a Mesa Diretora concedeu aos líderes partidários uma verba mensal extra correspondente a 25% da maior cota estadual – no caso, a referência foi o valor estipulado para a bancada de Roraima.

Essa regalia se somou à cota disponível para cada deputado, estipulada em quatro passagens de ida e volta para os estados, com possibilidade de deslocamento para outras unidades da federação.

Representantes das bancadas partidárias interpretaram que poderiam usar os recursos como quisessem: para outros estados, para outros países, repassá-los a terceiros, e sem necessidade de justificar as viagens. O arquivo digital explorado pelo Congresso em Foco mostrou as consequências do ato normativo da Mesa Diretora.

Líder do PP, Mário Negromonte (BA) gastou a cota com 23 viagens para o exterior. Foi o campeão entre os que voaram para outros países.

Fernando Coruja (PPS-SC) usou o dinheiro do mandato 19 vezes no circuito internacional.

O gabinete de Henrique Eduardo Alves (PMDB-RN) autorizou 13 jornadas particulares para fora do Brasil com dinheiro do Legislativo.

Entre maio de 2007 e agosto de 2008, Negromonte levou a esposa, Edna, e as filhas Daniella e Gabriella, a partir de São Paulo, para Nova York. Também foram liberadas passagens para Leonardo Dantas da Silva, todos com destino e origem no aeroporto JFK, em Nova York.

O líder do PMDB, Henrique Eduardo Alves, emitiu oito bilhetes de ida e volta entre São Paulo e Miami em julho de 2007. O recesso parlamentar começa em 17 de julho. Nas férias na Flórida, também na conta da Câmara, o peemedebista esteve acompanhado da mulher, Priscila, e dos filhos Andressa e Pedro Henrique.

Com a verba pública, Alves ainda visitou Buenos Aires durante o recesso parlamentar. Voltou para o Brasil pelo Rio de Janeiro. Em março de 2008, o líder do PMDB esteve em Nova York, via São Paulo, junto com a mulher e o filho. Tudo com a cota.

Coruja autorizou 19 bilhetes internacionais com a cota entre março e outubro de 2007. Viajou para Paris com a mulher, Cristina Agustini, e com os filhos Guilherme e Maria Fernanda. Os oito bilhetes, de ida e volta, foram emitidos em 18 de outubro de 2007.

Mais quatro pessoas fizeram o percurso São Paulo-Miami, só de ida, com verba do gabinete de Coruja. Todos com sobrenome Amorim – Gustavo, Andrea, Carolina e Giovana usaram bilhetes emitidos no dia 25 de setembro de 2007.

Servidores da Secretaria de Saúde de Santa Catarina, Adélia Tealdi e Ramon Silva, também se beneficiaram das verbas da cota do líder do PPS. Os dois trabalharam com Coruja no governo estadual, no qual o político comandava uma secretaria. Foram a Buenos Aires com bilhetes datados de 22 de março de 2007, com passagens pagas pela Câmara. A mulher do deputado decolou de São Paulo para a Argentina na mesma data.

Como mostramos no capítulo 3, o deputado Sarney Filho (PV-MA), filho do ex-presidente José Sarney, e seus parentes foram ao exterior também. Os destinos incluíam Buenos Aires, Madri e Miami.

Na lista de turistas para o exterior estava também o líder do PR, Sandro Mabel (GO), com quatro bilhetes retirados na TAM no dia 4 de junho de 2007. O parlamentar e a esposa, Claudia Scoddro, estiveram em Buenos Aires. Fizeram *check-in* em Porto Alegre e retornaram por Florianópolis.

Com bilhetes emitidos no dia 14 de novembro de 2007, o líder do PSDB, José Aníbal (SP), embarcou para Paris em companhia da esposa, Edna Pontes. O destino turístico está ligado ao passado do tucano, exilado na capital francesa na década de 1970 por participar de organização armada contra a ditadura. Os registros também apontaram uma passagem expedida para a filha do tucano, Maria do Carmo Pontes, de Nova York para São Paulo.

Paris também foi o destino escolhido pelo líder do PSOL, Ivan Valente. Ele e a mulher, Vera Valente, usaram a cota da Câmara para viajar até a capital francesa. Os bilhetes, de ida e volta, foram expedidos em nome do deputado e da esposa no dia 13 de dezembro de 2007.

Líder da minoria, André de Paula (DEM-PE) cedeu créditos da Câmara para a filha mais velha, Maria Cláudia de Paula, viajar para Paris. Os bilhetes foram emitidos nos dias 12 e 27 de dezembro de 2007. Maria Cláudia voou do Rio para a França e retornou diretamente para Recife.

Três líderes repassaram créditos para viagens internacionais de terceiros. Representante da bancada do PMN, Uldurico Pinto (BA) beneficiou uma pessoa chamada Dionée Alencar, identificada pelo deputado como funcionária concursada da Câmara.

Dionée viajou de Buenos Aires para São Paulo, com bilhete emitido pela TAM no dia 27 de setembro de 2007. Procurado na ocasião pelo Congresso em Foco, Uldurico disse que devolveria os R$ 779 gastos na operação.

Na cota do líder do PRB, deputado Cleber Verde (MA), em 2007 e 2008, foram emitidos bilhetes para Loren Robinson – de Manaus para Miami, ida e volta – e para Adriana Freitas, de São Paulo para Nova York.

Integrante da Comissão Nacional de Comunicação do PCdoB e editor da revista *Princípios*, José Carlos Ruy usou a cota do líder do partido,

Daniel Almeida, para uma viagem de São Paulo a Santiago do Chile. O bilhete foi emitido no dia 19 de dezembro de 2007.

Ruy esteve em Santiago para participar de um evento promovido pelo Partido Comunista do Chile, informou o líder, em memória da luta contra Augusto Pinochet, ditador do país de 1973 a 1990.

Na noite de sábado, em horário nobre, os brasileiros viram no *Jornal Nacional* como os líderes partidários gastaram a verba das cotas: "Deputados viajam de férias com o dinheiro da Câmara – Nova York, Paris, Miami e Buenos Aires são os destinos preferidos dos líderes da Câmara".

Era o quinto dia de divulgação das informações do arquivo digital obtido pelo Congresso em Foco.

***

Quando saiu a notícia das passagens pagas pela Câmara, Adriane Galisteu se preparava para levar ao ar um novo programa na Rede Bandeirantes. Mesmo com o impacto negativo da reportagem sobre a viagem, a apresentadora estreou o *Toda Sexta* em 17 de abril – data de seu aniversário de 36 anos.

O diretor de redação do Congresso em Foco, Sylvio Costa, assistiu ao programa e, no dia seguinte, publicou um texto sobre o que viu. Adriane dedicou parte do tempo na TV para expor sua versão sobre os bilhetes para Natal e, no caso da mãe, Emma, para Miami, financiados pela cota de Fábio Faria no tempo em que namoravam. Logo no início, afirmou ter vivido uma semana de tristeza pelo envolvimento de seu nome em um escândalo político.

Em seguida, em resposta a perguntas dos telespectadores, disse que ficou com "muita raiva" ao saber pelo "jornal", em "letras garrafais", da origem do pagamento das passagens.

Nesse ponto, uma correção: antes da publicação da informação, o Congresso em Foco procurou a assessoria de imprensa da apresentadora. A resposta do assessor, Nelson Sacho – também usuário de passagens da Câmara – fora reproduzida na postagem original.

Adriane prosseguiu em suas manifestações ao público: "Estou longe de ser uma mulher ingênua, mas eu jamais perguntei da procedência dos presentes que ganhei. Não faria isso e nem vou passar a fazer, porque acho feio".

Ela foi questionada se considerava justo o povo brasileiro pagar pelas passagens dos deputados. "Não, de jeito nenhum", respondeu. "Não acho justo, porque também sou cidadã e pago meus impostos, e pago em dia."

A apresentadora, então, defendeu a tese de que parlamentares não deveriam ter direito a nenhuma verba para passagem aérea, nem mesmo para deslocamentos entre seus estados e Brasília.

Na quarta resposta, Adriane prometeu devolver à Câmara o dinheiro das passagens que não fosse ressarcido pelo deputado. "Se ele não devolver, devolvo eu", assegurou, no único momento em que foi aplaudida pelo auditório. [...]

Em tom indignado, a dona do *Toda Sexta* reclamou do ex-namorado pela falta de retorno aos contatos feitos por sua equipe. Queria explicações e, também, convidar o parlamentar do Rio Grande do Norte para sua estreia na Band.

"Tentamos até agora falar com o deputado Fábio Faria, mas não conseguimos. Ele não quis participar do programa", revelou. "Que conversa é essa de cota, que farra é essa das passagens?", cobrou, diante das câmeras. "Não sou foco dessa notícia, mas estou nela. Quero entender isso", continuou Adriane.

A apresentadora, então, pediu ajuda de Fábio Pannunzio, prestigiado jornalista da Band, para esclarecer suas dúvidas. O colega ponderou que Adriane era "vítima" e elogiou a beleza da dona do programa.

"Fiquei muito triste em ver meu nome envolvido nisso. Mas, se for para limpar, valeu a pena", concluiu a estreante.

Outra reportagem do Congresso em Foco daqueles dias mostrou que, enquanto exerceu o cargo de terceiro-secretário da Mesa Diretora, Waldemir Moka viajou com a família para Milão e para Londres. O roteiro, cumprido em novembro de 2007, custou R$ 53 mil aos cofres públicos.

A mulher do peemedebista, Geane Oliveira, também esteve em Nova York por conta da Câmara, em novembro do mesmo ano. O passeio representou R$ 1.800 descontados da cota de Moka.

No posto de terceiro-secretário, o deputado do Mato Grosso do Sul ainda cedeu um bilhete no valor de R$ 919 para o ex-deputado José Borba (PMDB-PR). Por envolvimento no escândalo do Mensalão, o político paranaense renunciara em 2005 ao mandato na Câmara.

Capítulo 20

Michel Temer voltou ao sul da Bahia

A *Folha de S.Paulo* aumentou, na edição do dia 19 de abril, a lista de parlamentares que consumiram créditos da cota com voos feitos por parentes. O então presidente do DEM, Rodrigo Maia (RJ), levou a mulher, uma filha e uma prima, Anita, para Nova York.

"Ela foi resolver um problema de saúde", explicou o deputado fluminense em relação à prima. Mas Maia reconheceu que a viagem com a mulher e a filha fora de turismo. As duas também estiveram com ele em Londres, com escala em Paris. Nesse caso, afirmou, foi missão oficial.

Outro deputado do Democratas, José Carlos Aleluia (BA), vice-líder do partido na Câmara, embarcou com a mulher e um filho para as mesmas cidades europeias. Também em missão oficial, declarou. "Não há nada de errado nisso. Se a Câmara mantiver a possibilidade de levar parente, vou continuar levando minha mulher. E se eu achar importante, também levarei meu filho", disse Aleluia.

O então presidente do PT, Ricardo Berzoini (SP), emitiu bilhete em dezembro de 2007 para a filha Natasja viajar para Buenos Aires. Outro petista, José Genoino, esteve com a mulher e o filho em Madri. Os dois, na época, não retornaram as ligações do jornal.

***

Temer voltou ao sul da Bahia. Quase quinze meses depois do passeio com Michelle, relatado no capítulo 2, o presidente da Câmara participou, no dia 19 de abril de 2009, da 8ª edição do Fórum Empresarial, grupo formado por 320 altos executivos de grandes companhias brasileiras. O encontro aconteceu na paradisíaca ilha de Comandatuba, no município de Una.

O assunto das passagens entrou na pauta. No meio das discussões, a presidente da rede Magazine Luiza, Luiza Helena Trajano, reclamou com Temer do desperdício de dinheiro público revelado pelo escândalo. "A gente não pode aceitar o dinheiro público ser tão malcuidado", afirmou a empresária, conforme texto publicado no mesmo dia pelo site do *Correio Braziliense*.

Ao responder, o presidente da Câmara tentou minimizar a dimensão dos desvios. "Os equívocos são 10, 12, 15 casos entre 513 deputados e 81 senadores, e não podem ser encarados como regra. E estamos trabalhando. O crédito para passagens aéreas, por exemplo, acabou de ser reduzido. Os gastos com verbas de gabinete agora estão todos na internet, para quem quiser ver. E estamos conversando para criar um mecanismo no qual o dinheiro não passe pela mão do deputado ou do senador, mas passe só pelo Congresso", declarou Temer.

Em pouco tempo, os brasileiros saberiam que o próprio Temer repassara a cota para convidados em uma viagem particular, exatamente para o sul da Bahia, em janeiro de 2008. Até aquele momento, ainda não era público o uso dos recursos pelo presidente da Câmara para fins particulares.

Logo também foi divulgado que, diferentemente da dezena alegada pelo peemedebista, chegava às centenas o número de deputados que consumiram indevidamente o dinheiro destinado ao exercício do mandato.

Ainda na noite de domingo, o Congresso em Foco procurou o presidente da Câmara para ouvi-lo sobre as passagens para Porto Seguro, assunto tratado no capítulo 2 deste livro.

Capítulo 21

Dagoberto usou cota para 40 voos internacionais

Deputado de primeiro mandato, Dagoberto Nogueira Filho (PDT-MS) permanecia pouco conhecido em Brasília até o início de 2009. A discrição se devia, em parte, à pouca visibilidade de seu desempenho na Câmara.

Como a grande maioria dos colegas, em dois anos no Legislativo, Dagoberto ainda não ocupara cargos de relevância, como liderança de partido ou presidência de comissões, nem relatorias de projetos. Fazia parte do "baixo clero", expressão usada para definir os parlamentares com pouca influência nas decisões da cúpula.

Poucas pessoas sabiam, mas o parlamentar do Mato Grosso do Sul se destacava dos seus pares pela quantidade de viagens internacionais – no caso, pagas com recursos públicos. Os registros das empresas aéreas mostraram que Dagoberto usou a cota para pagar 40 voos ao exterior.

Em 22 ocasiões, o próprio deputado gastou créditos proporcionados pela Câmara. Nesses passeios, teve a companhia da mulher, Maria Verônica Nogueira, e da filha, Mariana Nogueira.

Dagoberto consumiu R$ 92 mil em passagens para outros países: R$ 56 mil relativos à emissão de bilhetes e R$ 35 mil para pagar taxas de embarque. Aproveitou a verba para circular com a família por Paris, Milão, Miami, Buenos Aires e Nova York.

O Congresso em Foco publicou as informações sobre as andanças internacionais de Dagoberto na manhã do dia 20 de abril de 2009, segunda--feira. Na mesma reportagem, o site listou outros parlamentares que haviam usado a cota em 20 ou mais voos para o exterior.

A seguir, a lista dos 17 deputados campeões de decolagens para fora do Brasil com a cota da Câmara entre janeiro de 2007 e outubro de 2008. Os números quantificam as viagens internacionais de cada deputado.

Dagoberto Nogueira (PDT-MS) 40
Léo Alcântara (PR-CE) 35

Marcelo Teixeira (PR-CE)..35
Arnaldo Faria de Sá (PTB-SP) 29
Jilmar Tatto (PT-SP)..28
Pedro Fernandes (PTB-MA)....................................28
George Hilton (PP-MG) 27
Vic Pires Franco (DEM-PA)......................................27
Aníbal Gomes (PMDB-CE) 24
Eduardo Lopes (PSB-RJ) 24
Eugênio Rabelo (PP-CE)...24
Paulo Henrique Lustosa (PMDB-CE)......................24
Mário Negromonte (PP-BA) 23
Leandro Sampaio (PPS-RJ) 22
Maurício Trindade (PR-BA).....................................20
Rebecca Garcia (PP-AM)..20
Roberto Balestra (PP-GO) 20

Às 19h39 da mesma segunda-feira, os repórteres publicaram um complemento da reportagem matutina: "Miami, Paris e NY são os destinos preferidos nos voos internacionais; veja a lista".

Com esse título, os autores apresentaram o material em um formato ainda pouco explorado nos tempos iniciais da internet. Com *links* para listas e tabelas, a edição aproveitou a generosidade do espaço proporcionado pela tecnologia para divulgar pacotes organizados de informações extraídas do arquivo digital obtido pelo site.

As tabelas publicadas em um dos *links* detalharam informações sobre o uso das cotas pelos 18 deputados que mais usaram passaportes nos dois anos pesquisados pelos repórteres. Divididas em cinco colunas, especificaram os nomes do dono da cota e do passageiro, a origem e o destino de todas as viagens.

A seguir, como exemplo, há a tabela sobre os parlamentares. O deputado Aníbal Gomes (PMDB-CE) aparece primeiro porque a relação foi publicada em ordem alfabética.

-congressoemfoco-

Cota de passagens aéreas para o exterior

Deputados que usaram sua verba parlamentar para voar ou para transportar terceiros para fora do Brasil

Cota parlamentar	Passageiro	Origem[a]	Destino[a]	Emissão
ANIBAL GOMES	ADRIANA ARAUJO MRS/SILVA	GIG	CDG	11.jan.08
ANIBAL GOMES	ADRIANA ARAUJO MRS/SILVA	GIG	CDG	11.jan.08
ANIBAL GOMES	ANA CAROLINA MRS/BRANDAO	GIG	CDG	2.mai.07
ANIBAL GOMES	ANA CAROLINA MRS/BRANDAO	LHR	GRU	2.mai.07
ANIBAL GOMES	ANDERSON MR/BARROS	FCO	MXP	1.jun.07
ANIBAL GOMES	ANDERSON MR/BARROS	FCO	MXP	1.jun.07
ANIBAL GOMES	ANDERSON MR/BARROS	MXP	GRU	1.jun.07
ANIBAL GOMES	FLAVIA MRS/BARROS	GRU	FCO	1.jun.07
ANIBAL GOMES	FLAVIA MRS/BARROS	FCO	MXP	1.jun.07
ANIBAL GOMES	IVAN MR/CHOAS	GRU	CDG	21.jan.08
ANIBAL GOMES	IVAN MR/CHOAS	CDG	GRU	21.jan.08
ANIBAL GOMES	JOAO MR/LUCENA	MAO	MIA	13.mai.08
ANIBAL GOMES	JOAO MR/LUCENA	MIA	MAO	13.mai.08
ANIBAL GOMES	LEIVA MRS/LIMA	GIG	CDG	13.mai.08
ANIBAL GOMES	LEIVA MRS/LIMA	CDG	GIG	13.mai.08
ANIBAL GOMES	LUANA MRS/LEROY	GIG	CDG	15.ago.07
ANIBAL GOMES	LUMA MRS/LEROY	GIG	CDG	15.ago.07
ANIBAL GOMES	RICARDO MR/ZOGHBI	GIG	CDG	2.fev.07
ANIBAL GOMES	RICARDO MR/ZOGHBI	CDG	GRU	2.fev.07
ANIBAL GOMES	ROBERT MR/LEROY	GIG	CDG	15.ago.07

Fig. 6 – Lista de 261 deputados que viajaram para o exterior ou mandaram outras pessoas para fora do país com dinheiro público.

Ao publicar detalhes sobre os beneficiados e os voos desse grupo de parlamentares, o Congresso em Foco forneceu mais uma pista sobre o volume e o grau de detalhamento propiciado pelo arquivo pesquisado para as reportagens. O arsenal de notícias exclusivas demonstrou que ainda tinha potencial para ampliar o escândalo decorrente da exposição dos abusos cometidos com dinheiro público.

A reportagem da noite de segunda-feira destrinchou as preferências dos 18 deputados que voaram pelo menos 20 vezes cada um para o exterior. Juntos, eles somaram 244 saídas do território brasileiro. Nos dois anos abarcados pelo arquivo, o destino mais procurado foi para os Estados Unidos, com 126 voos – 93 para Miami e 33 para Nova York.

Na Europa, Paris liderou o ranking, com 44 voos, seguida de Milão e Madri. Os deputados e seus convidados fizeram 39 viagens para a América do Sul, com passeios por Buenos Aires, Santiago e Montevidéu.

As crescentes facilidades tecnológicas facilitaram a tabulação dos dados, com apresentação em percentuais de países e continentes nas escolhas dos viajantes. O jornalismo de dados começava a aparecer no Brasil e ganhava espaço na imprensa digital.

***

A profusão de informações desnorteou os titulares das cotas. De imediato, um dos deputados, Eugênio Rabelo (PP-CE), negou qualquer responsabilidade pelas passagens pagas com verbas em seu nome – embora o parlamentar não tivesse feito nenhuma das 24 viagens.

Rabelo também disse não reconhecer os usuários dos boletos. As explicações e providências do deputado do Ceará, assim como de todos os titulares de cotas citados no livro, são abordadas com mais profundidade no capítulo 59.

Procurados então pelo site, em sua grande maioria, os envolvidos no noticiário não atenderam aos telefonemas antes da publicação das informações.

Capítulo 22

Faltou a explicação oficial dizer quem criou a regra

Uma semana depois da reportagem sobre os voos dos artistas na cota de Fábio Faria, o Congresso em Foco revelou, no final da tarde do dia 20 de abril de 2009, segunda-feira, a viagem de Temer e parentes para o sul da Bahia – conforme descrita no capítulo 2.

Em janeiro de 2008, no final do recesso parlamentar, Michel Temer (PMDB-SP) gastou créditos da cota de passagens para levar a esposa, um irmão, uma cunhada e outra pessoa para um passeio no sul da Bahia. A notícia saiu no sétimo dia de notícias extraídas do arquivo digital.

Surpreendido pela abundância de informações, o presidente da Câmara passara os últimos dias tentando conter os danos provocados pela repercussão do caso. Em decorrência de um movimento de Temer, o site antecipou em cerca de 12 horas a publicação das informações sobre o *tour* familiar.

Um dos autores procurara a assessoria de Temer na noite de 19 de abril, domingo, para ouvi-lo sobre a viagem para a Bahia. Pelo planejamento dos editores, a reportagem sobre o presidente da Câmara seria publicada na terça-feira.

Em vez de enviar explicações ao site, Temer divulgou uma nota oficial, assinada pelo assessor de comunicação, Márcio de Freitas. Sem mencionar Porto Seguro, o texto dizia que Temer, "ele próprio", usara a cota de passagens para "familiares e terceiros não envolvidos diretamente com a atividade do Parlamento".

Eis a nota divulgada a todos os meios de comunicação do Brasil pela assessoria do peemedebista:

> *Em razão da ampla utilização de passagens aéreas nos gabinetes parlamentares, o presidente da Câmara reconhece que deputados, inclusive ele próprio, destinaram parte dessa cota a familiares e terceiros não envolvidos diretamente com a atividade do Parlamento. Tudo porque o crédito era do parlamentar, inexistindo regras claras definindo os limites da*

sua utilização. Por outro lado, surgem às vezes equívocos na utilização da verba indenizatória, na de postagem, na de impressos e no auxílio-moradia. Daí porque o presidente da Câmara dos Deputados determinou estudos para a readequação e reestruturação geral e definitiva de todos os pagamentos feitos pela Casa. As diretrizes dessa readequação serão a transparência absoluta (já definida nas verbas indenizatórias), a redução dos gastos e a sua publicidade para que todos a elas tenham acesso. Marcos legais claros e definitivos serão colocados à disposição de parlamentares e de todos os interessados ainda nos próximos dias.

Márcio de Freitas
Assessor de Imprensa da Presidência da Câmara

Por causa da nota oficial, pouco antes das 17h, a notícia da viagem de Temer e convidados à Bahia estava estampada nos maiores portais do Brasil. O Congresso em Foco, então, postou às 18h16 os detalhes da estada do presidente da Câmara no litoral baiano. A chamada foi assim: "Michel Temer fez turismo na Bahia com passagens da Câmara".

Logo abaixo, em destaque, a alegação do peemedebista sobre as regras das cotas: "Presidente da Câmara dos Deputados admite ter utilizado sua cota aérea para viagens pessoais, mas alega que as normas à época vigentes permitiam isso".

A nota da assessoria omitiu um detalhe relevante para a contextualização dos fatos: o próprio Temer criara, em 2000, as regras frouxas das cotas parlamentares – estabelecidas no Ato da Mesa nº 42, como descrito no capítulo 13.

Para rememorar, as normas rígidas seguidas desde 1971 foram revogadas e substituídas por uma regulação mais flexível. Na prática, a mudança estabeleceu a falta de limites para o uso da cota. Ou, pelo menos, assim passou a ser interpretado pelos congressistas.

As regras implantadas sob o comando do peemedebista não previam limites para o uso dessas cotas; deixavam abertas as possibilidades para voos para qualquer lugar do país ou do exterior; nada diziam sobre proibição de viagens de parentes ou terceiros.

Vale observar que o texto genérico foi aprovado pela Mesa Diretora da Câmara, presidida por Temer – professor de Direito Constitucional.

Na verdade, eram centenas de deputados que consumiam dinheiro destinado ao exercício do mandato em programas particulares.

***

A edição do *Jornal Nacional* na noite de segunda-feira repercutiu as últimas reportagens do Congresso em Foco.

"Temer repassou passagens a parentes. O presidente da Câmara reconheceu que deputados destinaram parte da cota de passagens aéreas a parentes e terceiros não envolvidos diretamente com a atividade parlamentar", noticiou o *JN*.

Em mais uma citação do Congresso em Foco, o telejornal repercutiu a reportagem sobre o "campeão" Dagoberto. Entrevistado pela TV Globo, o deputado do Mato Grosso do Sul afirmou ter feito, no máximo, 20 viagens.

A então deputada Luciana Genro (PSOL-RS) também foi citada pelo *JN*, por ter cedido duas passagens para o ex-delegado Protógenes Queiroz, afastado da Polícia Federal para responder a processo disciplinar. A parlamentar defendeu a regularidade do repasse do bilhete.

O *Jornal Nacional* registrou, ainda, a realização de uma reunião no Tribunal de Contas da União (TCU) entre representantes do Ministério Público Federal e diretores da Câmara e do Senado. No encontro, o MP recomendou o uso das passagens exclusivamente pelos parlamentares, em atividades de trabalho.

Na hipótese de continuação da prática irregular, avisaram os procuradores, o Ministério Público pediria devolução do dinheiro.

Capítulo 23

Ministro do TCU
também passeou

Dentro da estrutura do Estado, cabe ao Tribunal de Contas da União (TCU) auxiliar o Congresso Nacional no controle externo da administração pública. No caso do Legislativo, a Constituição de 1988 prevê inspeções e auditorias internas para fiscalizar a aplicação dos recursos públicos.

O TCU tem história centenária. Presente na Constituição desde a instauração da República, o tribunal atua como órgão auxiliar do Congresso na fiscalização contábil, financeira, orçamentária, operacional e patrimonial da administração pública federal.

De acordo com o artigo 74 da Constituição de 1988, qualquer cidadão, partido político, associação ou sindicato pode denunciar ao TCU irregularidades ou ilegalidades observadas na administração pública. Na prática, a Corte de Contas cumpre esse papel – mas também serve para a acomodação de interesses políticos e, ainda, como emprego de prestígio para ex-congressistas.

Dos nove ministros do TCU, seis são indicados pelo Congresso, um pelo presidente da República e dois entre auditores e membros do Ministério Público. Na época das reportagens sobre as cotas de passagens, o presidente do tribunal era Ubiratan Aguiar, político com trajetória no PMDB e no PSDB, com três mandatos na Câmara.

Outros três ex-parlamentares ocupavam assentos no tribunal: Valmir Campelo, Aroldo Cedraz e José Jorge. Marcos Villaça e Raimundo Carreiro tinham estreita ligação com José Sarney, responsável pela chegada de ambos ao cargo vitalício no TCU.

Sobre as relações entre Carreiro e o ex-presidente, voltaremos a falar mais adiante.

***

Nas buscas feitas no arquivo digital obtido por Lúcio, os repórteres descobriram que um dos ministros indicados pelo Congresso, Augusto

Nardes, viajou de Brasília para Porto Alegre no dia 6 de dezembro de 2007 com passagem paga com a cota do deputado José Otávio Germano (PP-RS). O voo custou R$ 519.

Nomeado para o TCU em 2005, o gaúcho Nardes foi deputado federal por dois mandatos e meio. Pertenceu à Arena, PDS e PP. Assim como Aguiar, renunciou no meio da legislatura para assumir a vaga no tribunal.

O gabinete de Germano e a assessoria do tribunal afirmaram que o dinheiro foi ressarcido aos cofres públicos – porém não apresentaram comprovantes da transação.

***

Desde o início da publicação das reportagens sobre as cotas, o então presidente da República ficara ausente do debate público em torno do assunto. As primeiras manifestações de Lula foram conhecidas na sexta-feira, 24 de abril.

Em entrevista, o então ministro das Relações Institucionais, José Múcio, relatou que, em conversa no Planalto, o presidente se mostrou preocupado com o impacto na opinião pública das notícias sobre o uso indevido da verba parlamentar. Cobrou o fim da farra, segundo o ministro.

O presidente lamentou a situação de descontrole das cotas e apontou a necessidade de uma solução rápida para o impasse, acrescentou Múcio. "O cidadão comum não tem como compreender, por mais que existam ou sejam dadas explicações", afirmou o titular da pasta das Relações Institucionais.

Em encontro com os líderes no dia anterior, Múcio percebeu em todos a intenção de restringir o uso da verba parlamentar apenas para deputados e assessores, previamente autorizados pela Mesa Diretora.

O próprio Múcio, vale lembrar, utilizou a verba da Câmara para 54 viagens depois de se licenciar dessa Casa para assumir o cargo no Planalto, como vimos no capítulo 13. No futuro, o político pernambucano iria ocupar uma vaga no TCU.

Capítulo 24

Miami, Paris e Nova York, os destinos preferidos

Os repórteres voltaram ao tema das viagens internacionais três dias depois da entrevista de Temer em Comandatuba, na Bahia. Na madrugada do dia 22, à 1h13, o site publicou um levantamento mais amplo dos registros das companhias aéreas. O material publicado revelou que mais da metade dos deputados viajara para o exterior nos dois anos anteriores.

Parlamentares e convidados que mais voaram ao exterior têm os Estados Unidos como destino preferido, com 126 voos, mais da metade das 244 viagens registradas. Há 93 voos para Miami, na Flórida, a primeira cidade no *ranking*, e 33 para Nova York, a terceira mais visitada.

O título da reportagem estampou com mais clareza o tamanho da farra parlamentar: "Maioria da Câmara usou cotas para voos ao exterior".

Dos 513 deputados federais, 261 – 51% – gastaram dinheiro da cota para cruzar as fronteiras do país. No total, usaram 1.881 passagens financiadas pelos contribuintes.

Muitas vezes, os representantes do povo levaram parentes nos passeios com bilhetes gratuitos para os usuários. Em boa parte dos roteiros, o patrocínio da Câmara se estendeu a familiares dos titulares dos mandatos.

Nos roteiros mais populares entre os representantes do povo estavam, de modo geral, as mesmas cidades mostradas nos capítulos anteriores: Miami, Nova York, Paris, Londres, Milão, Roma, Bariloche (Argentina), Buenos Aires, Madri, Frankfurt, Santiago, Montevidéu e Caracas.

Um dos *links* inseridos no texto reproduziu a lista completa, com os 261 nomes de deputados que voaram pelo circuito internacional. A tabela, mais uma vez, apontou os nomes dos parlamentares donos das cotas, a relação de passageiros, os aeroportos de partida e destino e a data da emissão do bilhete.

O processamento das informações dos CDs e DVDs indicou um custo milionário. Foram R$ 4,7 milhões com voos internacionais. Desse montante, R$ 3 milhões quitaram os bilhetes e o restante, R$ 1,7 milhão, saldou as taxas de embarque. Mais à frente, se verá que esses valores eram apenas uma fração da bolada envolvida.

***

Sentado na cadeira de presidente da Câmara, de frente para o plenário, Temer iniciou a sessão do dia 22 de abril, no início da tarde daquela terça-feira. Tinha um comunicado sobre as passagens, algumas orientações para os colegas sobre como os deputados deveriam reagir ao noticiário.

O peemedebista cuidou, primeiro, de tranquilizar a plateia sobre a legalidade do uso das cotas parlamentares para qualquer finalidade.

"Registro desde já que a utilização das passagens aéreas derivava de um crédito conferido ao parlamentar. Ao longo de mais de 40 anos, assim foi tido, havido e utilizado. Ou seja, quando havia eventual sobra de crédito, o parlamentar a usava às claras, da maneira mais evidente possível – portanto, nada de forma subterrânea [...]. Aqueles que se utilizaram das passagens, sem que houvesse [...] regras claras e precisas a respeito, não estavam a cometer ilícitos de qualquer natureza", afirmou Temer, logo no início do pronunciamento.

Na verdade, o presidente da Câmara se contrapôs aos fatos ao falar em "mais de 40 anos". Como visto no capítulo 16, as normas permissivas datavam de 2000 e 2002, menos de uma década antes, estabelecidas durante gestões do próprio Temer e de Aécio Neves.

Também não se sustentava a afirmação de que os gastos com passagens eram feitos "às claras" e "nada de forma subterrânea". As informações nunca foram públicas, só se tornaram conhecidas depois que, na semana anterior, o Congresso em Foco divulgara os voos dos parlamentares. As investigações da polícia e do Ministério Público obtidas pelos autores deste livro mostrariam que esconder dados sobre o tema foi uma prática do Parlamento.

No mesmo discurso, Temer anunciou que, depois de consultar a Mesa Diretora, decidiu-se que, a partir daquele momento, somente os deputados e assessores poderiam viajar com os créditos da cota.

Como as regras antigas estavam revogadas, interpretou Temer, não ficavam dúvidas sobre os gastos pretéritos.

"[...] é claro que não se pode questionar o que ocorreu no passado. Que haja questionamentos da mais variada natureza: se foi correto, se não foi correto, esse é um questionamento não jurídico, no meu modo de ver", disse Temer.

Jurista de formação, o presidente da Câmara deu à legislação uma interpretação que tirou dos deputados qualquer responsabilidade criminal pelos desvios do dinheiro das cotas. Antes de concluir o discurso, o peemedebista pediu aos deputados que não deixassem o assunto prosperar.

"Portanto, a primeira conclusão é a seguinte: sobre crédito parlamentar para passagem não se fala mais. Aos senhores parlamentares, recomendo que não tratem mais desse assunto", declarou o presidente da Câmara.

No jargão da imprensa, Temer tentava abafar o escândalo das passagens.

Minutos depois, na mesma sessão, o deputado Fernando Gabeira (PV-RJ) pediu a palavra. Iniciou o pronunciamento com uma saudação a Temer pelas mudanças nas normas sobre as cotas. As medidas representavam, na opinião do parlamentar, "um marco histórico, o princípio de um longo processo de reconciliação do Congresso com a sociedade brasileira".

Gabeira observou que a imagem da Câmara sofria "crítica muito aguda da imprensa" e "incompreensão" a respeito das regras. Afirmou ter passado algumas noites em claro, "preocupado com o futuro" do Parlamento e da democracia. Temia que a população brasileira entendesse que o Legislativo não precisava mais "ficar aberto".

Nesse contexto, o deputado disse aos presentes no plenário que os fatos narrados lhe provocaram "dilemas morais muito sérios". Tratou, em seguida, de sua situação particular. "Eu também dei passagens", confessou Gabeira. Disse que precisava expor essa circunstância para ter o respeito dos colegas e começar uma "luta". "Se eu iniciasse essa luta sem dizer antes que dei passagens, não seria respeitado, porque todos sabem que todos dão passagens. [...]. Foi o caminho que encontrei", discursou o deputado do PV.

Jornalista desde a década de 1960, Gabeira reclamou do comportamento da imprensa. "Os jornalistas, os comentaristas da internet e os leitores de jornal que escrevem cartas pertencem ao mesmo mundo, que condena no primeiro momento. Se Galileu Galilei estivesse no Brasil, com certeza seria condenado pelos jornalistas, pela internet e pelos leitores de jornal", exagerou o deputado.

O parlamentar do PV registrou um elogio a Temer pelo encaminhamento do caso. Propôs-se a elaborar em dez dias um projeto de redução de gastos, "em muitos pontos indolor", que não causaria "nenhuma dificuldade, nenhum problema para ninguém".

Ainda ao microfone, Gabeira afirmou que a "pressão" da imprensa se voltava contra os congressistas porque "a Câmara dos Deputados não é uma grande anunciante, a exemplo do Executivo [...], é possível criticar sem ser ameaçado de perder anúncios".

O final do discurso teve uma manifestação de lealdade ao presidente da Câmara e aos colegas deputados: "Saiba V. Exa. (Temer) que estarei ao seu lado em todas as circunstâncias. E saibam todos os companheiros que a minha intenção nunca foi dizer que sou melhor que os outros. Pelo contrário, coloquei-me no mesmo plano e assim me colocarei sempre, para que possamos avançar juntos", concluiu o parlamentar do PV.

Vale destacar mais um detalhe do discurso do deputado do PV. Ao confessar a distribuição das passagens para terceiros, Gabeira disse ter certeza de que, se fizesse a revelação, não seria "denunciado" pelo Congresso em Foco nem pelo Ministério Público.

O deputado, provavelmente, fez a afirmação por causa da boa relação que tinha com o site. Mas, registre-se aqui, o Congresso em Foco publicaria, sim, as informações sobre sua cota de passagens.

Para que se entenda um pouco mais as circunstâncias, Gabeira se transformara nos últimos anos em uma das mais veementes vozes contra a corrupção e os desvios éticos de políticos e governantes. Ex-guerrilheiro contra a ditadura, ex-exilado e ex-aliado do PT, o deputado tornou-se um aferrado oposicionista do Planalto e dos petistas.

Depois de Gabeira, o deputado Arnaldo Faria de Sá (PTB-SP) foi ao microfone também para reclamar. Disse que tinha, de fato, viajado para os Estados Unidos com a mulher e a filha, que havia passado por uma cirurgia.

Faria de Sá lamentou que as informações tivessem sido divulgadas sem que ele tivesse sido procurado pelo Ministério Público. No final, o deputado paulista se colocou à disposição do site e do MP para provar que não autorizara o uso de 43 passagens emitidas em seu nome.

"Agente de viagem repassou indevidamente passagens de minha cota para outras pessoas. O Ministério Público sabe disso e, portanto, agiu de má-fé e deslealmente com esta Casa", encerrou o petebista.

Ao se referir a um agente de viagens, Faria de Sá apontou um dos caminhos a serem percorridos pelos investigadores para desbaratar o comércio ilegal de créditos de transporte aéreo.

Ainda mais indignado, quem se dirigiu ao plenário depois de Faria de Sá foi o deputado Ciro Gomes (PSB-CE). O nome do parlamentar do Ceará estava na lista, divulgada naquele dia, dos 261 congressistas que gastaram créditos da cota em viagens para o exterior.

Ex-governador do Ceará, ex-ministro da Fazenda, bem como da Integração Nacional, Ciro tem estatura de político nacional desde os anos 1990. Disputou as eleições presidenciais em 1998 e 2002. Tentou chegar ao Palácio do Planalto em outras ocasiões.

Entre as pessoas beneficiárias dos bilhetes estava Maria José Gomes, mãe de Ciro. A lista de voos internacionais pagos com dinheiro da Câmara apontou quatro bilhetes em nome de Maria José – todos para deslocamentos entre São Paulo e Nova York. As passagens foram emitidas pela companhia aérea TAM.

Procurado pelo site antes da divulgação da relação de 261 deputados, Ciro não deu retorno durante dois dias. Depois de ver o nome da mãe na lista, o ex-ministro enviou, no início da tarde do dia 22 de abril de 2009, uma nota para o Congresso em Foco.

Foi nesse instante que o ex-ministro seguiu para falar sobre a notícia no plenário. No início, confundiu as datas das viagens, registradas pela companhia aérea em dias de dezembro de 2007 e abril de 2008. Ressaltou que, na época do primeiro voo, sua mãe nem tinha visto para os Estados Unidos.

"Trata-se de leviana e grosseira mentira envolvendo o nome de minha mãe, uma senhora octogenária", afirmou Ciro.

Embora tenha reclamado da imprensa, o ex-ministro considerou oportuno discutir as regras e estimulou iniciativas "no caminho moralizador e do controle social". O deputado repetiu no pronunciamento a informação errada, difundida por Temer, de que as normas tinham 40 anos.

Ao deixar o microfone, seguido por jornalistas de diferentes veículos, Ciro entrou na sala do cafezinho, contígua ao plenário. Uma repórter do Congresso em Foco, Daniela Lima, pediu mais detalhes sobre as passagens. Nervoso, aos berros, o ex-ministro perguntou quem era o "filho da puta" que envolvera seu nome no escândalo. "Só eu viajo com a cota, e agora me vejo jogado numa lista? Quem fez essa lista?", indagou o ex-ministro.

Uma repórter da *Folha de S.Paulo* afirmou que se tratava de um levantamento do Ministério Público. A reação de Ciro foi aos gritos: "Ministério Público é o caralho. Pode escrever aí. Ciro diz: Ministério Público é o caralho".

Quando o deputado parecia mais calmo, a repórter do site tentou de novo obter mais explicações. Ciro olhou o crachá da jornalista e perguntou: "Você é do Congresso em Foco?". Ao ouvir a resposta afirmativa, o deputado cearense disse que respeitava o site, pelo acompanhamento das atividades do Congresso.

A repórter agradeceu a observação do ex-ministro. Ciro repeliu o gesto. "Eu não disse que respeito você. Eu disse que respeito o site. Você eu não conheço, nunca a vi aqui. Respeito você porque tenho que respeitar, como respeito a qualquer um."

Daniela Lima trabalhara antes no *Correio Braziliense*. No futuro, seguiria trajetória de sucesso como repórter da *Folha de S.Paulo* e apresentadora do programa *Roda Viva*.

Com a inauguração do canal da CNN Brasil, Daniela se tornou uma das mais destacadas apresentadoras dos telejornais da emissora. Respeitável, sem dúvida.

O Congresso em Foco publicou no mesmo dia um relato das atitudes do deputado no plenário e no cafezinho. Reproduziu, também, a nota enviada ao site por Ciro, dirigida aos "senhores editores e repórteres".

Na mensagem, o parlamentar do Ceará se dizia "indignado pela infâmia" que o envolvia – e também a sua mãe.

> *É mentira que paguei passagem de minha mãe a Nova York em abril de 2008 com verba da Câmara dos Deputados; ela viajou comigo e pagou sua própria passagem. Nessa mesma viagem, fui representando a Câmara dos Deputados (viagem devidamente autorizada pela Presidência da Casa) no encontro anual da Câmara de Comércio Brasil-Estados Unidos. É ainda mais grave a publicação de que minha mãe também teria viajado a Nova York em dezembro de 2007. Não houve compra de passagem para o exterior com verba da Câmara nem muito menos minha mãe viajou no referido mês.*
>
> *Da verba de passagens aéreas de que dispõe meu gabinete, economizei para os cofres públicos mais de R$ 189.000,00 (cento e oitenta e nove mil reais) nos 2 anos e 4 meses em que exerço o mandato de deputado. Tais recursos retornaram ao poder público, ao fim de 2007 e ao fim de 2008.*

Ciro reforçou na nota a importância de "um maior cuidado na apuração jornalística" e reconheceu a boa prática do Congresso em Foco. Com isso, afirmou, esperava que "outras listas" não viessem a "prejudicar a imagem daqueles que zelam pelo seu mandato e, principalmente, tratam com seriedade a coisa pública".

O deputado registrou na mensagem a disposição de levar à Justiça os responsáveis pela divulgação da "lista difamadora". Por fim, pediu que a nota fosse publicada "com o devido destaque".

Assim foi feito.

Capítulo 25

Programa do Jô faz paródia com turismo parlamentar

As pressões da opinião pública provocaram novas mudanças nas regras das passagens no Senado. Ainda no dia 22 de abril de 2009 – seis dias depois do anúncio de cortes feitos por Heráclito Fortes –, a Comissão Diretora voltou a mexer nas normas, para conter o desgaste.

Dessa vez, foi descartada a possibilidade de cônjuges e terceiros usarem as cotas. O trânsito aéreo por conta dos contribuintes ficou restrito aos senadores e assessores – nesse caso, com exigência de comunicação à Mesa Diretora. As viagens internacionais também foram vetadas.

Nessa altura dos acontecimentos, a farra das passagens virou assunto nacional. Caiu na boca do povo e virou piada na televisão. No dia 22 de abril, o mais prestigiado *talk show* da época, o *Programa do Jô*, com Jô Soares, apresentou uma paródia da música "New York, New York", interpretada por Derico, saxofonista do quadro.

Artista de múltiplos talentos, o instrumentista cantou a versão – inspirada no noticiário – vestido e caracterizado de Liza Minnelli, a glamorosa intérprete da canção original. Memorável.

A letra ficou assim:

Sou parlamentar
Ganhei a eleição
Agora eu vou viajar
De avião

Minha mãe sempre quis
Voar pra Milão
Mas além dela eu vou levar
O meu irmão

No Carnaval, nós vamos juntos
A Portugal
Com uma escala em Dubai
Só pro meu pai

Eu vou pra Paris
É bom pra dedéu
Eu vou lá fotografar
A Torre Eiffel

Eu sei que vão chiar
Mas não vai adiantar
Porque eu sou
Parlamentar, par-la-men-tar

Personagem de outros escândalos da época, o ex-diretor de recursos humanos do Senado João Carlos Zoghbi apareceu no arquivo digital como um dos beneficiários de passagens do Parlamento. Sem direito a cota, o servidor se apossou de créditos de congressistas para viagens da família dentro e fora do país.

O Congresso em Foco publicou essas informações no dia 23 de abril, sob o título "Câmara pagou 42 passagens para ex-diretor do Senado e família". O sobrenome de Zoghbi se tornara frequente no noticiário desde 2008, quando se descobriu que o Senado empregava em cargos de confiança sete parentes dele.

O clã liderava a ocupação de postos sem exigência de concurso público, mas a súmula estabelecida em agosto daquele ano proibia o nepotismo, e obrigou a demissão dos apadrinhados pelo então diretor de recursos humanos.

Zoghbi perdeu o cargo no dia 13 de março de 2009, depois de denúncia – feita pelo *Correio Braziliense* – de uso irregular de um apartamento funcional por seus filhos. Também sem ter nenhum direito, no tempo de diretor do Senado, desfrutou e distribuiu bilhetes custeados com verba pública.

Nessas condições, sete integrantes da família Zoghbi voaram pelo menos dez vezes para o exterior. As empresas aéreas descontaram as despesas das cotas dos deputados Enio Bacci (PDT-RS), Julião Amin (PDT-MA), Armando Abílio (PTB-PB), Cezar Silvestri (PPS-PR), Nazareno Fonteles

(PT-PI), Valadares Filho (PSB-SE), Nilson Pinto (PSDB-PA), Aníbal Gomes (PMDB-CE), Veloso (PMDB-BA), Francisco Tenório (PMN-AL), Zé Geraldo (PT-PA) e Ayrton Xerez (DEM-RJ), licenciado do mandato.

Quatro deputados retornaram, na ocasião, as ligações do Congresso em Foco. Enio Bacci, Julião Amin, Nazareno Fonteles e Valadares Filho se mostraram indignados com a informação de que as verbas de seus gabinetes financiaram viagens da família Zoghbi. Negaram ter concedido autorização para a emissão dos bilhetes.

A família do servidor do Senado circulou, entre outros destinos, por Paris e Madri. Zoghbi, Denise e os filhos fizeram pelo menos 32 voos pelas companhias TAM, Gol e Varig.

De acordo com os registros da Gol, em 29 de agosto de 2007, João Carlos, o filho Marcelo (também exonerado pelo Senado) e Luís Zoghbi voaram na cota do deputado Francisco Tenório. O trecho voado não foi identificado pelo site.

Capítulo 26

Um site revelador

No segundo fim de semana depois do início da publicação da série de reportagens, dois prestigiados jornalistas, Zuenir Ventura e Elio Gaspari, destacaram o trabalho do Congresso em Foco naqueles dias. Ambos ocupam lugar de destaque na imprensa brasileira desde meados do século passado.

Colunista de *O Globo*, Zuenir Ventura tinha 78 anos em 2009. Com passagens pelos grandes jornais do Rio de Janeiro e pelas principais revistas do país, entre outros feitos, escreveu o livro *1968 – o ano que não terminou*, sucesso editorial sobre os traumas políticos brasileiros no final da década de 1960. Também é autor de *Cidade partida*, focado na violência do Rio de Janeiro, obra vencedora do Prêmio Jabuti.

Zuenir dedicou a coluna do dia 25 de abril, sábado, à cobertura do Congresso em Foco sobre as cotas parlamentares. Com o título "Um site revelador", o texto faz uma apresentação do site aos leitores do jornal carioca.

"Não sei se vocês repararam que quase todas as revelações sobre a farra das passagens aéreas tiveram como origem o site Congresso em Foco, até então pouco conhecido fora do círculo jornalístico e político", escreveu Zuenir no início do artigo. Na sequência, o jornalista esclareceu não haver ligação entre o site e o Parlamento brasileiro, apesar do nome e da cobertura especializada dos assuntos legislativos. Zuenir reproduziu, então, declarações de Sylvio Costa, diretor de redação do Congresso em Foco.

"Mantemos o site com a verba que recebemos do iG, com a receita publicitária e outras fontes de recursos", explicou Sylvio. O sucesso do site, nas palavras do representante do portal, devia-se a "trabalho duro, paciente e cuidadoso de investigação e independência editorial, extremo rigor na apuração e foco exclusivo no Congresso e na política".

O colunista fez referência, ainda, a outros furos de reportagem do veículo digital, como a descoberta em fevereiro de 2009 de que o deputado Eduardo Moreira (DEM-MG), dono de um castelo de R$ 25 milhões, utilizara recursos da Câmara para pagar R$ 236 mil em serviços de segurança prestados por empresas na sua propriedade.

Na origem das reportagens sobre as passagens, recordou Zuenir, estava outra revelação do Congresso em Foco: o uso da cota por Roseana Sarney para transportar amigos e parentes de São Luís para Brasília. O jornalista de *O Globo* citou ainda os nomes dos repórteres e dos editores envolvidos na cobertura. Sobre o caso das cotas, o colunista escreveu que o país ficava devendo ao site a "desagradável mas útil exposição das vísceras do nosso parlamento".

No final do artigo, Zuenir chama a atenção para um aspecto significativo das descobertas relacionadas aos bilhetes aéreos. O jornalista contou que se perguntava por que nenhum deputado se voltava contra a "orgia" com o dinheiro público. "Em face dos últimos acontecimentos, mostrando que o presidente da Câmara, o corregedor e até o deputado Fernando Gabeira também usaram passagens para viagens de parentes ao exterior, vejo que inocente era minha pergunta."

***

Entre os colegas, Gaspari beira a unanimidade no posto de principal jornalista de política do país. Foi da direção da revista *Veja* e escreveu o mais completo e documentado trabalho sobre a ditadura, obra de cinco volumes, iniciada com *As ilusões armadas*.

Guardião de farta documentação militar, eternizou bastidores determinantes para a compreensão desse período da história do país. Gaspari nasceu em Nápoles, na Itália, em 1944 e mora no Brasil desde a infância. A carreira de jornalista começou no Rio de Janeiro, na década de 1960. Por coincidência, como repórter, é personagem de *1968 – o ano que não terminou*.

Nas colunas, publicadas aos domingos e às quartas-feiras, Gaspari tem o generoso hábito de citar repórteres autores de furos de reportagem. Ter um trabalho lembrado pelo conceituado jornalista é sempre motivo para comemoração.

Ao repercutir o material sobre os deputados mais gastadores, na edição de domingo, com o título "AirViúva, a preferida dos milionários", Gaspari fez trabalho de repórter e buscou mais informações dos personagens para contextualizar os fatos.

"Só a voracidade explica que os cinco maiores turistas da Câmara tenham patrimônio superior a R$ 1 milhão. Um cruzamento da lista dos deputados que foram ao exterior com o dinheiro da Viúva e as declarações patrimoniais de cada um deles à Justiça Eleitoral em 2006 informa: a média do ervanário de 214 parlamentares que listaram bens fica em R$ 2,8 milhões. Os cinco deputados que mais viajaram (Dagoberto Nogueira, Léo Alcântara, Marcelo Teixeira, Arnaldo Faria de Sá e Jilmar Tatto, com 167 passagens), são todos milionários", escreveu o colunista.

No cruzamento de dados, Gaspari identificou o patrimônio dos deputados mais ricos da lista. Odílio Balbinotti (PMDB-PR) declarou bens no valor de R$ 70 milhões, mesmo montante de Sandro Mabel (PMDB-GO).

Em seguida, o colunista chamou a atenção para as duas autoridades máximas do Congresso e previu agravamento do noticiário:

"O presidente da Câmara, deputado Michel Temer, bem como o senador José Sarney, são parlamentares experimentados e sabem que a lista de deputados viajantes divulgada pela turma do Congresso em Foco é apenas um aperitivo. Vem aí uma chuva de meteoritos", previu o jornalista.

Capítulo 27

Editorial: "O que estamos esperando?"

Um editorial publicado no dia 27 de abril de 2009 externou a posição do Congresso em Foco em relação ao noticiário sobre as cotas parlamentares.

"Intensamente repercutidas por toda a mídia, as reportagens publicadas nas últimas semanas pelo Congresso em Foco sobre a farra das passagens aéreas no Parlamento chocaram o país."

[...] Revelamos descaminhos desse quilate não porque queremos destruir o Congresso, como chegaram a afirmar em plenário alguns deputados na última quarta-feira (22). O teatro e as grosserias dos supostos ofendidos por nosso conteúdo não podem enganar ninguém. [...] eles sabem que, se acaba o Congresso, acaba a razão de existir deste site."

Em seguida, o texto lembrava a premiação dos melhores deputados e senadores patrocinada pelo Congresso em Foco desde 2006.

"[...] eleição na qual os jornalistas políticos de Brasília têm total autonomia para definir os nomes dos congressistas que, numa segunda etapa, são submetidos à votação dos internautas."

O editorial reforçava a aposta na "ampliação do conhecimento sobre o Poder Legislativo", no incentivo ao acompanhamento das atividades do Congresso pela sociedade e na elevação da "qualidade da representação política no país".

"Defendemos com unhas e dentes a existência do Congresso, com a plena garantia de suas prerrogativas constitucionais. Batalhamos por um Parlamento forte. Mas, sim, queremos um Congresso muito melhor do que o atual ou do que os imediatamente predecessores. Um Congresso que tenha compromisso com a nação, jamais com interesses menores de parlamentares, assessores, amigos ou parentes que perdem a noção do limite dos privilégios que a população considera aceitável."

Na sequência, o site reconheceu como positiva a iniciativa de cortar gastos da cota. A admissão de erros por parte de deputados e as promessas de ressarcimento são considerados fatos "alvissareiros".

"Apoiamos tais gestos e reconhecemos neles o que pode ser o germe de uma mudança profunda na política brasileira. [...] Gastos com deslocamentos aéreos, ou qualquer despesa pública feita para os deputados e senadores exercerem adequadamente seu mandato, só se justificam pela ótica do interesse público. O dinheiro é do povo, não do parlamentar, e muitos congressistas parecem ainda não ter compreendido isso", prossegue o editorial.

"Doença na família, visitas a filhos que moram no exterior, necessidades circunstanciais de amigos não podem servir de amparo à utilização de verbas públicas. Quando enfrenta situações semelhantes, o cidadão comum banca a conta, ele não concorda que a regra para os parlamentares federais seja tão generosa quanto foi nos últimos anos."

Na mensagem aos leitores, o Congresso em Foco estabelecia alguns parâmetros para avaliar o comportamento dos parlamentares.

"[...] Não podem ser tratados igualmente os que usaram a cota de passagens para obter recursos criminosamente, vendendo os créditos aéreos no mercado paralelo ou transportando artistas para reduzir os custos de negócios privados" daqueles que "baseados em uma interpretação errada da lei, acreditaram que poderiam custear com o dinheiro dos contribuintes viagens não relacionadas diretamente com o exercício do mandato."

As atitudes dos congressistas, apontava o site, tinham duas dimensões: uma ética-legal e outra criminal, que "devem ser enfrentadas separadamente".

Nos últimos parágrafos, o texto contextualizava o momento da imprensa digital. Também abordava o ambiente agressivo da rede.

"[...] Sabemos que a internet é o maior fórum de debates públicos do Brasil democrático, mobilizando mais de 60 milhões de pessoas que já acessam regularmente a rede. Essa força pode ser usada não apenas para constatar problemas, proferir xingamentos ou, o pior dos equívocos, manifestar-se pelo fechamento do Congresso. Pode ser a semente de uma discussão madura sobre os caminhos que podemos dar ao Parlamento no país."

Por fim, o site conclamava "as forças políticas democráticas" a se unirem "naquilo que elas puderem convergir, de modo a encontrar um rumo transformador, e dentro do Estado de Direito, para a crise do Legislativo". Prosseguiu:

"[...] Convidamos leitores, entidades de representação profissional, líderes populares, empresários, intelectuais, artistas e formadores de opinião a darem sua cota pessoal – esta sim, cota digna de admiração – para virar a chave da política brasileira. [...] Sem a pressão popular, as alterações no Congresso e na política serão superficiais."

"[...] Mudar o Congresso é possível, desde que cada um – inclusive nós, eleitores – tente desempenhar melhor o seu papel. O que estamos esperando?"

Assim, a direção do Congresso em Foco deu seu recado aos leitores.

***

A redação manteve o assunto na pauta – sem pausa. Nova lista extraída dos DVDs reuniu nomes de 117 ex-deputados que voaram por conta da cota, mesmo depois de deixarem a Câmara. Levaram para a vida particular os créditos que acumularam enquanto exerciam o mandato.

Vinte e oito ex-parlamentares gastaram a verba pública para transporte aéreo mais de 20 vezes. Esses, no total, emitiram 896 bilhetes para o território nacional entre fevereiro e dezembro de 2007.

Quem mais cruzou o céu, 81 vezes, foi o deputado Almeida de Jesus (PR-CE), seguido por Hamilton Casara (PSDB-RO), responsável por 57 passagens, e Miguel Souza (PR-RO), com 56 embarques.

Entre os maiores usuários apontados pela lista estavam o ex-ministro dos Esportes, Agnelo Queiroz (PT-DF), o então vice-governador do Mato Grosso do Sul, Murilo Zauith (DEM), o então presidente do PPS, Roberto Freire (PE), e Luiz Eduardo Greenhalgh (PT-SP).

Embora não tenham viajado, quatro ex-deputados repassaram os créditos da cota para familiares e terceiros: José Divino (sem partido, RJ), Remi Trinta (PR-MA), Jorge Gomes (PSB-PE) e Reinaldo Gripp (PP-RJ).

Outros sete frequentavam outra lista, a de denunciados pela CPI das Sanguessugas, outro escândalo do Congresso, de 2006. Estavam nessas condições Almeida de Jesus (PR-CE), Neuton Lima (PTB-SP), Edna Macedo (PTB-SP), Bispo Wanderval (PR-SP), Jonival Lucas Júnior (PTB-BA), além dos já citados José Divino e Reinaldo Gripp.

Um dos ex-deputados, João Alfredo (PSOL-CE), mostrou-se constrangido com o fato de ter viajado duas vezes por conta da Câmara, e também por ter liberado passagens para familiares, depois de concluir o mandato. Disse ter-se arrependido. Prometeu devolver todo o dinheiro gasto.

Capítulo 28

Esposa e filhos circulam com verba dos senadores

Novas revelações do Congresso em Foco, no dia 30 de abril, jogaram estilhaços sobre o Senado. No arquivo obtido pelo site, a maior parte dos dados se referia à Câmara, mas os congressistas do Salão Azul também liberaram as passagens segundo suas próprias interpretações.

Antes, por outros meios, os autores mostraram que o ministro das Comunicações, Hélio Costa, gastou créditos da cota mesmo licenciado do mandato. Nas buscas nos DVDs, os repórteres encontraram 12 viagens internacionais – sete de ida e volta – para Buenos Aires e Montevidéu bancadas pelo Senado.

Dezenove voos saíram da cota de quatro parlamentares e beneficiaram parentes e pessoas sem relação com os gabinetes. As companhias Gol e Varig emitiram os bilhetes entre 25 de junho de 2007 e 13 de janeiro de 2009.

O senador Álvaro Dias (PSDB-PR) autorizou oito voos; Geraldo Mesquita (PMDB-AC), cinco; Paulo Paim (PT-RS), quatro; Osmar Dias (PDT-PR), dois.

Filho do senador, Alvaro Dias Filho saiu de Curitiba, foi a Montevidéu e voltou à capital do Paraná, com escalas ou conexões em Porto Alegre e São Paulo. O bilhete foi emitido em 1º de setembro de 2008, na companhia Varig.

A cota de Dias também quitou a viagem de três mulheres identificadas como Alessandra Kussen, Magali da Silva e Alciléia Freitas. Embarcaram pela Varig em Curitiba, com destino a Buenos Aires. Segundo o senador paranaense, elas viajaram como representantes do Pequeno Cotolengo Paranaense – entidade voltada "para o bem-estar" de pessoas com deficiências múltiplas, paralisia cerebral e outras deficiências –, para um evento internacional com organizações similares.

O cidadão Washington Bonilla usou duas vezes a cota do senador Paim para se deslocar de Montevidéu para Porto Alegre. O parlamentar gaúcho esclareceu tratar-se de um militante que visitara os pais doentes no Uruguai.

Irmão de Álvaro Dias, o também senador Osmar Dias repassou uma fatia da cota para a filha Rebeca Dias – verba usada em um *tour* por Buenos Aires.

Dos recursos reservados para Mesquita Júnior, saíram cinco viagens do próprio senador com a esposa, Maria Helena Mesquita, para Montevidéu. Voaram pela Gol e pela Varig.

Capítulo 29

Quando fala, Lula
passa pano

Em abril de 2009, penúltimo ano do segundo governo, o presidente Lula desfrutava de altos índices de popularidade no Brasil e de prestígio crescente no exterior. Em 2005, o escândalo do Mensalão causou uma crise séria ao petista. Ele quase perdeu o mandato. No entanto, reverteu a situação. Conseguiu reeleger-se em 2006 mantendo sua aliança com o empresariado, representado pelo vice, o dono de indústrias têxteis José Alencar (PR). Naquele momento, Lula demonstrava fôlego para enfrentar a crise econômica internacional iniciada em 2008.

Apesar da queda do crescimento no início do ano, a aposta no mercado interno dava sinais positivos contra as turbulências externas. O colapso no sistema de créditos provocara uma quebradeira de bancos nos Estados Unidos, com repercussões em todo o mundo financeiro.

A perspectiva de sucesso na superação da crise sustentava uma onda de otimismo em relação ao Brasil. Em Londres, durante uma reunião de líderes mundiais, no dia 2 de abril de 2009, o presidente dos Estados Unidos, Barack Obama, exaltou o carisma do petista.

"Esse é o cara! Eu adoro esse cara! É o mais popular político do mundo!", exclamou o norte-americano, em uma conversa informal entre participantes do encontro.

As boas relações internacionais facilitavam as pretensões do Brasil de sediar as Olimpíadas de 2016. A disputa foi em Copenhague, na Dinamarca, ainda em 2009.

Nesse ambiente de euforia, Lula permaneceu longe das discussões sobre as passagens nas duas primeiras semanas de revelações extraídas do arquivo da Câmara. O presidente só se manifestou publicamente em relação ao tema nos dias 30 de abril e 1º de maio, depois da publicação da reportagem sobre Fábio Faria e as celebridades.

Cercado por jornalistas, Lula se encontrava na Barra da Tijuca, no Rio, para participar da inauguração de um centro internacional de reabilitação da Rede Sarah de hospitais.

O site da *Folha de S. Paulo* registrou as opiniões do petista.

Eu não sei por que vocês vendem como novidade o que acontece na Câmara. Qual a novidade que vocês descobriram? Que um deputado utiliza passagem? Isso é utilizado desde que o Congresso é o Congresso.
[...] Qual é o país que não tem um problema? Por que nós vamos achar que uma denúncia que haja contra um deputado ou qualquer pessoa que fez malversação com o dinheiro público atrapalha o projeto de nação de construir uma Olimpíada?
[...] Não acho crime deputado dar passagem para dirigente sindical ir a Brasília. Eu quando era deputado (na década de 1980), muitas vezes convoquei dirigentes da CUT (Central Única dos Trabalhadores) e de outras centrais para se reunirem com passagens no meu gabinete.
[...] Graças a Deus não levei filho meu para a Europa. Mas acho que o deputado usar a cota para levar a mulher para Brasília, qual é o crime? Existe uma hipocrisia muito grande nessa história da Câmara. Sempre foi assim. Não vejo onde está o tamanho do crime em levar a mulher ou o sindicalista para Brasília.
[...] Não acho correto, mas não acho crime dar passagem para outra pessoa. O problema do Brasil não é esse. Isso pode ser corrigido por decisão da Mesa. Isso já está na imprensa há mais ou menos um mês. Temos coisas mais importantes para discutir e aprovar no Congresso Nacional.

Como visto, sem criticar os abusos cometidos pelos parlamentares, Lula procurou justificar as viagens menos afrontosas à moralidade pública. Alegou se tratar de uma prática antiga no Congresso – o que não era verdade. Lula defendeu o uso da cota por sindicalistas e pelas esposas de deputados e senadores.

Sobre as viagens de parentes para o exterior, apenas tangenciou, sem explicitar reparos ao comportamento dos congressistas. O presidente se mostrou mais incomodado com o noticiário sobre as cotas. Indiretamente, chamou de "hipocrisia" o trabalho da imprensa na publicação dos bilhetes dos parlamentares.

Os dirigentes sindicais mencionados pelo petista, na verdade, nada tinham a ver com a farra das passagens. O padrão de desvio do dinheiro do mandato para terceiros compunha outro perfil de beneficiados.

Por exemplo, líder do PMDB no Senado, Renan Calheiros (PMDB-AL) distribuiu 258 bilhetes entre junho de 2007 e 14 de fevereiro de 2009, de acordo com os registros da Gol e da Varig. O próprio parlamentar embarcou 13 vezes no mesmo período.

Familiares de Renan fizeram *check-in* em pelo menos 29 oportunidades. Um primo, Tito Uchôa, e a esposa, Verônica Calheiros, deslocaram-se durante recesso parlamentar, por conta do Senado, entre São Paulo e Brasília.

Renan Filho, prefeito de Murici (AL), cidade dominada pelo clã, também desfrutou do transporte bancado pelo mandato do pai. Levou como convidada a mulher, Renata, e os descendentes Rodolfo e Rodrigo. De modo geral, percorreram o circuito Maceió-Brasília-Salvador-Maceió.

***

O quadro político de 2009 ajuda a entender o tom amistoso da entrevista de Lula na Barra da Tijuca. Desde 2007, PT e PMDB mantinham acordo de rodízio nas eleições para o comando da Câmara.

Assim, o deputado Arlindo Chinaglia (PT-SP) ocupou a presidência de 2007 a 2009, sucedido por Temer. O acordo ainda elegeu Marco Maia (PT-SP) e Henrique Eduardo Alves (PMDB-RN) nos biênios seguintes.

A aliança entre os dois partidos facilitou a proteção mútua estabelecida entre o Planalto e a cúpula da Câmara no episódio das passagens. Mais à frente, a dobradinha se repetiria para defender o peemedebista Sarney na crise dos atos secretos do Senado.

Enquanto isso, Lula ganhava popularidade e preparava terreno para lançar a então ministra-chefe da Casa Civil, Dilma Rousseff, para sua sucessora no ano seguinte, tendo Temer como vice na chapa.

Porém, ao defender genericamente as viagens de terceiros, o presidente da República beneficiava não somente aliados. Entre os congressistas que distribuíram créditos das cotas estavam também velhos adversários, como o ex-senador Jorge Bornhausen (PFL-SC).

Político de longa trajetória, integrante de uma tradicional família de Santa Catarina, Bornhausen terminara o segundo mandato de senador em fevereiro de 2007. Ex-governador do estado pelo PDS durante a ditadura, indicado por eleição indireta, acompanhou a dissidência que apoiou Tancredo Neves no Colégio Eleitoral.

Depois, ocupou o Ministério da Educação no governo Sarney. Bornhausen ainda participou, como ministro da Secretaria de Governo, de uma tentativa frustrada de salvar Fernando Collor de Mello do *impeachment*, em 1992.

Fora do Senado em 2007, Bornhausen circulou entre Florianópolis, Chapecó, São Paulo e Brasília. A mulher, Dulce, embarcou três vezes, uma delas até Recife. Ex-ponta-esquerda do Grêmio de Porto Alegre e genro do ex-senador, Renato Sá também aproveitou os créditos do Senado. Foi de Florianópolis até Chapecó (SC). Funcionário do casal Bornhausen, Wagner Brasil teve dois bilhetes emitidos em seu nome. Voou entre Florianópolis, Rio de Janeiro e São Paulo.

As informações sobre o gabinete do ex-senador de Santa Catarina foram publicadas pelo Congresso em Foco no dia 7 de maio. Alguns dias antes, o site postara informações sobre a cota do deputado Paulo Bornhausen (DEM-SC), filho do ex-ministro. Dois filhos do parlamentar, Bruno e Rodrigo, transitaram entre Nova York e São Paulo por conta da Câmara.

O deputado esteve em Paris com dinheiro do mandato. A assessoria do parlamentar informou ter se tratado de missão oficial a Londres, sobre a Amazônia, em evento com o príncipe Charles – com escala na França.

Um dia depois, o site mostrou que pelo menos outros dez ex-senadores, além de Bornhausen, usufruíram dos créditos juntados durante os mandatos. No total, desse grupo de parlamentares saíram 291 voos para eles próprios, familiares, amigos e colaboradores, entre fevereiro de 2007 e novembro de 2008. As partidas dos passageiros foram registradas pelas empresas aéreas.

Vice-governador do Maranhão, João Alberto (PMDB), ligado a Sarney, liderou o *ranking* dos mais gastadores entre os ex-senadores. O peemedebista – ele próprio com 22 viagens – e seus convidados embarcaram 98 vezes com verbas da cota. Segundo colocado entre os gastadores, o ex-ministro de Minas e Energia, Rodolpho Tourinho (DEM-BA), com 79 voos, seguido de Roberto Saturnino (PT-RJ), responsável por 54 viagens.

Mesmo na cadeira de governador de Alagoas, Teotônio Vilela Filho (PSDB) resgatou sobras da cota para viajar. Um funcionário do gabinete do suplente que assumiu sua vaga esteve quatro vezes em Maceió, patrocinado por sua antiga cota parlamentar. Filha de Teotônio, Maria Vilela também gastou parte da cota, em um deslocamento até São Paulo.

José Jorge, ministro do Tribunal de Contas da União (TCU) – justo do TCU, o órgão fiscalizador –, o ex-governador do Distrito Federal, Joaquim Roriz (PMDB), e a então presidente do PSOL, Heloísa Helena, também pagaram transporte aéreo particular com dinheiro público.

Outro que acumulou créditos em mandato no Senado foi o deputado Alberto Silva (PMDB-PI). Político de extensa carreira, governou o Piauí duas vezes. Morreu em setembro de 2009, aos 90 anos.

Heloísa Helena cedeu a cota para três viagens de um filho, sempre entre Brasília e Maceió, e outras vezes para pessoas não identificadas pela reportagem.

Dois senadores tiveram a cota consumida depois de mortos. Créditos do mandato de Ramez Tebet (PMDB-MS), falecido em novembro de 2006, resultaram em sete passagens emitidas entre agosto de 2007 e janeiro de 2008.

As beneficiadas pelo dinheiro do mandato do parlamentar do Mato Grosso do Sul foram duas funcionárias de seu antigo gabinete e a irmã de uma delas – que fez o trecho Assunção (Paraguai)-Curitiba. Pai da futura senadora Simone Tebet, Ramez presidiu o Senado de 2001 a 2003. Como dito no capítulo 18, outra cota usada depois da morte foi a do senador Jefferson Peres (PDT-AM), que faleceu em maio de 2008.

***

Eleito deputado em 2006, o fundador da igreja Comunidade Evangélica Sara Nossa Terra, Robson Rodovalho (DEM-DF), licenciou-se do cargo em maio de 2008 para assumir a Secretaria do Trabalho do Distrito Federal. Enquanto esteve na Câmara, patrocinou com dinheiro público o transporte de pastores e artistas *gospel* convidados para eventos religiosos.

Oito integrantes da banda de *rock* cristão Oficina G3 e o *rapper* DJ Alpiste viajaram de São Paulo para a capital federal às custas dos contribuintes, para participar, em agosto de 2007, do "Desperta Brasília", show evangélico apoiado pela igreja de Rodovalho. A organização do espetáculo cobrou R$ 10,00 ou um quilo de alimento pelo ingresso individual. O dinheiro e os produtos arrecadados, segundo informou um integrante da Sara Nossa Terra, seriam distribuídos para famílias carentes.

Pastora, cantora e compositora evangélica, Alda Célia Cavagnaro voou do Rio de Janeiro para Brasília em julho de 2007, também financiada pela cota da Câmara. O voo JJ 3822 da TAM partiu às 10h22 de 17 de julho de 2007. Nome conhecido da música cristã, a artista ganhou disco de ouro por vender em 2002 mais de 100 mil cópias do álbum *Voar como a águia*.

Um culto dirigido pelo próprio bispo Rodovalho em setembro de 2007, em Brasília, contou com a participação da cantora Heloísa Rosa. A convidada viajou acompanhada do marido, Marcus Grubert, de São Paulo para a capital da República.

Os repórteres identificaram outras três cantoras e cinco pessoas ligadas à igreja. Os que foram localizados informaram desconhecer o fato de que as viagens tivessem sido pagas pela Câmara.

Capítulo 30

Ciro convidou cozinheiro
e ajudante do Ceará

Depois da negativa veemente de Ciro Gomes sobre as viagens da mãe, os repórteres aprofundaram as buscas no arquivo das cotas parlamentares. Os registros digitais confirmaram a informação de que boletos em nome de Maria José foram pagos com dinheiro público.

Em 18 de maio de 2009, o Congresso em Foco publicou detalhes de uma das viagens da mãe do deputado, que acontecera exatamente um ano antes.

"De acordo com o cartão de embarque 95723453087776, a mãe do deputado, Maria José Gomes, viajou de São Paulo a Nova York no dia 18 de maio, às 8h45, no voo JJ 8082. E voltou no dia 25 do mesmo mês, às 19h40, no voo JJ 8081. A passagem [...] custou US$ 7,6 mil. Precisamente R$ 12.682,12, segundo o câmbio da época", resumiu o texto. Como ilustração, o site publicou um fac-símile do cartão de embarque.

Diante da prova irrefutável, a assessoria de Ciro mudou o tom e atribuiu o pagamento da passagem a um possível erro da TAM. O gabinete do parlamentar do Ceará reiterou que Maria José não viajara em dezembro de 2007 – embora a Câmara tenha financiado também bilhetes com essa data.

Durante quatro dias, o Congresso em Foco aguardou as respostas da TAM. As perguntas sobre a cota de Ciro foram enviadas por correio eletrônico. Somente na noite depois da publicação do bilhete da mãe do deputado é que a empresa encaminhou explicações ao site.

> A TAM esclarece que houve uma inversão entre os documentos de crédito particulares (pessoa física) da família do deputado federal Ciro Gomes e aqueles emitidos com recursos da sua cota parlamentar de passagens. [...] a loja da companhia em Fortaleza trocou, inadvertidamente, os documentos de crédito, emitindo as passagens de Ciro Gomes com créditos particulares da família e os bilhetes de Maria José Gomes com documentos de crédito oriundos da cota parlamentar.

Com essa explicação, sem explicitar datas, a TAM retirou do deputado a responsabilidade pelos bilhetes usados por Maria José no trajeto São Paulo-Nova York em maio de 2008. Em nenhum momento, porém, a empresa demonstrou ter contabilizado saldo proveniente da família Gomes. Se recebeu algum dinheiro de Ciro ou da mãe, não apresentou recibo.

Se o pagamento dos bilhetes deveria ter sido feito para Ciro Gomes, e não para sua mãe, a viagem bancada com dinheiro público seria pertinente a um parlamentar. O que o deputado foi fazer nos Estados Unidos na companhia da mãe? Atividade parlamentar? Até hoje, não se sabe a resposta.

Seis dias depois, a companhia aérea enviou mais uma nota. A mensagem confirmou as viagens de maio de 2008, mas negou os bilhetes emitidos em dezembro de 2007. As informações obtidas pelo site seriam, por essa versão, referentes aos embarques de maio.

Em nenhum momento o Congresso em Foco afirmou que Maria José viajou em dezembro. Mas o pagamento das passagens com dinheiro da cota, de fato, foi registrado no arquivo da Câmara.

Nos contatos feitos nesses dias com os repórteres, o gabinete de Ciro reconheceu não ter devolvido aos cofres públicos as verbas não utilizadas da cota. Sem ter como comprovar o discurso feito em tom de bravata no plenário, a assessoria afirmou que o deputado apenas economizara os recursos, mas os créditos continuavam, portanto, disponíveis para o parlamentar.

Os brasileiros logo tomariam conhecimento de outros voos de terceiros custeados pela cota de Ciro. As informações sobre a mãe tinham aparecido na pesquisa sobre as viagens internacionais dos congressistas. Desta vez, os convidados do deputado voaram no circuito interno.

No dia 1º de julho de 2009, os repórteres revelaram que os recursos da Câmara patrocinaram o transporte de um *chef* de cozinha – acompanhado da mulher e de um ajudante – de Fortaleza para Brasília.

Radicado no Ceará havia duas décadas, o *chef* alemão Bernard Twardy viajara com a esposa, Fernanda Zeballos, e com o auxiliar Jorge Emanoel da Silva para a capital federal. Ida e volta.

Os registros das companhias aéreas mostraram a emissão dos bilhetes dos três, em 25 de junho de 2007. O retorno foi emitido dois dias depois, com preço unitário de R$ 679,00, mais R$ 39,00 pagos por taxa de embarque. Assim, a Câmara arcou com pouco mais de R$ 4 mil pela viagem de Twardy com a mulher e o ajudante.

A assessoria do parlamentar defendeu o uso da verba pública para o transporte dos profissionais de cozinha. "Nenhuma ação praticada pelo gabinete feriu o regimento interno da Casa", afirmou a assessoria do parlamentar.

Twardy disse que esteve em Brasília para prestar serviço ao deputado por meio de sua empresa, a Gourmet Ideias e Soluções. Não explicou, porém, o tipo de serviço prestado.

"Eu prefiro não dar detalhes, isso pode ser explicado pelo gabinete do deputado", respondeu. Também não quis dizer se sabia do pagamento das passagens com dinheiro público. "Não tenho de dar detalhes sobre isso. Eu recebi a passagem, viajei e prestei meu serviço", acrescentou.

Twardy e Ciro mantinham laços de cooperação. O deputado deu um depoimento para um livro de culinária do profissional alemão. Com o título *Cozinha tropical cearense*, a publicação apresenta também um texto do escritor paulista Ignácio de Loyola Brandão, bem como testemunhos de celebridades cearenses, como o humorista Renato Aragão e o cantor e compositor Fagner.

O livro ensina receitas, como lagosta ao coco e alho-poró, pernil ao mel de caju, brioche de carne de sol e cebola doce, segundo o texto de divulgação da publicação gastronômica. O casal Twardy e Fernanda Zeballos aparecia com frequência nas colunas sociais dos jornais do Ceará.

Capítulo 31

Bolsonaro fez carreira e patrimônio com regalias do mandato

Com as revelações sobre a comitiva gastronômica de Ciro Gomes, o Congresso em Foco completou dois meses e meio de reportagens, produzidas com base no conteúdo dos 20 DVDs obtidos por Lúcio. Entre 14 de abril e 1º de julho de 2009, os brasileiros souberam como deputados e senadores esbanjavam as verbas de transporte aéreo.

A profusão de informações detalhadas – com localizadores, datas, percursos, preços e nomes dos passageiros – sobre centenas de parlamentares deu uma ideia da permissividade dos representantes do povo com o dinheiro dos impostos.

Centenas de parlamentares tiveram os nomes citados nas reportagens. A lista com aqueles que usaram bilhetes para si ou para terceiros viajarem ao exterior chegava a 261 deputados e ex-deputados. Outros consumiram a verba de passagens para parentes e terceiros viajarem pelo país. A prática de gastar recursos da Câmara em roteiros particulares era generalizada entre os integrantes do Legislativo.

O número total de deputados e senadores listados no arquivo ultrapassou quatro centenas. Para organizar a edição dos dados, o site usou critérios que levaram em conta a relevância dos personagens, os cargos ocupados no Congresso, quantidade de voos e as viagens para o exterior.

Assim, a série começou com as celebridades convidadas por Fábio Faria e, na sequência, mostrou casos de ministros, viagens internacionais e integrantes da Mesa Diretora da Câmara, líderes de partidos. Outros, como Rodrigo Maia e Fernando Gabeira, tiveram os nomes expostos ao longo da cobertura, depois da repercussão e dos questionamentos decorrentes das primeiras reportagens.

Com isso, mais da metade dos congressistas relacionados no arquivo permaneceu oculta, sem exposição pelos meios de comunicação. Os omitidos, em grande medida, integravam a bancada – informal e majoritária – apelidada de "baixo clero" desde meados dos anos 1980 e em constante renovação no Parlamento. Pertencem a essa categoria deputados e senadores com pouco poder de influência sobre os rumos do Legislativo.

São preteridos das Mesas Diretoras, das lideranças, das presidências das comissões, das relatorias de matérias que favoreçam a promoção política. Exercem os mandatos com um pé nas bases eleitorais e outro no fisiologismo do Parlamento. A maioria adota comportamento discreto e, muitas vezes, os integrantes do "baixo clero" se tornaram conhecidos dos brasileiros apenas pelos escândalos de corrupção que protagonizaram.

Desde a redemocratização até 2009, como exceção à regra, essa maioria silenciosa elegeu um presidente da Câmara: Severino Cavalcanti (PP-PE).

O critério de relevância deixou fora das reportagens um parlamentar do "baixo clero" que, nove anos depois, chegaria ao topo da política e do Poder Executivo no Brasil. Embora não se enquadrasse no perfil discreto, o deputado Jair Bolsonaro (PP-RJ) cumpria o quinto mandato na Câmara, sem nunca ter exercido nenhum cargo de destaque. Tampouco atuara em missões importantes como legislador.

Em menos de uma década, Jair Bolsonaro se elegeu presidente da República pelo PSL, um partido até então sem expressão no país. Deixaria a Câmara depois de 28 anos consecutivos como representante do estado do Rio de Janeiro.

Sem influência nas decisões da cúpula do Congresso, Bolsonaro soube usufruir das prerrogativas e dos benefícios proporcionados pelos mandatos parlamentares. O capítulo 1 deste livro detalhou os voos do então deputado, da namorada – depois esposa – Michelle, dos filhos, parentes e amigos com verbas da cota.

Dinheiro da Câmara pagou passagens para a lua de mel do casal em Foz do Iguaçu. Os filhos consumiram créditos do gabinete do deputado para circular em roteiros de lazer, entre Rio de Janeiro, Santa Catarina, Brasília e Nordeste.

Militar de carreira, Bolsonaro saiu do Exército em 1988, depois de sofrer um rumoroso processo disciplinar, acusado de planejar explosão de bombas em quartéis para fazer pressão por aumento salarial para os integrantes das Forças Armadas. Ele entrou para a chamada "reserva remunerada" do Exército com a patente de capitão. Entrou para a política com propostas de interesse dos militares de baixa patente.

Defensor das posições da extrema direita e da repressão violenta praticada pela ditadura, elegeu-se vereador em 1988 no Rio de Janeiro, pelo Partido Democrata Cristão (PDC).

Dois anos depois, o capitão obteve o primeiro mandato para a Câmara. No Legislativo, notabilizou-se por ataques à esquerda, apologia à ditadura e homenagens ao coronel Carlos Alberto Brilhante Ustra, do DOI-Codi (Destacamento de Operações de Informação – Centro de Operações de Informação) do II Exército, em São Paulo, e mais notório torturador do país.

Bolsonaro se esmerou, ao longo da carreira política, em aproveitar as circunstâncias para melhorar o padrão de vida e aumentar o patrimônio da família. A cronologia das declarações à Justiça Eleitoral mostra como a evolução das propriedades acompanhou a vida parlamentar do capitão.

Depois de três casamentos e 28 anos como deputado, Bolsonaro e seus familiares saíram de uma vida de classe média baixa para um patamar de notável prosperidade. Ainda no Exército, os apertos financeiros o levaram a atividades paralelas, como venda de bolsas feitas com paraquedas obtidos dentro do quartel.

Um dossiê secreto do Exército de 1989, guardado no Fundo do Serviço Nacional de Informações (SNI) do Arquivo Nacional, afirma que Bolsonaro buscava "muamba", gíria para produtos contrabandeados, no Paraguai. Coincidentemente, quase duas décadas depois, Bolsonaro passou a lua de mel com Michelle exatamente na rota dos sacoleiros da Tríplice Fronteira.

Até o final da década de 1990, era casado com a primeira mulher, Rogéria Nantes Nunes Braga, mãe dos três filhos mais velhos. O patrimônio da família começou a crescer no mesmo período. Segundo reportagem do jornal *O Globo*, ela comprou em 1996 um apartamento, pago em dinheiro vivo, por R$ 95 mil, em valores da época.

Treze anos depois da separação, em 2020, Rogéria quitou mais um imóvel à vista, uma quitinete de 36 metros quadrados comprada por R$ 470 mil no sudoeste, uma das áreas mais valorizadas de Brasília.

Em 1998, Bolsonaro possuía bens declarados no valor de R$ 453 mil. Quando se casou com Michelle, em 2007, as posses do deputado quase tinham dobrado – chegaram a R$ 780 mil, segundo a contabilidade do ano anterior.

Mas esses números provocaram controvérsias. A segunda ex-mulher do deputado, Ana Cristina Siqueira Valle, mãe de Jair Renan, disse às autoridades que, em 2006, Bolsonaro possuía, na verdade, R$ 7,8 milhões.

Deixara de declarar três casas, um apartamento, uma sala comercial e cinco lotes à Justiça Eleitoral.

Nessa mesma época, o filho mais velho do capitão, Flávio, com 26 anos e no segundo mandato de deputado estadual, registrava um patrimônio de R$ 385 mil em bens, de acordo com declaração à Justiça Eleitoral. Um ano mais novo, Carlos, o Zero Dois, depois de três eleições como vereador no Rio de Janeiro, afirmara acumular R$ 280 mil em posses.

As circunstâncias permitiram que Jair Bolsonaro construísse a carreira parlamentar entrelaçada com a vida particular, patrimonial e conjugal. Na Câmara, o futuro presidente da República conheceu Ana Cristina, funcionária no gabinete do deputado Jonival Lucas (PTB-BA) e, depois, da liderança do PP. Casaram-se em 1997.

Ana Cristina saiu da Câmara em 2000. Separaram-se em 2007, ano em que o capitão formalizou a relação com Michelle.

Enquanto dividiram o mesmo teto, Bolsonaro e Ana Cristina compraram 14 imóveis. O patrimônio somou R$ 3 milhões. Cinco propriedades foram adquiridas em dinheiro vivo, totalizando R$ 243 mil.

Terceira mulher do deputado, Michelle foi, portanto, a segunda assessora da Câmara com quem Jair Bolsonaro se casou. Em 2007, a futura primeira-dama do país trabalhava na liderança do Partido Progressista, a legenda do namorado à época e mesmo local onde Ana Cristina cumprira expediente até 2000.

Nascida em uma família pobre, em Ceilândia, cidade da periferia do Distrito Federal, Michelle ocupou funções comissionadas na Câmara. São cargos sem estabilidade, para os quais não se exige concurso. Nessa mesma situação encontravam-se mais de 80% dos servidores da Câmara à época[24].

Em fevereiro de 2006, com 24 anos incompletos, a jovem ceilandense era secretária parlamentar do deputado Vanderlei Assis (PP-SP). Os rendimentos não chegavam a R$ 600,00 por mês, menos que o dobro do salário mínimo, de R$ 350,00, na época. Pouco depois de admitida, teve um aumento, e, em julho do mesmo ano, os rendimentos da funcionária eram de R$ 1.200,00[25].

Uma transferência para o gabinete do deputado Doutor Ubiali (PSB-SP) proporcionou a Michelle mais uma promoção – a renda subiu para cerca de R$ 3 mil mensais. Com praticamente a mesma remuneração, mudou para a liderança do PP, partido de Bolsonaro, em junho de 2007. Logo se conheceram, começaram a namorar, noivaram e casaram, tudo no mesmo ano[26].

A vida financeira de Michelle teve melhora significativa ainda naquele ano, quando começou a trabalhar no gabinete do namorado. Na ocasião, o salário subiu para R$ 6 mil por mês. Depois do casamento, o marido deu à esposa mais um aumento pago com dinheiro público: em abril de 2008, a remuneração subiu para R$ 8 mil por mês, mais alto patamar para um servidor de gabinete na Câmara[27].

No mesmo ano, porém, Michelle foi exonerada do gabinete de Bolsonaro, por força de uma decisão do Supremo Tribunal Federal (STF) contra o nepotismo nas funções públicas.

***

Três outros deputados do baixo clero, em 2009, deixados de lado na cobertura do caso das passagens, ganhariam relevância no futuro: Davi Alcolumbre (PFL-AP), Francisco Rodrigues (PFL-RR) e Benedito de Lira (PP-AL), pai do futuro presidente da Câmara, Arthur Lira (PP-AL). O trio passeou com familiares por conta da Câmara.

Alcolumbre gastou duas passagens da cota, emitidas no dia 4 de junho de 2007, para embarcar com a mulher, Liana Andrade, de Manaus para Miami. Os bilhetes custaram R$ 8 mil, e a taxa de embarque, R$ 243.

A eleição para senador em 2014, pelo DEM (novo nome do PFL), permitiria ao político do Amapá em pouco tempo deixar o baixo clero e saltar para a cúpula do Congresso. Em surpreendente vitória contra o veterano Renan Calheiros (PMDB-AL), Alcolumbre se elegeu – com 42 anos incompletos – presidente do Senado.

Rodrigues mudou o primeiro nome para o apelido "Chico" e, em 2018, também se elegeu senador. Em outubro de 2020, o parlamentar de Roraima foi flagrado por uma operação da Polícia Federal, dentro de casa, com R$ 18 mil dentro da cueca – além de R$ 10 mil e US$ 6 mil em um cofre.

No tempo de deputado, Rodrigues gastava dinheiro da Câmara em roteiros turísticos com a família. Levou, por exemplo, a esposa, Selma Rodrigues, e o filho Thiago Rodrigues para alguns dias em Miami. Saíram de Manaus com passagens emitidas no dia 3 de abril de 2007.

Selma e Thiago voltaram a Miami com bilhetes gerados no dia 8 de maio do mesmo ano. Repetiram o percurso no dia 13 de novembro. Ao todo, esvaziaram o cofre da Câmara em R$ 8.964 com as passagens e R$ 1.815 com taxas de embarque.

Em 2007 e 2008, Arthur Lira exercia mandato de deputado estadual em Alagoas. Nesse período, desfrutou da cota de passagens do pai, deputado federal na época, situação semelhante à de Flávio Bolsonaro, como descrito no capítulo 1.

Político ainda regional, Arthur fez 20 voos em território nacional com as verbas do gabinete do pai na capital federal. De Maceió, embarcou para São Paulo, Salvador, São Luís, Brasília e as mineiras Uberlândia e Uberaba. No total, gastou R$ 21.600,00 nos deslocamentos pelo país[28].

Arthur Lira se elegeu presidente da Câmara em fevereiro de 2021. Chegou ao topo do Legislativo como representante do baixo clero e do Centrão, aliado a Bolsonaro e amparado pela distribuição de cargos e verbas federais para deputados.

O deputado de Alagoas derrotou Baleia Rossi (MDB-SP), candidato apoiado por Rodrigo Maia (DEM-RJ), presidente da Câmara entre 2016 e 2021, e pela maioria das bancadas de esquerda. Abandonado pelo próprio partido, Maia fracassou na tentativa de formar uma aliança para eleger um aliado como sucessor.

No momento da posse de Arthur, Benedito de Lira postou-se ao lado do filho, de frente para o plenário, com um sorriso triunfante no rosto – uma vitória incontestável do baixo clero da Câmara.

Capítulo 32

Atos secretos: privilégios ocultos no Senado

Na história recente do Congresso Nacional, o ano de 2009 ficou marcado pela sequência de escândalos internos. Casos rumorosos anteriores, como os "anões do orçamento" ou a compra da emenda da reeleição – envolviam personagens, interesses ou verbas do Executivo.

No ano da farra das passagens, as atenções da imprensa se voltaram para o Parlamento. Ainda no dia 3 de março, como registramos, Agaciel Maia caiu da diretoria-geral do Senado por ter omitido da Receita Federal a compra de uma casa de R$ 5 milhões.

O caso foi revelado na *Folha de S. Paulo* pela dupla de repórteres Leonardo Souza e Adriano Ceolin. Uma semana depois, em parceria com a colega Andreza Matais, Ceolin assinava outra reportagem de impacto no Senado: no recesso de janeiro, com o Legislativo parado, 3.883 funcionários receberam horas extras – com um gasto total de pelo menos R$ 6,2 milhões.

Teve mais. No auge da farra das passagens, a revista *Época* com data de 25 de abril mostrou que João Carlos Zoghbi, o ex-diretor de recursos humanos do Senado, usava o nome de uma babá da família como laranja de empresas de fachada. Assinada por Andrei Meireles e Matheus Leitão, a reportagem abriu mais uma fresta nas sombras do Congresso.

As empresas recebiam recursos provenientes de negócios do Senado. Ligado a Agaciel Maia, Zoghbi fora diretor da casa legislativa até março de 2009, como tratado no capítulo 25.

Nessa mesma pegada, em 10 de junho de 2009, o jornal *O Estado de S. Paulo*, soltou uma notícia avassaladora para o Parlamento: "Senado acumula mais de 300 atos secretos para criar cargos". Os repórteres Rosa Costa e Leandro Colon tiveram acesso a um levantamento feito por servidores sobre as medidas tomadas debaixo dos panos para nomear parentes e amigos, além de criar cargos e aumentar salários.

Não se dava a devida publicidade a centenas de encaminhamentos da Mesa Diretora. Os atos beneficiaram, sobretudo, parentes e apadrinhados de Sarney e de antecessores na presidência do Senado, como Antônio Carlos Magalhães e Renan Calheiros. Também formalizaram nomeações de interesse de Agaciel e Zoghbi. Alguns desses despachos tinham mais de dez anos.

A sequência de novidades nas semanas seguintes jogou o Senado no centro de uma crise ética e política sem precedentes. A abertura da caixa-preta dos atos secretos atingiu, sobretudo, José Sarney, pois os responsáveis pelas irregularidades eram pessoas de sua confiança desde a década de 1990.

Também era inegável a influência do ex-presidente da República nas decisões da Mesa Diretora – instância que aprovava as medidas – nesse período. Assim como no caso das passagens aéreas, a eclosão dos atos secretos expôs abusos com dinheiro público, executados pela estrutura administrativa e política montada por Sarney no Legislativo.

Entre outros fatos ocultos, o peemedebista distribuía cargos entre parentes, sem concurso, para postos no Senado. Em 2009, Rosa Costa e Rodrigo Rangel, repórteres do *Estadão*, apuraram que Roseana nomeou o mordomo com salário de R$ 12 mil, ou R$ 23 mil por mês, em valores de 2021[29].

A mesma dupla do jornal paulista apontou dias depois mais um rolo da família do ex-presidente: investigações da Polícia Federal sobre intermediação de crédito consignado no Senado envolveram José Adriano Cordeiro Sarney, neto de Sarney.

Paralelamente, Sarney ainda sofria as consequências da Operação Boi Barrica, já abordada anteriormente. As investigações acuavam seu filho Fernando e resvalavam em toda a família. No plenário, o senador Pedro Simon (PMDB-RS) pediu a renúncia do colega de partido.

Capítulo 33

Pressionado, Sarney faz discurso no plenário

A onda de denúncias paralisou as atividades do Senado. Pressionado pelo noticiário, Sarney subiu à tribuna do plenário no início da tarde do dia 16 de junho. Na abertura do discurso, citou Joaquim Nabuco e Visconde do Rio Branco como inspiradores da frase definidora de suas circunstâncias: "Defender-se não é fraqueza", iniciou o peemedebista. Em seguida, Sarney cuidou de eximir-se das irregularidades:

"[...] Ao longo da vida, não tenho feito outra coisa senão louvar a instituição legislativa. E a ela tenho prestado serviços: são 55 anos, 60 de vida pública e 46 dentro do Parlamento. Não seria agora, na minha idade, que iria praticar qualquer ato menor que nunca pratiquei na minha vida".

O presidente do Senado se distanciou de escândalos passados, sem mencionar as suspeitas da Operação Boi Barrica sobre a família. Buscou, também, generalizar as acusações contra o Legislativo:

"[...] Nunca tive meu nome associado a qualquer das coisas que são faladas aqui dentro do Congresso Nacional, ao longo do tempo, porque isso é uma crise mundial. O que se fala aqui no Brasil sobre o Congresso fala-se na Espanha, fala-se na Inglaterra, fala-se na Argentina, fala-se em todos os lugares".

"[...] A crise do Senado não é minha, a crise é do Senado. E é essa instituição que devemos preservar, tanto quanto qualquer um aqui. Ninguém tem mais interesse nisso do que eu."

Sarney disse, ainda, ter-se empenhado em corrigir os erros internos desde que tomou posse, em fevereiro, na presidência. Não mencionou os mandatos anteriores.

No discurso, o ex-presidente da República fez referência à saída de Agaciel e ao envolvimento de Zoghbi com agenciamento de juros com créditos consignados. Nesse trecho, o peemedebista demarcou distância do ex-diretor de recursos humanos.

"Devo dizer que ele nunca esteve comigo em qualquer audiência ao longo do tempo em que estou aqui."

Ainda na tribuna, Sarney lembrou o inquérito criminal aberto contra Zoghbi, encaminhado ao Ministério Público. Em seguida, fez uma espécie de balanço dos escândalos do primeiro semestre.

Listou providências tomadas, como o estabelecimento de normas para as passagens aéreas e a cobrança de devolução das horas extras indevidas. Referiu-se à regulamentação da verba indenizatória dos senadores, outra medida recente, e à publicação das informações relativas a esses gastos.

Nesse mesmo rumo, Sarney afirmou ter sido o responsável pelo Siafi (Sistema de Acompanhamento Financeiro), a rede de dados oficiais por meio da qual a sociedade pode fiscalizar os gastos públicos.

Sobre a crise mais recente, negou a existência de medidas adotadas em segredo. "Eu não sei o que é ato secreto. Aqui, ninguém sabe o que é ato secreto", posicionou-se.

Nessa linha, o presidente do Senado disse que o que houve foram "irregularidades" na "entrada em rede" de "determinados atos" da administração do Senado. A comissão responsável por detectar os erros, explicou, terminara os trabalhos e logo publicaria o relatório com essas conclusões. Tudo se referia ao passado, insistiu.

Em um rompante, ao falar do final da ditadura, Sarney afirmou que teve "coragem" de romper com o PDS e "caminhar por um rumo em que pudéssemos sair e o país não tendo traumas [...]".

Antes de finalizar, o ex-presidente atribuiu as denúncias a setores que tinham a finalidade de "enfraquecer as instituições legislativas". Seriam "grupos econômicos" e "setores radicais da mídia" – fenômeno mundial, segundo Sarney. Os erros do passado, assegurou, seriam corrigidos. "Iremos fazer do Senado aquilo que todos os senadores desejam: uma Casa respeitada", encerrou.

**

Lula saiu em defesa de Sarney no dia 17 de junho. O presidente da República se encontrava em Astana, no Cazaquistão, em mais uma viagem internacional, depois de passar pela Europa.

Prestigiado no exterior e com popularidade alta no Brasil, Lula externou a mais contundente demonstração de apoio ao aliado peemedebista durante a onda de denúncias. "O Sarney tem história no Brasil suficiente para que não seja tratado como se fosse uma pessoa comum", declarou o petista, segundo o portal G1.

A estatal Agência Brasil divulgou declarações do presidente com críticas ao trabalho da imprensa na cobertura do Parlamento:

"Não sei a quem interessa enfraquecer o Poder Legislativo no Brasil. Mas penso o seguinte: quando tivemos o Congresso Nacional desmoralizado e fechado foi muito pior para o Brasil, portanto, é importante pensar na preservação das instituições e separar o joio do trigo. Se tiver coisa errada, que se faça uma investigação correta. [...] O que não se pode é todo dia você arrumar uma vírgula a mais, você vai desmoralizando todo mundo, cansando todo mundo, inclusive a imprensa corre o risco. [...] A imprensa também tem que ter a certeza de que ela não pode ser desacreditada, porque, na hora em que a pessoa começar a pensar 'olha, eu não acredito no Senado, não acredito na Câmara, não acredito no Poder Executivo, no STF, também não acredito na imprensa', o que vai surgir depois?".

***

A defesa incondicional de Sarney feita por Lula encontraria resistência no PT. Nas semanas seguintes, a bancada do partido no Senado viveria conflitos internos por causa de posições divergentes em relação ao aliado do PMDB.

Capítulo 34

As questões éticas ficaram de lado

Enquanto Sarney concentrava a atenção da imprensa por causa dos atos secretos, Temer agia para conter os danos provocados pelas informações do arquivo das passagens. Dois meses depois da eclosão do escândalo, o presidente da Câmara buscava caminhos jurídicos para isentar os deputados de punições pelo abuso na utilização das cotas.

O Congresso em Foco revelou no dia 17 de junho uma das iniciativas de Temer. Para responder a questionamentos do Ministério Público Federal, a Câmara contratou dois professores renomados para produzirem pareceres sobre o uso das verbas para transporte aéreo.

Um dos especialistas recebeu R$ 80 mil, e o outro, R$ 70 mil. A nota publicada pela coluna "De Olho no Poder", assinada por Eumano Silva, não esclareceu o nome dos dois profissionais, ainda mantidos em sigilo pela assessoria de Temer.

A Câmara divulgou os pareceres na semana seguinte. O jurista Manoel Gonçalves Ferreira Filho, o mais bem pago dos dois, considerou legais todas as viagens feitas pelos deputados com dinheiro das cotas. Sustentou a posição com o argumento de que se tratava de uma prática antiga do Parlamento.

Nesse ponto, Ferreira Filho atribuiu à mudança da capital para Brasília o modelo de pagamento do transporte aéreo em vigor na Câmara. Como mostramos no capítulo 16, o sistema passou por várias modificações ao longo das décadas, mas as cláusulas que permitiram o descontrole foram instituídas nas gestões de Michel Temer e Aécio Neves, entre 2000 e 2002.

A verba parlamentar, segundo o jurista, era "discricionária" e tinha caráter de "ajuda de custo". Assim, os titulares dos mandatos nem tinham necessidade de prestar contas dos gastos. Com 75 anos, doutor em Direito, Ferreira Filho presidia a Associação Brasileira dos Constitucionalistas.

O autor do outro parecer fez reparos aos procedimentos dos deputados. Advogado, jornalista, mestre em Ciência Política e professor da Universidade de São Paulo (USP), Clóvis de Barros Filho abordou os aspectos éticos do caso.

Mesmo quando se trata de uma prática difundida entre os congressistas, analisou o professor, outros fatores devem ser levados em consideração.

"Nem toda conduta é um costume virtuoso", opinou Barros Filho, também criador do Instituto Espaço Ética, em entrevista ao Congresso em Foco. Ainda sob o ponto de vista da ética, Barros Filho alertou para a falta de transparência dos gastos com as empresas aéreas.

Apesar das ressalvas do professor da USP, Michel Temer usou o parecer de Ferreira Filho para arquivar uma denúncia popular contra o deputado Fábio Faria (PMN-RN) por pagar passagens de convidados para o Carnatal.

O presidente da Câmara disse ter se baseado em questões jurídicas, e não éticas, para avaliar o caso. "Eu não posso examinar questões éticas. Tem que se examinar pelo foro jurídico. O argumento é que o sistema jurídico anterior permitia, há esse atenuante", afirmou Temer, em entrevista à Folha Online.

As questões éticas, portanto, ficaram de lado.

Juristas consultados pelo Congresso em Foco contestavam a interpretação acolhida por Temer. O professor Pedro Estevam Serrano, da PUC-SP, especialista em direito público e constitucional, e José Carlos Cosenzo, presidente da Associação Nacional dos Membros do Ministério Público (Conamp), tinham entendimento diferente.

As normas em vigor, interpretavam eles, vedavam o uso de passagens aéreas por terceiros ou em viagens sem relação com o exercício do mandato. Serrano e Cosenzo consideravam a cota um benefício funcional – e não individual.

Assim, a verba oficial não poderia ser tratada como uma remuneração indireta para os deputados. Apenas os congressistas e assessores em serviço tinham direito a usar os bilhetes.

Serrano ressaltou que, no direito público, a lógica é inversa à do direito privado.

"O particular pode fazer tudo, exceto o que a lei proíbe. No direito público, o que não está autorizado na lei é proibido", definiu Serrano. Nesses termos, vale observar que o Ato nº 42, de 2000, não fez nenhuma menção ao uso de passagens por terceiros. Cosenzo reforçou o argumento: "O parlamentar não é dono da passagem. Ele não pode fazer o que quiser com ela. O benefício existe apenas para auxiliá-lo no mandato", afirmou o promotor.

***

No início da tarde de quarta-feira, 24 de junho de 2009, Michel Temer deixou o plenário durante o "pequeno expediente" – momento da sessão em que deputados pré-inscritos fazem comunicados sobre temas gerais.

Eduardo Militão começou a seguir Temer no Salão Verde. Em um corredor, de repente, o presidente da Câmara parou em frente a uma porta de madeira. Antes de entrar, foi abordado pelo repórter: "Presidente! O senhor tem um minutinho?".

Temer respondeu que sim. Mas pediu que esperasse, precisava antes usar o banheiro. Nesse momento, Militão se deu conta de que se tratava da porta de um sanitário.

Esse tipo de situação nem chega a causar constrangimento no Congresso. Jornalistas e políticos se encontram e caminham o tempo todo por salões, gabinetes e lanchonetes. Claro, muitas vezes precisam parar para fazer as necessidades.

Em poucos minutos, Temer voltou e concedeu uma curta entrevista. Prometeu na ocasião apresentar uma ação contra deputados que tivessem negociado os créditos. Apenas contra esses parlamentares. "Se houver venda de cota de passagens, não há dúvida de que isso vai para a Corregedoria, para o Conselho de Ética, *et cetera, et cetera, et cetera*", disse o presidente da Câmara à porta do toalete[30].

Entre junho e julho, as denúncias relacionadas aos atos secretos deram origem a onze acusações contra Sarney no Conselho de Ética do Senado. As iniciativas partiram do PSDB, do líder do partido, Arthur Virgílio (AM), do PSOL e do senador Cristovam Buarque (PDT-DF).

Capítulo 35

Com a democracia, o Parlamento assume os escândalos

A instabilidade política e os golpes militares ao longo da história do Brasil provocaram 18 fechamentos do Parlamento desde a Independência. Nos três mais recentes, a intervenção foi determinada pelos presidentes militares Humberto de Alencar Castelo Branco, em 1966, Artur da Costa e Silva, em 1968, e Ernesto Geisel, em 1977.

Com a redemocratização, o Congresso retomou prerrogativas estancadas pela ditadura. As mais significativas se relacionaram à reconquista do poder político e à distribuição das verbas federais.

A Constituição de 1988 devolveu ao Legislativo a atribuição de propor emendas ao orçamento da União. Na ditadura, cabia ao Congresso homologar as decisões das equipes econômicas, chanceladas pelos respectivos presidentes.

A descentralização do processo de aplicação dos recursos públicos proporcionou a aproximação dos políticos com os eleitores – mas também desdobrou-se em focos de corrupção. Nesse sentido, as primeiras décadas de democracia expuseram sucessivos episódios de envolvimento direto de parlamentares com desvios de dinheiro público.

No período autoritário, os escândalos de corrupção mais rumorosos tiveram origem em órgãos do Executivo. Os casos mais conhecidos eclodiram a partir do final dos anos 1970, quando a censura gradativamente ficou mais flexível.

Esse abrandamento da pressão dos militares sobre as redações permitiu, por exemplo, a publicação da reportagem sobre mordomias, em 1976, resgatada no capítulo 15 – exemplo de corrupção disfarçada de regalias.

O caso Lutfalla envolveu o Banco Nacional de Desenvolvimento Econômico (BNDE), atual BNDES, em um empréstimo em 1977, para uma empresa da família de Sylvia Lutfalla Maluf, mulher de Paulo Maluf

– escolhido para governar São Paulo dois anos depois. A acusação atingiu também o Ministério do Planejamento.

Em 1982, a *Folha de S.Paulo* denunciou a concessão de um empréstimo irregular do Banco Nacional da Habitação (BNH) para o grupo Delfin, do setor financeiro. Na teia de interesses estavam as cúpulas dos ministérios da Fazenda, do Planejamento e do Interior.

Um empréstimo da Caixa Econômica Federal feito em 1982 para o empresário Assis Paim, dono do grupo Coroa-Brastel, deu origem a uma acusação, em 1985, do então procurador-geral da República, José Paulo Sepúlveda Pertence, contra Delfim Netto e Ernane Galvêas, ministros do Planejamento e da Fazenda, respectivamente, do governo João Figueiredo – último general no Palácio do Planalto. Ambos negaram as denúncias.

Os exemplos acima fazem parte de um levantamento de denúncias do tempo da ditadura publicado pelo portal UOL em 2015[31].

***

Junto com o aumento das prerrogativas, o Congresso acumulou uma sequência de escândalos nas primeiras décadas depois da redemocratização. Os novos tempos políticos representaram também a afirmação do jornalismo como ponta de lança nas denúncias contra os Poderes.

Em meados da década de 1980, o Congresso ainda não dispunha de câmeras de segurança interna. Assim, os únicos registros de imagem nas dependências do Parlamento eram as fotos produzidas pelos profissionais da imprensa. Dessas circunstâncias saíram admiráveis furos de reportagem.

O fim da ditadura e o crescimento da cobertura política em Brasília propiciaram o surgimento de uma nova geração de fotógrafos vocacionados para a notícia. Tinham formações e origens diversas. Alguns com curso de Jornalismo, mas grande parte treinada nas revelações e ampliações de filmes nos laboratórios das redações – de onde saltaram para as coberturas de rua.

Repórteres fotográficos, esses profissionais aprimoraram o olhar para os flagrantes do poder. Atuavam com especial atenção nos plenários do Senado e da Câmara, palcos das decisões que recolocaram o Brasil no caminho da democracia.

Logo nos primeiros meses de governo civil, o fotógrafo Luciano Andrade, do *Jornal do Brasil*, registrou os momentos em que quatro deputados votaram duas vezes no painel eletrônico – ao mesmo tempo que apertavam o botão da própria bancada, acionavam também o painel vizinho.

Com isso, esses parlamentares votaram em seus próprios nomes, e também por colegas ausentes do plenário no momento em que se tomava decisão sobre a realização de segundo turno nas eleições municipais. Feitas no dia 13 de junho de 1985, as fotos mostraram os deputados Homero Santos (PMDB-MG), Albino Coimbra (PDS-MS), Ronan Tito (PFL-MG) e Fernando Bastos (PFL-SC) no momento em que mexiam nos dois painéis.

Por usarem as duas mãos, como se tocassem piano, os fraudadores ganharam da imprensa o apelido de "pianistas". O então presidente da Câmara, Ulysses Guimarães (PMDB-SP), determinou a abertura de um inquérito para investigar o caso. Como punição, os deputados flagrados na fraude receberam uma censura escrita da Mesa Diretora.

"A Câmara dos Deputados inaugurou o primeiro escândalo da Nova República", definiu o colunista Villas-Bôas Corrêa, do *Jornal do Brasil*, em artigo publicado no dia 15 de junho de 1985.

***

O Poder Executivo voltou a aparecer no centro de uma denúncia, no governo Sarney, de direcionamento da licitação para trechos da Ferrovia Norte-Sul. O responsável pela descoberta foi o jornalista Jânio de Freitas, da *Folha de S.Paulo*, que publicou previamente o resultado, cifrado, no Caderno de Classificados do jornal.

Na época com 55 anos, Jânio construiu, desde meados do século XX, uma das mais respeitáveis carreiras nas redações do país. No final dos anos 1950, estava na linha de frente da reforma gráfica e editorial do *Jornal do Brasil* – um marco da imprensa brasileira.

Jânio chegaria a 2020 em plena atividade como colunista da *Folha de S.Paulo*, uma das vozes mais contundentes pela liberdade de imprensa e pela democracia. A sagacidade na apuração da denúncia sobre a Ferrovia Norte-Sul fez desse caso um exemplo clássico de furo jornalístico, uma aula para as novas gerações.

***

Em pouco tempo, os "pianistas" voltaram a atacar no plenário da Câmara. Uma foto feita em fevereiro de 1988 pelo fotógrafo Moreira Mariz, da *Folha de S.Paulo*, durante a Assembleia Nacional Constituinte, serviu de prova contra o então deputado Edison Lobão (PFL-MA), acusado de votar em nome de Sarney Filho (PFL-MA), que se encontrava em seu estado.

Apesar da silhueta parecida, a comissão de sindicância não reconheceu Lobão na imagem e ninguém foi punido pela fraude. Nas décadas seguintes, o político maranhense se elegeu senador e ocupou o Ministério de Minas e Energia nos governos Lula e Dilma.

A prática de votar duas vezes retornou ao noticiário em dezembro de 1991. Alertado pela repórter Christiane Samarco, do *Jornal do Brasil*, o fotógrafo Gilberto Alves acompanhou durante dois dias os movimentos do deputado Nilton Baiano (PMDB-ES).

No final da manhã do dia 17 de dezembro, o parlamentar teclou o código secreto do colega João Batista Mota (PSDB-ES). Gilberto fotografou Baiano no momento exato da fraude. O mesmo acontecera em votações nos dias anteriores, informou o *Jornal do Brasil* na primeira página, ao lado das imagens inquestionáveis. A investigação interna livrou os dois congressistas de punição.

***

Primeiro presidente eleito depois do golpe militar de 1964, Fernando Collor de Mello tomou posse no Palácio do Planalto no dia 15 de março de 1990, com uma equipe formada, em grande parte, por amigos do estado onde fez carreira política. Por isso o governo ganhou o apelido de "República de Alagoas".

Uma inovação tecnológica permitiu ao repórter Mário Rosa, do *Jornal do Brasil*, produzir um dos furos jornalísticos mais marcantes da década. Em meados de 1991, o jornalista descobriu a existência do Sistema Integrado de Administração Financeira (Siafi), uma rede de computadores com informações sobre todas as despesas dos órgãos federais.

Com acesso ao arquivo, Mário conseguiu provas de que a Legião Brasileira de Assistência (LBA) repassava verbas sem licitação para entidades beneficentes fantasmas e empresas de Alagoas controladas pela família da então primeira-dama, Rosane Collor – que ocupava o cargo de presidente da LBA. A notícia exclusiva teve como mérito adicional o fato de ter sido o primeiro furo jornalístico, com repercussão na política federal, produzido por meios eletrônicos.

O Siafi se tornaria nas décadas seguintes uma das principais fontes de informação para repórteres investigativos. Também para parlamentares em busca de denúncias contra o governo ou contra adversários.

Rosane Collor deixou a presidência da LBA em setembro de 1991, dois meses depois do início da série de reportagens do *Jornal do Brasil*.

***

O país ainda se adaptava à Constituição cidadã – assim definida pelo deputado Ulysses Guimarães (PMDB-SP), presidente da Assembleia Nacional Constituinte –, quando um grupo de parlamentares demonstrou especial interesse em atuar na Comissão Mista de Orçamento (CMO). Assim se denomina o colegiado, formado por deputados e senadores, responsável por alocar as verbas das emendas dos recursos federais votadas pelo plenário do Congresso. Quem tem influência na CMO carimba as verbas com seus interesses.

As mudanças na formulação do orçamento estabelecidas pela Constituição de 1988 surtiram efeitos rápidos no fluxo do dinheiro público. Com a intermediação dos congressistas, abriram-se novas portas para desvio das verbas federais.

Em outubro de 1991, o jornal *O Globo* apresentou ao país a "Ordem dos sete anões", ou "Exército de Branca de Neve", expressões usadas entre parlamentares para designar os colegas que controlavam o orçamento. Os apelidos faziam referência à baixa estatura dos integrantes do grupo.

Assinada pelos repórteres Rudolfo Lago, Núbia Ferro e Denise Rothenburg, a reportagem mostrou como deputados e senadores disputavam as sub-relatorias da Comissão Mista de Orçamento. Alguns nomes citados no texto não concluiriam o mandato, exatamente em razão do que fizeram nesses postos.

São os casos do líder do PMDB, Genebaldo Correia (BA), do relator do orçamento, João Alves (PMDB-BA), e de Cid Carvalho (PMDB-MA). Outros, como Geddel Vieira Lima (PMDB-BA) e Roseana Sarney (PFL-MA), seguiriam longa carreira política, estando no centro de denúncias de corrupção nas décadas seguintes.

Ainda nessa legislatura, o Congresso derrubou Fernando Collor de Mello do Planalto em 1992, primeiro processo de *impeachment* dos tempos democráticos. As primeiras denúncias partiram do irmão do presidente, Pedro Collor, em entrevista ao repórter Luís Costa Pinto, da revista *Veja*.

Pedro acusou o presidente de usar o ex-tesoureiro de campanha, Paulo César Farias, o PC, como testa de ferro em negócios escusos. Na sequência, os jornalistas Mino Pedrosa, Augusto Fonseca e João Santana entrevistaram Eriberto França, motorista de Ana Acioly, secretária de Fernando Collor.

O funcionário do Planalto forneceu pistas sobre o pagamento por PC Farias de despesas da família do presidente. As investigações das sessões da Comissão Parlamentar Mista de Inquérito (CPMI) sustentaram o noticiário por vários meses, até a instalação do processo e a queda de Fernando Collor. Assim terminou o mandato do primeiro presidente eleito depois de 20 anos de ditadura.

Pouco mais de um ano depois do afastamento de Collor, em outubro de 1993, duas edições da revista *Veja* expuseram as entranhas do Legislativo, com relatos detalhados sobre negociatas milionárias patrocinadas por parlamentares do baixo clero e também da cúpula do Congresso.

A primeira publicação, do dia 6, contou como os deputados Onaireves Moura (PR) e Nobel Moura (RO), que comandavam o PSD, pagavam entre US$ 30 mil e US$ 50 mil pela filiação de colegas ao partido. Tinham o objetivo de aumentar a bancada para que a legenda adquirisse o direito de lançar candidato a presidente da República.

As transações eram feitas em dinheiro vivo. Assinada pelos repórteres Leonel Rocha e Policarpo Junior, a reportagem provocou a cassação dos três deputados com nomes incomuns: Onaireves, Nobel e Itsuo Takayama (MT), que entrara havia pouco tempo para o PSD.

Duas semanas depois, a *Veja* desencadeou um abalo sem precedentes no Congresso. Ex-diretor-geral do orçamento, José Carlos Alves dos Santos acusou integrantes da CMO de associação com grandes empreiteiras para desvio de verbas federais.

Acusado de mandar matar a mulher, Ana Elizabeth Lofrano dos Santos, José Carlos encontrava-se preso em Brasília quando concedeu entrevista ao repórter Policarpo Junior, da revista *Veja*. O ano era 1993. Pressionado pelas circunstâncias pessoais, o ex-diretor escancarou os métodos de apropriação das verbas orçamentárias pelos membros da comissão.

No cargo de relator, o deputado João Alves controlava as emendas parlamentares ao orçamento e liderava a rede criminosa. Usava o cargo para acatar as propostas de interesse do grupo envolvido nas negociatas. Verbas destinadas a obras e assistência social acabavam no bolso de congressistas.

O ex-diretor entregou o nome de dezenas de parlamentares. Também apontou ministros, governadores e empreiteiras. A entrevista provocou a criação de uma CPMI, apelidada de "CPI dos Anões" ou "CPI do Orçamento", e a cassação de seis deputados: Carlos Benevides (PMDB-CE), Fábio Raunheitti (PTB-RJ), Feres Nader (PTB-RJ), Ibsen Pinheiro (PMDB-RS), José Geraldo Ribeiro (PMDB-MG) e Raquel Cândido (PTB-RO). Outros quatro – Cid Carvalho, Genebaldo Correia, João Alves e Manoel Moreira – renunciaram para não perder o mandato.

***

Fernando Henrique Cardoso (PSDB) tomou posse no Palácio do Planalto no dia 1º de janeiro de 1995. No mês seguinte, em 7 de fevereiro, sancionou uma lei casuística (nº 8.985/95) para atender ao PMDB, maior partido do Congresso.

O episódio envolveu Humberto Lucena (PMDB-PB), presidente do Senado nos biênios 1987-1989 e 1993-1995. O político paraibano teve o registro de candidatura cassado pelo Tribunal Superior Eleitoral (TSE) por abuso de poder de autoridade.

Na segunda passagem pela presidência do Congresso, Lucena mandou a gráfica do Senado imprimir 130 mil calendários de parede com sua imagem e mensagem aos eleitores. A atitude deu origem a um processo e posterior cassação.

Em reação à decisão do TSE, o Congresso aprovou uma lei para anistiar Lucena e outros 15 parlamentares eleitos em 1994 e também acusados de irregularidades nas campanhas. Fernando Henrique cedeu ao PMDB e sancionou a lei para favorecer o senador da Paraíba.

O tucano dedicou os primeiros meses de mandato à aprovação de mudanças na ordem econômica da Constituição, como a quebra do monopólio da Petrobras sobre pesquisa, lavra, refino e transporte de petróleo.

O governo seguiu sem turbulências até novembro, quando a revista *IstoÉ* publicou diálogos do embaixador Júlio César Gomes dos Santos, chefe do cerimonial do Palácio do Planalto. Gravadas pela Polícia Federal, as conversas revelaram a trama de interesses do diplomata e de outros integrantes do governo com lobistas e empresas estrangeiras interessadas na instalação do Sistema de Vigilância da Amazônia (Sivam) – um projeto de US$ 1,4 bilhão.

Como consequência da divulgação dos diálogos – gravados pela Polícia Federal em grampo autorizado pela Justiça –, Santos e o ministro da Aeronáutica, Mauro Gandra, deixaram o cargo poucos dias depois. Assinada por Luciano Suassuna, chefe da sucursal de Brasília da *IstoÉ*, a reportagem, publicada em 20 de novembro de 1995, teve colaboração de Eumano Silva, um dos autores deste livro.

Embora iniciado no Executivo, o escândalo do Sivam conectava-se também com o Legislativo, pois o empréstimo para financiamento do sistema dependia de aprovação do Congresso. Outras denúncias relativas à escolha das empresas responsáveis pelo projeto e pela implantação do sistema tramitavam na Câmara e no Senado.

Apesar das suspeitas em torno do negócio bilionário, Fernando Henrique inaugurou o Sivam no último ano de seu segundo mandato no Planalto.

A *IstoÉ* voltou a incomodar o governo um mês depois, em 20 de dezembro de 1995, com a revelação de que o Banco Econômico fizera doações para algumas dezenas de políticos nas eleições de 1990. Na época, a legislação proibia as contribuições de empresas.

Assinada pelos repórteres Sônia Filgueiras, Patrícia Andrade e Luciano Suassuna, a reportagem ficou conhecida como o "escândalo da pasta rosa" e atingiu em cheio a base política do governo FHC. Entre os beneficiados pelo dinheiro do banco estavam Antônio Carlos Magalhães (PFL), eleito governador da Bahia naquela disputa, José Sarney, de volta ao Senado, pelo Amapá, e o então deputado Renan Calheiros (PMDB-AL).

A lista fora apreendida no Banco Econômico durante intervenção do Banco Central. Estava arquivada em uma pasta de capa cor-de-rosa, o que motivou o nome do escândalo.

Expostos em uma ilegalidade, os políticos citados no caso se revoltaram com o acesso da imprensa à lista de doações. Mais poderoso aliado de Fernando Henrique, ACM interpretou o vazamento dos nomes como um gesto do governo para enfraquecer sua influência na cúpula dos poderes.

Antônio Carlos exercia o primeiro mandato de senador, depois de deixar o governo da Bahia, e gostava de exibir poder em Brasília. Indicava ministros e comandava bancadas influentes no Senado e na Câmara. Entre os agraciados pelo Econômico, ele recebeu os maiores valores, mais de US$ 1 milhão[32]. Ninguém sofreu punição pela descoberta das doações ilegais.

Foi uma das tantas brigas entre o senador baiano e Fernando Henrique, até o rompimento definitivo de ambos, no início de 2001.

***

A Câmara aprovou no dia 28 de janeiro de 1997 a Proposta de Emenda à Constituição (PEC) que permitiu a reeleição para cargos executivos no Brasil. Apresentada pelo deputado Mendonça Filho (PFL-PE), a PEC ainda dependia de tramitação no Senado para valer para o ano seguinte.

No dia 13 de maio, a *Folha de S.Paulo* estampou na capa a manchete "Deputado conta que votou pela reeleição por R$ 200 mil". Produzida pelo repórter Fernando Rodrigues, a reportagem transcrevia diálogos em que dois parlamentares confessavam o recebimento desse valor para apoiar a PEC.

Orientado pelo jornalista, um interlocutor dos dois congressistas obtivera as confissões em pacientes conversas travadas ao longo de alguns meses. Os dois deputados gravados, Ronivon Santiago (PFL-AC) e João Maia (PFL-AC), renunciaram ao mandato uma semana depois, por causa da repercussão negativa do caso.

Apesar do desgaste para o governo e para o Congresso, o Senado aprovou a PEC três semanas depois da publicação dos diálogos. No ano seguinte, Fernando Henrique foi eleito para um segundo mandato no Planalto.

A denúncia sobre compra de votos tampouco prosperou na Justiça. O então procurador-geral da República, Geraldo Brindeiro, rejeitou todas as representações que recebeu sobre o assunto. A atitude reforçou o apelido de "engavetador-geral" da PGR no tempo de Fernando Henrique.

***

No ano da reeleição, 1998, FHC promoveu a privatização das empresas do sistema Telebras. O leilão, em junho, arrecadou, em valores da época, R$ 22 bilhões, um recorde nas vendas de patrimônio federal. O entusiasmo do governo com o negócio sofreu um abalo em novembro do mesmo ano, com a exposição de mais um grampo telefônico – desta vez, ilegal.

A existência dos áudios foi revelada em primeira mão pelo chefe da sucursal da revista *Época* no Rio de Janeiro. Na semana seguinte, a *Veja* divulgou transcrições das conversas, obtidas pelo repórter Expedito Filho.

As gravações continham conversas comprometedoras de integrantes do primeiro escalão do governo, como o ministro das Comunicações, Luiz

Carlos Mendonça de Barros, o presidente do BNDES, André Lara Resende, o próprio presidente da República e empresários. Tratavam dos movimentos feitos por esses personagens nas semanas que antecederam o leilão.

O teor dos diálogos provocou a suspeita de atuação do governo para favorecer o consórcio liderado pelo Banco Opportunity na venda de uma das empresas desmembradas da Telebras. Em consequência da publicação do conteúdo dos grampos, Mendonça de Barros perdeu o cargo.

Um dos períodos mais tensos do Congresso teve como protagonistas dois senadores teimosos e ambiciosos. Antônio Carlos Magalhães (PFL-BA) e Jader Barbalho (PMDB-PA) chegaram juntos ao Senado, em 1995, dispostos a brigar por espaço no cenário nacional.

Com estilo agressivo, ambos detinham hegemonia na política dos respectivos estados. Em Brasília, representavam os partidos que comandavam o Congresso desde o início da Nova República.

No biênio 1995-1997, José Sarney (PMDB-AP) presidia o Senado e o deputado Luís Eduardo Magalhães (PFL-BA), filho de ACM, ocupava o posto máximo da Câmara. Em 1996, Jader se tornou líder de seu partido no Senado.

Antônio Carlos presidiu o Senado nos dois biênios seguintes. Ao longo desses quatro anos, a rivalidade aumentou, até se transformar em uma destrutiva troca de acusações públicas de corrupção. Os dois se desgastaram até perderem o mandato parlamentar.

O nível dos ataques subia à medida que a sucessão na presidência do Senado se aproximava. Com o intuito de impedir a eleição de Jader para o posto, ACM resolveu espalhar denúncias contra o rival.

Político desde o início da década de 1970, Jader acumulava uma considerável lista de escândalos em suas passagens pelos governos federal e do Pará. Ex-ministro da Reforma Agrária e da Previdência, arrastava suspeitas de desvios de dinheiro.

A partir do segundo semestre de 2000, principalmente, as revistas semanais entraram em uma corrida por denúncias contra os dois líderes políticos. Em outubro, a *Veja* publicou uma reportagem de capa, assinada pelo repórter Alexandre Oltramari, sobre o patrimônio de Jader, avaliado em R$ 30 milhões.

Apesar da contundência dos fatos, Jader se elegeu presidente do Senado em fevereiro de 2001. Antônio Carlos amargou a derrota, mas se manteve na ofensiva. No mesmo mês, o senador baiano foi à Procuradoria-Geral da República para municiar investigações contra o governo Fernando Henrique, Jader e outros peemedebistas.

Aos 73 anos, com fama de raposa política, o parlamentar da Bahia pertencia à categoria das autoridades que não precisaram aprender a dirigir carro, como dizia a piada. Fez a transição da ditadura para a democracia quase sem descer dos carros oficiais. Saiu do governo da Bahia no início de 1983 e, dois anos depois, assumiu como ministro das Comunicações na equipe formada por Tancredo – e empossada por Sarney.

Mesmo experiente – e incontestavelmente sagaz –, ACM cometeu uma imprudência fatal na conversa com o procurador Luiz Francisco de Souza. Para exibir poder, revelou saber como tinham votado os senadores na sessão que cassara em junho de 2000 o mandato de Luiz Estevão (PMDB-DF), por crimes relacionados à obra superfaturada do Tribunal Regional do Trabalho (TRT) de São Paulo. Os votos eram secretos.

Antônio Carlos não sabia, mas Luiz Francisco gravou o encontro. A pedido do jornalista Tales Faria, chefe da sucursal da *IstoÉ* em Brasília, o procurador registrou as denúncias em uma fita cassete.

A *IstoÉ* publicou trechos da conversa em reportagem assinada pelos repórteres Andrei Meireles e Mino Pedrosa. As acusações contra o governo e contra o PMDB ajudaram a conturbar o ambiente político. Mas a primeira vítima foi o próprio ACM. A confissão sobre os votos secretos, também revelada pela revista, levou à óbvia conclusão de que o sigilo do painel eletrônico do plenário fora violado.

As investigações internas demonstraram que, a pedido do senador José Roberto Arruda (PSDB-DF), uma servidora entrara no sistema para copiar a lista. De posse da relação, Arruda levou o documento para Antônio Carlos. Sem defesa para a quebra do sigilo do painel, Arruda e ACM renunciaram ao mandato. Assim, evitaram cassação, o que acarretaria inelegibilidade.

Os ataques contra Jader também surtiram efeito. A imprensa continuou o bombardeio de reportagens, a maior parte centrada em desvio de dinheiro da Superintendência do Desenvolvimento da Amazônia (Sudam) e do Banco do Estado do Pará (Banpará).

Pressionado pelo avanço das investigações, Jader renunciou à presidência do Senado no dia 18 de setembro de 2001. Tentou, assim, preservar o mandato parlamentar. Mas a força das denúncias o impediu de continuar no Congresso até o fim da legislatura: treze dias depois, abdicou também da cadeira de senador.

Com a queda de Jader, entre setembro e dezembro, o Senado foi presidido interinamente pelo vice, Edison Lobão (PMDB-MA) – o mesmo acusado de "pianista", em fevereiro de 1988, por votar em nome de Sarney Filho.

***

Lula assumiu a Presidência da República no dia 1º de janeiro de 2003 e, no início, teve atritos com segmentos da esquerda e com corporações por causa da reforma da Previdência. O mercado financeiro, porém, mostrava-se satisfeito com a condução cuidadosa da economia sob o comando do ministro da Fazenda, Antonio Palocci. Os resultados positivos logo começaram a aparecer.

A relativa calmaria acabou no dia 6 de junho de 2005. Nessa data, a *Folha de S.Paulo* publicou uma entrevista devastadora feita pela jornalista Renata Lo Prete com o deputado Roberto Jefferson (RJ), presidente nacional do PTB, legenda aliada do governo. Na ocasião, o parlamentar fluminense acusou o PT, partido de Lula, de pagar uma "mesada" de R$ 30 mil a congressistas da base do Planalto em troca de votos no plenário.

Batizado de "Mensalão", o maior escândalo do governo Lula derrubou o ministro-chefe da Casa Civil, José Dirceu, e toda a direção do PT. As acusações de Roberto Jefferson levariam petistas e integrantes de outros partidos para o banco dos réus em 2012. O próprio Jefferson foi sentenciado e preso por recebimento de dinheiro para atender às orientações do governo petista.

O PT nunca concordou com as acusações de pagamento de propina para congressistas aliados. Na versão do partido, tratava-se de caixa 2, crime eleitoral praticado há décadas – e em larga escala – no Brasil.

Ainda em 2005, no segundo semestre, o presidente da Câmara, Severino Cavalcanti (PP-PE), renunciou ao cargo e ao mandato depois da descoberta de que cobrava propina do dono de um restaurante no Legislativo. O empresário Sebastião Buani fez a denúncia para as revistas semanais e comprovou os pagamentos ao deputado.

Até 2003, segundo a denúncia, Severino recebeu cerca de R$ 110 mil para permitir o funcionamento do restaurante nas dependências da Câmara. Nesse período, o parlamentar pernambucano era primeiro-secretário da Mesa Diretora, cargo responsável pelas contratações de serviços terceirizados.

Severino se tornou presidente da Câmara por uma improvável combinação de fatores. O PT e a base do governo se dividiram em relação aos candidatos, situação aproveitada pela oposição para eleger o deputado do PP para se contrapor ao Planalto.

No Congresso, Severino fazia parte do baixo clero, o grupo majoritário – de deputados e senadores –, caracterizado por ter pouca influência na cúpula, mas decisivo nas votações no plenário. De modo geral, atuam em defesa dos próprios interesses e buscam ampliar as vantagens oferecidas pelo mandato.

O cargo de primeiro-secretário permitiu a Severino atender a esse tipo de demanda dos colegas. Sua eleição para o comando da Câmara representou o auge do baixo clero no Parlamento.

***

Deflagrada pela Polícia Federal em 4 de maio de 2006, a Operação Sanguessuga resultou na abertura de uma CPI mista para investigar o pagamento de propina a congressistas, em troca de liberação de emendas destinadas à compra de ambulâncias e materiais hospitalares.

De acordo com auditoria da Controladoria-Geral da União (CGU) e do Departamento Nacional de Auditoria do Sistema Único de Saúde (Denasus), a máfia das ambulâncias causou um prejuízo de pelo menos R$ 15,5 milhões aos cofres públicos. Para os auditores, houve superfaturamento em 70% dos convênios analisados.

A CPI das Ambulâncias, ou Sanguessugas, pediu o indiciamento de 69 deputados e 3 senadores. Nenhum foi cassado. Em outubro de 2006, cinco deputados se reelegeram. Dois senadores continuaram com o mandato.

O *Correio Braziliense* publicou as primeiras denúncias desse caso e fez extensa cobertura da CPI. As principais reportagens da série foram feitas pelo repórter Lúcio Vaz, com participação importante de Leonel Rocha e Marcelo Rocha, colegas na editoria de política, em viagens para Rondônia e Mato Grosso, respectivamente. Esses dois estados foram foco de atuação da quadrilha.

***

Desde a saída de Antônio Carlos, o PMDB indicou os presidentes do Senado em sucessivos mandatos, até 15 de outubro de 2007. Nessa data, Tião Viana (PT-AC) assumiu o posto máximo da Mesa, em decorrência da renúncia do titular, Renan Calheiros (PMDB-AL), depois de uma sequência de denúncias na imprensa.

O parlamentar do Acre ficou menos de dois meses no cargo, devolvido em dezembro a um peemedebista, Garibaldi Alves (RN), citado no capítulo 18. O PMDB só perdeu o comando do Senado em 2019, quando Davi Alcolumbre (DEM-AP) derrotaria, justamente, Renan Calheiros na disputa em plenário.

As denúncias começaram em maio, quando Policarpo Júnior, da revista *Veja*, publicou reportagem em que acusava Renan de ter despesas pessoais pagas pela empreiteira Mendes Júnior. Em dezembro de 2007, ano em que foi reeleito, negociou a renúncia ao posto para não ter o mandato cassado.

Apesar do desgaste dessa queda, o peemedebista de Alagoas ainda exerceria mais dois mandatos de presidente do Senado, entre 2013 e 2017.

Como visto neste capítulo, a onda de denúncias de 2009 – com destaque para a farra das passagens – mostrou como, depois da redemocratização, congressistas e altos funcionários usaram os cargos para obter ganhos e vantagens com recursos do Legislativo.

O histórico de casos expõe também a tradição de impunidade nos desvios de dinheiro público. Na Terceira Parte, o livro mostrará o que aconteceu com as investigações sobre as cotas de bilhetes aéreos dos parlamentares.

***

Antes de terminar, o primeiro semestre de 2009 ainda proporcionou mais uma revelação surpreendente. O site da revista *Época* postou no dia 26 de junho uma descoberta que provocou alvoroço no Congresso.

Depois da saída de Agaciel, em março, os servidores nomeados para o gabinete pela nova direção encontram uma sala escondida, preparada para encontros secretos. Na edição impressa, o jornalista Andrei Meireles fez a seguinte descrição do espaço:

> "Com cerca de 130 metros quadrados, ele tinha banheiro privativo, sofás e tapetes vermelhos, *spots* com luz especial, frigobar, equipamentos de som e de vídeo e um telão. Uma mesa de reunião e cabos de computadores – as máquinas foram retiradas antes de a sala ser descoberta – sugerem que o *bunker* pode também ter sido usado para atividades e encontros reservados. Algumas delas bem íntimas, por algumas evidências encontradas no local: manchas nos sofás, revistas e vídeos eróticos – um deles com o título de *Tardes molhadas* – e uma bisnaga pela metade de KY, com prazo de validade até dezembro de 2009. O KY é um gel lubrificante indicado para sexo".

Para chegar ao cômodo privado, Agaciel passava por uma porta nos fundos do gabinete – situado no terceiro andar do Anexo I – e descia por uma escada até as acomodações especiais. O ambiente para encontros particulares não estava previsto no projeto do prédio, desenhado pelo arquiteto Oscar Niemeyer. Era um capricho do então poderoso diretor-geral.

***

A Agência Estado publicou no dia 17 de julho de 2009 uma notícia curta sobre as investigações da Operação Boi Barrica. De acordo com o texto, distribuído para os assinantes, nos últimos dois dias a Polícia Federal indiciara Fernando Sarney e sua mulher, Teresa.

Em 2008, após uma ação na Justiça Federal do Maranhão de um grupo de folclore de mesmo nome, os investigadores mudaram a identificação da operação para Faktor. A primeira denominação foi considerada pejorativa para a cultura do estado.

Contra a nora do presidente do Senado pesavam acusações de lavagem de dinheiro, falsidade ideológica e atuação em instituição financeira sem autorização do Banco Central. Fernando respondia pelos mesmos crimes, além de formação de quadrilha e direção de instituição financeira irregular.

Teresa constava como sócia – junto com o marido e com a filha, Ana Clara – de empresas suspeitas de executar transações financeiras ilegais no Maranhão. O texto da agência explicou que a Boi Barrica começou com um saque de R$ 2 milhões, em espécie – considerado atípico pelas autoridades financeiras –, feito por Fernando em 2006, ano eleitoral.

Com documentos apreendidos nas empresas e interceptações telefônicas autorizadas pela Justiça, os investigadores concluíram que o dinheiro se destinava ao financiamento da campanha de Roseana Sarney, irmã de Fernando, ao governo do Maranhão. Ambos negaram as acusações.

Era a segunda vez que a Polícia Federal flagrava a família Sarney com pilhas de dinheiro vivo em ano de eleição. Em março de 2002, uma ação de busca e apreensão autorizada pela Justiça apreendeu R$ 1,34 milhão na sede da Lunus, empresa de Roseana e do marido, Jorge Murad.

Roseana governava o Maranhão e liderava a corrida para a Presidência da República. A descoberta do dinheiro provocou queda imediata nas pesquisas. A filha de José Sarney, então, desistiu do Planalto.

Dentro e fora do Congresso, em Brasília e no Maranhão, os escândalos rondavam a família do presidente do Senado.

Capítulo 36

Quanto custa o mandato de um senador

Aluno da Universidade do Legislativo Brasileiro (Unilegis), José Maria de Moura da Silva apresentou, em agosto de 2009, o trabalho de conclusão do Curso de Especialização em Administração Legislativa realizado no 1º semestre. Escolheu como tema as despesas parlamentares.

Abordou os custos dos gabinetes dos senadores e o inchaço da estrutura interna do Senado. A sucessão de escândalos forneceu farto material para o pesquisador. Na introdução, o estudo faz um resumo das notícias negativas sobre o Congresso:

> "Funcionários 'fantasmas'; contratação de parentes e 'laranjas' para ocupação de cargos comissionados, como forma de engordar os rendimentos da família; gastos desmedidos dos recursos públicos com aluguel de jatinho; abuso no uso de telefones; pagamento de passagens aéreas para parentes, afins e amigos; ressarcimento de elevadas despesas médicas e odontológicas para ex-senadores; influência de senadores e servidores de alto escalão na contratação de pessoas por eles indicadas para empregos nas empresas terceirizadas, colocando-as, depois, a seu serviço; dentre outras, estão vindo à tona, aos borbotões".

Com os dados disponíveis, Moura da Silva montou uma tabela com os gastos médios mensais dos gabinetes dos senadores.

No total, cada gabinete de senador despendeu mais de R$ 183 mil por mês em nove tópicos destacados pelo pesquisador. Para pessoal comissionado, R$ 116 mil; correspondências, R$ 26 mil; passagens aéreas, R$ 16 mil; verba indenizatória, R$ 15 mil; telefones, R$ 4 mil; veículo e combustível, quase R$ 2 mil; material de escritório e informática, R$ 1 mil; serviços gráficos, R$ 708; e reprografia, R$ 500.

Na relação, por dificuldade de mensuração, não foram incluídos gastos com energia elétrica, água e internet. Também ficaram de fora os custos com moradia – apartamento funcional ou repasse de verba para esse fim. Tampouco foram contemplados os salários dos senadores. O orçamento total do Senado em 2009 foi de R$ 2,7 bilhões, registrou o trabalho.

Outra tabela do estudo mostrava o crescimento do número de funcionários dos gabinetes em três décadas e meia. A equipe à disposição dos senadores subiu de 3 em 1972 para 88 em 2008. Para se ter uma ideia do ritmo de crescimento das vagas, eram 16 em 1984 e 28 em 2001. A multiplicação de cargos também foi facilitada pelas mudanças nas regras que permitiram o fracionamento dos postos.

A Transparência Brasil, organização não governamental (ONG) de combate à corrupção, apresentou no mesmo mês um estudo sobre os rendimentos, verbas e assessoramentos recebidos por congressistas do Brasil, Chile, México, Estados Unidos, Alemanha, França, Grã-Bretanha e Itália.

Na soma dos valores recebidos, salário e outras verbas – para representação, viagens e contratação de pessoal, por exemplo –, os deputados federais e senadores brasileiros superavam R$ 1 milhão ao ano. Com esses gastos, só custavam menos do que os deputados dos Estados Unidos (cerca de R$ 3 milhões).

***

Ao longo do segundo semestre, os escândalos do Congresso perderam a força, suplantados por outro grave caso de corrupção, o "Mensalão do DEM" – no governo do Distrito Federal –, e pelo desempenho positivo da economia diante da crise econômica mundial.

Desencadeado pela Operação Caixa de Pandora, da Polícia Federal, o Mensalão do DEM consistiu no pagamento de propinas periódicas a aliados do governador do DF, José Roberto Arruda, na época filiado ao DEM. Ex-secretário do governo do DF, Durval Barbosa filmou a entrega de dinheiro vivo ao próprio Arruda, a secretários e a deputados distritais.

Nas gravações exibidas em todas as televisões, autoridades guardavam pacotes de notas em bolsas, bolsos, dentro das meias e até na cueca. Delator das operações à polícia, Barbosa provocou a queda e a prisão do governador, primeiro no cargo levado para a cadeia no país.

A desfaçatez com as verbas públicas dividiu com os números satisfatórios da economia as retrospectivas produzidas pelos meios de comunicação no final de 2009. Para reforçar o tom otimista do resumo dos fatos mais relevantes do ano, em novembro o Rio de Janeiro venceu na Dinamarca a disputa pela realização das Olimpíadas de 2016.

As lembranças de 2009 resgataram as cenas dos brasileiros em festa no momento do anúncio em Copenhague. Na comitiva brasileira estavam Lula, o então governador do Rio de Janeiro, Sérgio Cabral (PMDB), e o então presidente do Comitê Olímpico Brasileiro, Carlos Arthur Nuzman, todos mais tarde envolvidos em processos de corrupção.

"Ano de esperança nos canteiros, nas lavouras, nos portos, nas fábricas. E, nas lojas, a euforia é contagiante: preços menores, prazos maiores", resumiu, logo no início da retrospectiva da TV Globo, o apresentador Sérgio Chapelin, uma das vozes mais conhecidas das telas brasileiras.

Em outros trechos, o jornalista enumerou os escândalos eclodidos ao longo do ano na Câmara e no Senado: funcionários fantasmas, atos secretos, farra das passagens aéreas, mordomias e mamatas, dinheiro na cueca.

O ano de 2009 terminou assim.

Terceira parte

INVESTIGAÇÕES
E IMPUNIDADE

Capítulo 37

Na Justiça e na Câmara, uma dezena de processos

O Brasil começou 2010 embalado por perspectivas promissoras. O presidente Lula preparava a ministra da Casa Civil, Dilma Rousseff, para sucedê-lo, impulsionada pelo Programa de Aceleração do Crescimento (PAC) e pelo Minha Casa, Minha Vida. O país ensaiava um ano de crescimento depois do choque provocado pela crise econômica mundial.

Em janeiro de 2010, na imprensa e no Congresso, os escândalos eram assuntos do passado. A farra das passagens, os atos secretos e as estripulias de Agaciel Maia entraram para a lista de imoralidades pretéritas do Congresso. Com o apoio do Planalto, Sarney e Temer atravessaram ilesos nos cargos durante a sucessão de casos rumorosos de abusos cometidos pela cúpula do Congresso e pelo baixo clero.

As boas relações e a proteção mútua cultivadas nos últimos anos ajudavam na amarração da aliança entre PT e PMDB para as eleições presidenciais. Em pouco tempo foi fechada a chapa Dilma-Temer para o Planalto.

Apesar do bom ambiente político, prosseguiam as investigações – dentro e fora do Legislativo – decorrentes das descobertas relacionadas ao mau uso de passagens aéreas pelos congressistas. Também avançaram os processos sobre o mercado clandestino de créditos das cotas parlamentares.

De todas as investigações abertas até então, apenas uma, de 1998, fora arquivada. Um inquérito policial indiciou o servidor da Câmara e agente de viagens Elói Xaveiro por receptação de créditos desviados. O caso foi encerrado em 2005.

Cerca de uma dezena de outras apurações seguiam em andamento na polícia, no Ministério Público e na Justiça em janeiro de 2010. Envolviam problemas cíveis e criminais.

Um inquérito criminal no Supremo Tribunal Federal (STF) rastreava as pistas de que centenas de deputados comercializavam passagens com apoio de agentes de viagens como Xaveiro. Outro processo, civil, focava possíveis infrações à lei de improbidade administrativa.

Nessa investigação, o ex-deputado Lino Rossi e o operador de turismo Pedro Damião Pinto Rabelo respondiam a uma ação penal por desvio de dinheiro. A dupla também estava envolvida em outro processo, de improbidade administrativa, junto com a ex-deputada Thaís Barbosa.

Com base em reportagens do Congresso em Foco, a senadora Roseana Sarney e outros senadores eram investigados em um inquérito civil por mau uso de bilhetes pagos com dinheiro público. Outras reportagens do site resultaram em um inquérito na Polícia Federal sobre a conduta dos deputados Aníbal Gomes (PMDB-CE) e Dilceu Sperafico (PP-PR) no Supremo.

Em Santa Catarina, o deputado Paulo Bauer (PSDB-SC) respondia a um inquérito na Justiça Federal por ter realizado um sorteio de passagens do Congresso. O caso tramitava desde 2008.

Dentro do Legislativo, a Corregedoria da Câmara apurava gastos com passagens e relações de deputados com operadores de turismo. Partiu das descobertas de uma comissão investigativa anterior, apelidada de "sindicância das passagens".

Algumas denúncias permaneciam sem conclusão no início de 2010. O caso tinha tramitação sigilosa. Os achados dessa mesma sindicância originaram processos administrativo-disciplinares (PAD) contra funcionários de gabinetes. Alguns foram demitidos sumariamente, antes mesmo da instalação dos processos.

O Ministério Público Federal ainda conduzia em Maringá (PR) o caso sobre negócios ilegais com passagens realizados pelos deputados Milton Barbosa (PSC-BA) e Maurício Rabelo (PL-TO) com a empresa Katar Turismo.

A farta documentação acumulada pelos órgãos de fiscalização e a punição nos anos anteriores alavancaram os processos. Em diferentes instâncias, os responsáveis pela utilização abusiva dos créditos das cotas se tornaram alvo de processos civis e criminais.

Os próximos capítulos contam a história desses processos. Narram o passo a passo das investigações, da abertura dos inquéritos até os desfechos dos casos, atualizados pela reportagem para este livro.

A tramitação e o destino dos autos – nome que os advogados dão aos papéis das investigações e processos judiciais – revelam um pouco dos hábitos dos políticos e do funcionamento da Justiça brasileira. Evidenciam, primeiro, a existência de um mercado ilegal fomentado por dinheiro público.

No conjunto, os processos mostram como os ocupantes dos mais altos cargos da República movimentam a máquina federal para permanecerem impunes nos círculos do poder.

Capítulo 38

Furto de papéis nas gavetas dos gabinetes

Em depoimento lavrado na Polícia Legislativa da Câmara no final da manhã de 28 de agosto de 1998, o agente de viagens Elói Xaveiro dos Santos relatou como operava em um mercado paralelo de passagens do Congresso. Recebia em média dez telefonemas por dia de pessoas interessadas em vender créditos acumulados pelos parlamentares. Na maioria das vezes, os próprios políticos faziam as ligações.

Xaveiro prestou o depoimento na sala da Polícia Legislativa da Câmara, espaço semelhante a uma delegacia. Funciona no térreo do Anexo I. Os servidores Ulisses França e Antonio Carlos Croner de Abreu registraram as informações. Os dois atuavam como investigadores de pequenos crimes nas dependências internas, como furtos e falsificações em agências bancárias instaladas no Congresso.

A apuração do caso começou quase dois meses antes. No dia 2 de julho, sumiram R$ 5 mil em créditos de passagens pertencentes à deputada Sandra Starling. Os papéis, nominados pela empresa Rio-Sul, estavam na gaveta de um assessor do gabinete. No dia seguinte, desapareceram R$ 11.800,00 de créditos do então deputado Jaques Wagner (PT-BA), também retirados da gaveta de um assessor.

Segundo a polícia interna, o servidor Francisco Ramos da Silva trabalhava próximo ao gabinete da deputada Starling, no Anexo III. Conseguira cópia das chaves da parlamentar petista e, numa noite de quinta-feira, roubara os papéis. Ao ser interrogado, confessou ter também se apropriado, três meses antes, de R$ 3.576,00 em créditos do deputado Waldomiro Fioravante (PT-RS).

Com tais créditos nas mãos, Ramos acionou um colega, Ronaldo Alex Ruffo, responsável por oferecer os papéis para Elói Xaveiro. O agente de viagens pagou apenas R$ 2.200,00 por eles.

O dinheiro foi distribuído entre o autor do furto, Ramos, o intermediário, Ruffo, e Carlos Alberto Silva Cardoso, que entregou os créditos de passagens a Xaveiro, de acordo com o relatório final da investigação[33].

O furto no gabinete de Jaques Wagner foi feito por Ruffo no dia seguinte à invasão de Ramos nas instalações de Sandra Starling. Ex-funcionário de Wagner, Ruffo ainda tinha uma chave da porta e aproveitou a calmaria da sexta-feira para subtrair os créditos do deputado da Bahia, concluiu a polícia.

No passo seguinte, usou um intermediário para tentar comercializar os papéis no aeroporto, mas a operação fracassou e parte do produto furtado, pouco menos de R$ 3 mil, acabou devolvido para Wagner após a ação dos investigadores. Pelo envolvimento no caso, Xaveiro foi indiciado pela polícia da Câmara por receptação, e os servidores, por furto.

Os fatos deram origem a um processo na 4ª Vara Criminal de Brasília. O Ministério Público Federal e a juíza pediram mais informações à polícia sobre o mercado ilegal nos subterrâneos do Congresso. Nos despachos, as autoridades responsáveis pelas investigações indagaram quem eram os donos dos créditos das passagens roubados.

Para a Polícia Legislativa, os papéis que davam direito a bilhetes aéreos, no momento do furto, pertenciam aos deputados. Os agentes estavam equivocados, segundo a cúpula do Parlamento.

Na mesma época, em uma resposta ao Tribunal de Contas da União (TCU), o diretor-geral da Câmara, Adelmar Sabino[34], escreveu que os parlamentares recebiam mensalmente uma cota de "requisição de passagens" – não eram, portanto, bens de propriedade dos deputados. Nesse sentido, cabia ao Legislativo providenciar o pagamento das empresas aéreas disponíveis para uso dos políticos.

O Ministério Público Federal ofereceu denúncia à Justiça. A sentença da 4ª Vara Criminal saiu em setembro de 2005. O caso foi arquivado em relação a Elói Xaveiro[35].

Alguns aspectos desse episódio merecem atenção. Primeiro, chama a atenção a interpretação dada por Sabino de que os créditos para viagens pertenciam à Câmara – e não aos deputados. Vale observar que o entendimento de Sabino sobre o comércio ilegal identificado em 1998 se referenciava nas regras fixadas em 1971. Em 2000, como vimos, sob o comando de Temer, a Mesa Diretora transformou as passagens em cotas de verbas para os gabinetes.

Deve-se notar, ainda, que as investigações focaram apenas personagens periféricos da política. Não atentaram para as relações entre os parlamentares e os negócios do agente de viagens. Ignoraram os telefonemas diários dos congressistas para Xaveiro.

Capítulo 39

Uma ação penal tramitou no Supremo

As mais amplas e complexas investigações sobre as cotas de passagens nasceram do boletim de ocorrência registrado em maio de 2005 pela então deputada Thaís Barbosa – fato tratado no capítulo 6 deste livro. Como desdobramento da denúncia, centenas de deputados sofreram ações penais, administrativas e cíveis em diferentes processos em tramitação na Justiça e no Congresso.

Depois do indiciamento do agente de viagens Pedro Damião Pinto Rabelo e dos servidores Marlon Araújo e José Reis, o caso chegou à 12ª Vara Federal de Brasília e ao Ministério Público Federal. Responsável pelo processo, o procurador Luiz Fernando Viana finalizou em outubro de 2005 um relatório sobre o caso.

No relatório, o procurador destacou algumas declarações de Damião transcritas nos autos. Um dos trechos fez referência ao mercado paralelo de créditos alimentado por congressistas: "É corriqueira na Câmara dos Deputados a prática de negociar requisições de passagens aéreas [...] de parlamentares, com deságio que variava de quinze a vinte e cinco por cento", escreveu.

Ao apreciar os fatos, o representante do Ministério Público indicou a suspeita de que deputados comercializavam passagens aéreas com operadores de viagens. "Os fatos ali apurados podem caracterizar, em tese, improbidade administrativa", disse Viana[36].

O procurador anotou que, no depoimento aos policiais da Câmara – em junho de 2005 –, o agente de viagens Damião se negara a dar os nomes dos congressistas com quem fazia as transações de créditos de viagens[37]. Ressaltou, ainda, que Lino Rossi não apresentara defesa convincente sobre o fato de ter recebido parte da cota de selos desviada do gabinete de Thaís Barbosa, a suplente que assumira seu mandato.

Remetida à 12ª Vara Federal de Brasília no dia 14 de outubro de 2005, a papelada organizada por Viana continha dois pedidos. Por causa da possível participação nos crimes de políticos com foro privilegiado, o procurador requereu o envio do processo ao STF. Pelas implicações cíveis, solicitou o encaminhamento dos autos para o setor cível do Ministério Público.

A 12ª Vara Federal atendeu às recomendações do procurador e mandou a papelada para o coordenador de investigações cíveis da Procuradoria da República no Distrito Federal (PRDF), Lauro Pinto Cardoso Neto. Ainda em 2005, o órgão abriu o inquérito civil público nº 1.16.000.002149/2005-21.

Na área criminal, distribuiu para o STF, em processo relatado por Carlos Ayres Britto. O ministro do Supremo mandou o caso para a Procuradoria--Geral da República.

Em uma das vertentes da investigação em andamento no Supremo, em 2006, o então procurador-geral da República, Antônio Fernando de Souza, denunciou Lino Rossi, Pedro Damião e os servidores Marlon Araújo e José Reis.

As atenções do mundo jurídico e político se voltavam nessa época para o processo do Mensalão. Ao mesmo tempo que analisava os procedimentos relativos à farra das passagens, o procurador-geral ocupava-se dos desdobramentos das declarações do então deputado Roberto Jefferson (PTB-RJ) sobre o governo Lula.

Antônio Fernando assumiu o comando do Ministério Público em junho de 2005. Pouco menos de um ano depois, no dia 11 de abril de 2006, apresentou denúncia contra 40 políticos, empresários e banqueiros envolvidos no escândalo do Mensalão.

Com a tensão política em torno das denúncias contra o governo, o caso das passagens teve tratamento secundário no noticiário desse período. Mas o processo nascido do boletim de ocorrência da deputada Thaís Barbosa avançou nos protocolos de Brasília.

De acordo com a acusação do procurador-geral, Pedro Damião comprava crédito de passagens aéreas com deságio dos deputados. José dos Reis Lima dos Santos, secretário parlamentar do deputado Daniel Almeida (PCdoB-BA), foi o autor da falsificação da assinatura de Thaís Barbosa.

Aberta por Antônio Fernando, a ação penal nº 402 correu no STF, de onde saiu para a Justiça de primeira instância em 17 de maio de 2007. Desceu para a 12ª Vara Federal e ganhou o número 2007.34.00.022773-6.

A mudança de patamar foi consequência da derrota de Rossi na eleição de 2006. Sem novo mandato, o político do Mato Grosso perdeu o foro privilegiado de julgamento pelo Supremo.

Antônio Fernando deixou Thaís Barbosa fora dessa ação. A suplente de Rossi figurou no processo como vítima das fraudes e autora da denúncia.

Em outra investigação, veremos adiante, foi acusada de uso indevido da sua cota de passagem.

O procurador-geral da República pediu a condenação de Rossi, Damião e Marlon por peculato continuado – tipificação para casos em que o autor pratica o mesmo crime várias vezes. Peculato é o crime praticado por funcionário público ou agente político que se apropria indevidamente de recursos públicos. É o termo jurídico para a expressão popular "desvio de dinheiro".

Pela fraude da assinatura de Thaís e por tentarem transferir os créditos para Lino Rossi, Damião e Reis tiveram a situação agravada: Antônio Fernando pediu que os dois fossem condenados também por estelionato.

Em sentença emitida em 30 de novembro de 2010, a juíza Pollyanna Kelly Maciel Medeiros Martins Alves condenou apenas Marlon. O servidor recebeu pena de dois anos e oito meses de reclusão em regime aberto. A magistrada absolveu os demais acusados por falta de provas.

Reis fora retirado antes do processo. Por ter cometido crime de falsificação de assinatura, considerado de menor potencial, teve punição abrandada.

Marlon recorreu da decisão. Em seu nome, no dia 14 de abril de 2011, a Defensoria Pública da União pediu absolvição. O caso foi à segunda instância. Em 10 de março de 2014, a 4ª Turma do TRF da 1ª Região negou o recurso. No Superior Tribunal de Justiça (STJ), Marlon perdeu de novo em decisão do relator do caso, ministro Ericson Maranho, decisão tomada em 2 de fevereiro de 2015.

No último movimento, de fevereiro de 2020, a Justiça solicitou aos oficiais de Justiça o cumprimento da sentença – convertida em 970 horas de serviços gratuitos à comunidade, além de pagamento de cestas básicas por um ano no valor de R$ 100,00.

Desde então, a Justiça do Distrito Federal tenta sem sucesso citar Marlon e assegurar o cumprimento da pena. Ele não foi encontrado nos endereços registrados no processo. Nessas condições, em novembro de 2020 o ex-servidor era considerado não localizado.

Capítulo 40

Na sentença, juiz apontou enriquecimento ilícito

Ao apurar as denúncias em torno da briga entre Thaís Barbosa e Lino Rossi, os investigadores descortinaram um vasto submundo de transações com papéis financiados com dinheiro do Congresso. Responsável por registrar a ocorrência inicial, a ex-deputada do Mato Grosso terminou denunciada pelo Ministério Público Federal.

No entendimento do MPF, embora tivesse direito à cota – por estar no exercício do mandato –, Thaís fez uso indevido das passagens da Câmara. Gastou créditos do gabinete em viagens do marido, José Armando Mota, e de um assessor.

A Justiça aceitou a acusação de improbidade administrativa contra os dois – e demais acusados – em 22 de outubro de 2012.

Titular da 13ª Vara Federal de Brasília, o juiz Marcelo Velasco Nascimento Albernaz recebeu a denúncia. No despacho, comentou a prática de vender créditos de transporte aéreo pelos congressistas:

"[...] pode-se afirmar que a emissão pela Câmara dos Deputados de passagens aéreas para terceiros, inclusive familiares de parlamentares, denota claro desvio de finalidade, caracterizando atos de improbidade administrativa que, a um só tempo, geram enriquecimento ilícito para os beneficiários e dano ao erário".

Os réus apresentaram as alegações finais, os últimos argumentos antes da decisão judicial. O processo iniciado em 2005 continuava sem decisão até maio de 2021.

Autor da denúncia, o MPF mudou de posição. Agora, diz que apenas Marlon deve ser condenado. Pesou contra o ex-servidor o fato de ter usado créditos de passagens aéreas sem o conhecimento da deputada Thaís Barbosa e, ainda, o desvio de selos.

Em 2020, o procurador Igor Nery Figueiredo entendeu que não devia ser aplicada nenhuma pena contra Damião, pois o comércio irregular por ele exercido seria comum no Congresso.

Figueiredo pediu, por fim, que o juiz absolvesse Thaís Barbosa e Lino Rossi das acusações de improbidade administrativa. Alegou que ambos utilizaram cotas de passagens e selos dentro das regras vigentes.

Nesses termos, os políticos Thaís e Lino tendem a se livrar das acusações, assim como Damião.

Capítulo 41

A cada passo, um obstáculo para as investigações

Em prosseguimento às recomendações do procurador Viana, Antônio Fernando de Souza pediu ao ministro Ayres Britto a abertura de um inquérito para aprofundar a apuração. Na opinião do procurador-geral da República, havia "indícios" de negociação de cotas de passagens aéreas na Câmara. Souza baseou-se nas declarações de Pedro Damião.

No passo seguinte, Antônio Fernando requisitou diligências à Polícia Federal: localizar dois operadores de viagens identificados pelos nomes "Elói" e "Marcos". Determinou também a identificação de parlamentares e de outros servidores da Câmara que negociavam cotas de passagens aéreas com Damião.

O STF abriu o inquérito nº 2.294 no dia 24 de fevereiro de 2006. A capa do processo exibiu as iniciais de Pedro Damião Pinto Rabelo: P.D.P.R. Na Polícia Federal, a referência parecia um código matemático: "IPL nº 0020/2006-9/SR/DPF/DF".

Antônio Fernando deu prazo de dois meses para a PF cumprir as tarefas.

Delegados e agentes da Polícia Federal localizaram algumas pessoas, voltaram a ouvir Damião e Xaveiro. Em linhas gerais, ambos reafirmaram os depoimentos de 2005 à Polícia Legislativa.

Mineiro de Paracatu, nascido em 1957, Damião tinha 49 anos. Ele morava numa chácara, zona rural próxima ao Guará, no Distrito Federal. O ex-funcionário da Varig disse ao delegado Arcelino Damasceno que continuava negociando bilhetes de cotas parlamentares. Disse morar em um setor de chácaras e alegou tratar-se do "único meio de subsistência da família"[38].

Como fizera no depoimento à Polícia Legislativa, o agente de viagens mais uma vez omitiu o nome dos políticos de quem comprava os créditos. Disse que adquiria as passagens com deságio entre 15% e 25%.

Xaveiro também permanecia ativo no mercado paralelo. Adquiria sobras das cotas. Explicou que muitos parlamentares economizavam créditos e, depois, usavam-nos "em benefício próprio e de maneiras diversas".

Na prática, com essa investida, a PF esgotou o prazo de dois meses estabelecido pelo procurador-geral e nada avançou na elucidação dos fatos. Um novo delegado, Carlos Eduardo Miguel Sobral, assumiu o caso e mudou de estratégia. Planejou ações mais ostensivas.

Em 9 de março de 2007, Sobral pediu a prisão preventiva de Damião, com busca e apreensão em sua empresa, a Morena Turismo, e na de Xaveiro, a World Tour.

O representante da Polícia Federal justificou o pedido de prisão pelo fato de Damião permanecer em atuação no mercado paralelo. O despacho do delegado também pediu uma declaração formal da Câmara sobre as regras das cotas. Indagou, ainda, se as normas autorizam os parlamentares a emitirem passagens em nome de terceiros. Requisitou dados da Câmara com a lista de passagens emitidas pelos deputados, nomes dos passageiros, trechos voados, datas e valores.

A investigação se destinava a identificar eventuais "desvios de finalidade" no uso da verba das passagens, explicou o delegado. Focava deputados federais, assessores e agentes de viagens.

Na opinião de Sobral, "salvo melhor juízo", os negócios paralelos com créditos das cotas significavam peculato, ou desvio de dinheiro público.

O delegado escreveu no despacho que o objetivo das operações era "localizar e apreender documentos, computadores e mídias" que contivessem informações úteis. Indicou a Câmara como endereço das agências.

As batidas policiais pedidas por Sobral nunca aconteceram. Mesmo que quisessem cumprir a decisão do delegado, os agentes teriam dificuldade: os endereços estavam errados.

A cada passo, as investigações encontravam um obstáculo. Instada a opinar sobre as medidas pedidas pela Polícia Federal, a subprocuradora-geral da República Cláudia Sampaio Marques se manifestou contra a prisão de Damião antes da busca e apreensão. Argumentou que os operadores de turismo haviam confirmado a participação de congressistas na venda de créditos.

Nesse sentido, as provas das declarações de Damião e Xaveiro seriam obtidas nas operações policiais nas agências, entendeu a procuradora. Tinha a expectativa de encontrar documentos, com autorização de venda dos bilhetes, subscritos pelos parlamentares.

Por se tratar de diligências invasivas, o encaminhamento de Cláudia Marques dependia de anuência do relator do STF. Em vez de autorizar os pedidos do Ministério Público, Ayres Britto questionou, em junho, os rumos tomados pela investigação. Ponderou se o caso não deveria transitar em outro tribunal.

Cláudia Sampaio respondeu em setembro de 2007. Defendeu a permanência do processo no Supremo e reiterou o pedido de busca e apreensão. Em novembro, Ayres Britto autorizou as operações nas empresas de Damião e Xaveiro.

O endereço das agências continuava errado. No STF, em dezembro, um funcionário percebeu a falha e descobriu referências à localização das empresas no Lago Sul, em um shopping da Asa Norte e em uma entrequadra da Asa Sul. Avisou Ayres Britto.

O ano de 2007 acabou sem o cumprimento das providências pedidas em 2006 por Antônio Fernando. Duas agentes da PF fizeram vigilância nas agências em janeiro de 2008. A Morena Turismo não funcionava mais nos locais. A World Tour estava vazia[39].

As agentes passaram as informações sobre as empresas em março ao delegado Sobral. O titular da investigação voltou a consultar Ayres Britto. Perguntou se o relator do STF queria a realização de buscas nos endereços das agências ou se preferia que fossem feitos mais levantamentos de informação.

Ainda em março de 2008, Cláudia Sampaio acionou os analistas do Ministério Público Federal. Eles consultaram o cadastro da Receita Federal e "descobriram" que Damião morava numa chácara em um setor do Guará. Na verdade, era o mesmo endereço declarado pelo agente de viagens à polícia em novembro de 2006[40].

Cláudia pediu a Ayres Britto autorização para realizar as buscas na residência de Damião e em novos endereços a serem levantados pela polícia. O relator do STF respondeu em maio.

Contra a vontade da procuradora, o ministro mandou recolher os mandados de busca e apreensão. Na mesma decisão, ordenou a suspensão de todas as ações.

Ayres Britto solicitou à polícia mais apurações sobre os endereços a serem vistoriados. Só depois avaliaria se iria autorizar novas ações. Esses fatos se passaram um ano depois dos pedidos de busca, apreensão e prisão de Pedro Damião serem feitos pelo delegado Carlos Sobral.

A investigação patinava.

O delegado César Leandro Hübner substituiu Sobral na condução do caso. Ordenou vigilância nos mesmos endereços. Com fotos dos locais, um agente chegou às mesmas informações obtidas antes pelas duas colegas. De novidade, passou nomes de parentes de Damião e Xaveiro para o delegado.

Ficou por isso mesmo. Nada mais foi pedido e nada mais foi feito em relação às buscas e apreensões solicitadas em 2007 pelo delegado Sobral. Tampouco se explicou a razão da paralisação das operações.

O não cumprimento dos mandados prejudicou a transparência do caso: a falta de execução das buscas manteve a investigação do inquérito em sigilo[41].

Capítulo 42

Servidor alerta para arquivos das companhias aéreas

Também no Congresso surgiram dificuldades para o avanço das investigações. De acordo com o pedido formulado pelo delegado Carlos Sobral em março de 2007, a Câmara deveria fornecer a relação de todas as passagens pagas pelas cotas em 2005 e 2006, com os nomes dos passageiros que não fossem deputados.

Sobral solicitara ainda uma resposta da Câmara sobre a existência de algum dispositivo legal que autorizasse os parlamentares a requisitar passagens aéreas em nome de terceiros. O encaminhamento do delegado da Polícia Federal ficou parado nove meses no STF.

Ayres Britto, o relator, aprovou os pedidos de Sobral em dezembro de 2007 – menos a prisão preventiva de Pedro Damião, descartada pela procuradora Cláudia Marques. Um ofício enviado ao então presidente da Câmara, Arlindo Chinaglia (PT-SP), formalizou as demandas do Ministério Público. Com a demora da Câmara em enviar resposta, o STF reiterou os pedidos algumas vezes.

Chinaglia terminou o mandato na presidência sem atender ao Supremo. Coube ao sucessor, Michel Temer, cuidar do assunto. Nove anos depois de patrocinar a mudança nas regras sobre transporte aéreo, o experiente jurista recebeu a incumbência de dar explicações à Justiça sobre os gastos indiscriminados com viagens de parlamentares e terceiros.

Temer fez, então, um movimento protocolar: mandou para o STF um CD com arquivos sobre os gastos com passagens. Isso aconteceu no dia 9 de março de 2009 – mais de dois anos depois dos pedidos formulados pelo delegado Sobral, quase quatro anos desde a denúncia de Thaís Barbosa.

O material fornecido pela Câmara ficou parado no Supremo, sem análise pericial. O processo permaneceu em sigilo e os brasileiros continuaram sem noção dos abusos cometidos com dinheiro público destinado a passagens.

O processo parecia fadado a permanecer nos secretos escaninhos da Justiça. Poucas semanas depois, porém, um fato quebrou a lógica de segredos:

o Congresso em Foco começou a divulgar os voos de celebridades, parentes e até cozinheiros particulares. Viagens, claro, custeadas pelo Parlamento.

No meio do alvoroço provocado pelas reportagens do site, o Supremo repassou para o Ministério Público o CD recebido de Temer. Peritos do Instituto Nacional de Criminalística (INC) abriram o estojo de plástico transparente que guardava o disco, marca Faber-Castell.

Ao analisarem o conteúdo, descobriram que as informações não atendiam à expectativa dos investigadores. Esperavam encontrar dados completos sobre as viagens dos deputados e, sobretudo, de terceiros, dentro do Brasil ou para o exterior. Mas as planilhas não indicavam origem e destino dos voos, números dos bilhetes, dos localizadores ou mesmo os códigos dos voos. Também não informavam os nomes dos passageiros.

De imediato, portanto, notava-se que o pacote de dados facultados pela Câmara excluía os detalhes publicados ao longo de dois meses e meio pelo Congresso em Foco.

A Câmara deixou, ainda, de responder objetivamente se existia regra para créditos consumidos com terceiros. Enviado dois anos depois do pedido feito pela PF, o material liberado por Temer estava incompleto.

No CD, os técnicos do INC encontraram três planilhas eletrônicas, de modelo de aplicativo Excel. Apesar das falhas, o arquivo permitiu calcular os gastos com as cotas de 2005 e 2006.

A lista tinha 572 deputados, mostrou o laudo. Nos dois anos observados, esse conjunto de políticos gastou R$ 136 milhões com 72.400 viagens. Nesse valor, estavam incluídas as despesas com 2.400 pedidos de ressarcimento de bilhetes anteriores quitados pela Câmara[42].

Insatisfeito, o delegado Maurício Rocha Silva cobrou de Michel Temer, em um ofício, o complemento das informações solicitadas para a investigação. A resposta chegou dois meses depois, assinada pelo coordenador de Gestão da Cota Parlamentar, Hudson Corrêa Lima.

No documento, de dezembro de 2009, o servidor afirmou que a Câmara não possuía os registros das informações demandadas pela Polícia Federal. Lima, porém, deu uma dica para a Polícia Federal: o Ministério Público de primeira instância pedira a relação de voos, nomes de deputados e de passageiros diretamente às companhias aéreas. A sugestão teve linguagem burocrática e indicação precisa para localização do processo:

> "Pertinente registrar que o Ministério Público da União, por ocasião do Inquérito Civil Público nº 1.16.000.002149/2005-21, que investigava

possíveis irregularidades envolvendo a utilização da cota de transporte aéreo instituída por meio do Ato da Mesa nº 42, de 21/06/2000, oficiou diretamente as companhias aéreas a fim de obter informações mais detalhadas a respeito dos bilhetes adquiridos pelos Senhores Deputados"[43].

Curiosa a atitude do servidor. Ao atender a pedido dos superiores, e negar a existência das informações na Câmara, permitiu-se apontar o caminho das pedras para a Polícia Federal.

A dica se referia à investigação civil feita pelo Ministério Público de primeira instância em Brasília. Aberta em 2005, a apuração buscava a restituição do dinheiro desviado para os cofres da Câmara.

Mesmo depois do rumo sugerido por Lima, a polícia e a Procuradoria--Geral da República (PGR) não procuraram a primeira instância do Ministério Público. Os dois órgãos mantiveram a estratégia de insistir com a Câmara na solicitação da entrega dos dados – apesar das negativas anteriores.

Enquanto Antônio Fernando esteve à frente da PGR, também não se viu nenhuma iniciativa da instituição ou da PF com o objetivo de obter a relação de passageiros diretamente das companhias aéreas.

Capítulo 43

O Congresso segura as investigações

Último procurador-geral da República indicado por Lula, Roberto Gurgel substituiu Antônio Fernando em julho de 2009. Nessa época, a série de reportagens sobre as cotas parlamentares – iniciada em abril – ainda reverberava no Parlamento.

Apelidado de Jô Soares, pela semelhança com o apresentador de TV, e apreciador de um bom chope, Gurgel era facilmente reconhecido em alguns bares populares na cidade. No inquérito de nº 2.294, sua vida pessoal se entrelaçou com as prerrogativas funcionais.

Gurgel é casado com Cláudia Sampaio Marques, a procuradora responsável, cinco anos antes, por chancelar o pedido de batidas policiais nas agências de turismo ligadas ao comércio clandestino de bilhetes aéreos.

Apesar da intimidade de Gurgel com o assunto, a investigação seguiu patinando. Três anos depois de assumir o cargo, o procurador produziu um parecer sobre o processo. Encaminhou o documento ao STF em novembro de 2012, quando exercia o segundo mandato à frente da PGR, depois de reconduzido por indicação da presidente Dilma Rousseff, sucessora de Lula no Planalto.

Na apreciação da papelada, Gurgel chegou à conclusão de que o Congresso não queria colaborar com as investigações que atingiam políticos. Segue um trecho do parecer:

> "É nítida, portanto, a ausência de qualquer intuito em colaborar com as investigações. Patente, por outro lado, o anseio de manter o *status quo*, omitindo nomes de pessoas cujos interesses passam ao largo da noção do que seja *res publica*. [...]. Valem-se alguns do dinheiro público como se fosse seu, crendo ser razoável dele fazer uso sem qualquer prestação de contas, alheios às regras que sustentam a validade dos atos administrativos. É contra estes, até então inominados, que se volta a presente investigação"[44].

Origem da palavra "república", a expressão latina *res publica* significa "coisa do povo".

O procurador-geral tomou nesse mesmo despacho uma providência engavetada pelo antecessor: anexou ao inquérito criminal a apuração cível da Procuradoria da República no Distrito Federal (PRDF), sugestão feita em dezembro de 2009 – quase três anos antes – pelo servidor da Câmara Hudson Corrêa Lima.

O material juntado continha uma análise, feita por José Marcion da Silva, perito da Polícia Federal cedido ao Ministério Público. O especialista levantou os gastos dos congressistas com passagens cedidas a terceiros entre 2007 e 2009. Organizou tudo em documentos impressos e em um CD.

No geral, o trabalho do perito apresentou exatamente as informações buscadas pelos investigadores. As mesmas que a PF tentava obter ao insistir nos pedidos à Câmara. Mesmo assim, o banco de dados recolhidos das empresas aéreas não foi aproveitado pela PGR.

Gurgel analisou a investigação do MPF no Distrito Federal, pedida em junho de 2008 pela procuradora Anna Carolina Resende, com base nas denúncias contra o ex-deputado Lino Rossi. No meio do processo, o procurador-geral encontrou os resultados de uma comissão de sindicância administrativa feita pela própria Câmara em 2009.

A investigação interna comprovou a existência de comércio paralelo de passagens dentro do Congresso. Essa apuração só observou a conduta de servidores públicos – que atuavam para 39 deputados –, sem se manifestar sobre a responsabilidade dos políticos.

Mais uma vez, Gurgel concluiu o que se sabia desde a denúncia de Thaís Barbosa à Polícia Legislativa: as negociações no mercado paralelo tinham o "intuito" de transformar créditos de passagens em "pecúnia". Na opinião do procurador-geral, os congressistas que assim agiam o faziam para "apropriar-se de recursos que lhes foram repassados em virtude do mandato", disse o procurador em novembro de 2012.

O relatório da comissão de sindicância mencionado por Gurgel citou 39 deputados como fornecedores dos créditos para venda pelos agentes de viagem. Gurgel afunilou a investigação para 18 parlamentares. Justificou a decisão com o fato de os outros 21 não exercerem mais mandatos no Congresso.

Logo, os ex-deputados não gozavam mais de foro especial no STF. Deveriam ser julgados na primeira instância. Com esse critério, o procurador-geral restringiu as investigações aos seguintes congressistas:

1. Afonso Hamm (PP-RS)
2. Aníbal Gomes (PMDB-CE)
3. Arnaldo Faria de Sá (PTB-SP)
4. Darcisio Perondi (PMDB-RS)
5. Dilceu Sperafico (PP-PR)
6. Enio Bacci (PDT-RS)
7. João Pizzolatti (PP-SC)
8. José Airton Cirilo (PT-CE)
9. Júlio Delgado (PSB-MG)
10. Nazareno Fonteles (PT-PI)
11. Nelson Marquezelli (PTB-SP)
12. Paulo Piau (PMDB-MG)
13. Sandra Rosado (PSB-RN)
14. Sérgio Moraes (PTB-RS)
15. Valadares Filho (PSB-SE)
16. Vieira da Cunha (PDT-RS)
17. Waldir Maranhão (PP-MA)
18. Zé Geraldo (PT-PA)

A lista deixou de fora, por exemplo, dois políticos que emitiram documentos para os agentes de viagens Pedro Damião Pinto Rabelo e Vagdar Fortunato Ferreira. Raymundo Veloso (PMDB-BA) e Roberto Rocha (PSDB-MA) não tiveram o mandato renovado e, por isso, foram excluídos da relação de Gurgel.

Oito anos depois do boletim de ocorrência de Thaís Barbosa, a investigação criminal se circunscrevia a 18 nomes acusados de desviar o dinheiro do mandato para interesses particulares – embora no processo constassem os nomes dos 572 deputados enviados por Temer ao STF e de outras centenas de políticos listados por Marcion.

A redução para menos de duas dezenas de deputados também contrastou com a abrangência de desperdício de dinheiro tornado público nas reportagens sobre a farra das passagens. Como revelado pelo Congresso em Foco, em dois anos, 261 deputados voaram para o exterior – boa parte na companhia de parentes sem ligação com o mandato parlamentar.

Chamou a atenção na decisão do procurador-geral o fato de, sem explicação, não ter havido encaminhamento para a primeira instância dos casos de políticos sem mandato. Centenas de congressistas que usaram verbas públicas para turismo particular escaparam do crivo da PGR.

Em outra direção, Gurgel insistiu na pergunta não respondida pela Câmara em tentativas anteriores. Em nova mensagem ao Legislativo, quis saber se existia algum ato normativo que autorizava os parlamentares a requisitar passagens aéreas para terceiros. Voltou a pedir, também, a relação dos bilhetes emitidos por parlamentares de 2005 até 2009, com o nome dos passageiros.

Com essas atitudes, na documentação enviada ao STF, o procurador--geral também ignorou, sem justificativa, as informações obtidas pela primeira instância do Ministério Público Federal com as empresas aéreas.

O Supremo, em novembro de 2012, ocupava-se prioritariamente do julgamento do Mensalão, iniciado no mês de agosto anterior e encerrado quatro meses depois. As atenções do país se voltavam para as sentenças aplicadas aos 40 acusados na denúncia formulada por Antônio Fernando em 2006. O processo das passagens estava na fila.

No STF, o relator do caso, Ayres Britto, aposentou-se em novembro de 2012. Herdeiro do processo, o ministro Teori Zavascki deixou a investigação a cargo de Leandro Galluzzi, um de seus juízes instrutores. O magistrado acatou todos os pedidos de Roberto Gurgel.

A Câmara voltou a postergar a resposta. Galluzzi reforçou a solicitação, mandou até telegrama. O então presidente da Câmara, Henrique Eduardo Alves (PMDB-RN), manifestou-se em junho de 2013 sobre as regras para uso da cota.

Vale lembrar que o Congresso em Foco revelara que Alves e família viajaram para destinos como Miami, Nova York e Buenos Aires com passagens do mandato parlamentar. O presidente da Câmara esquivou-se das questões do STF:

> "Antes da entrada em vigor do Ato da Mesa nº 43/2009, em 1º de julho de 2009, esta Casa não controlava os dados dos bilhetes de passagens aéreas emitidos pela cota parlamentar (nome do passageiro, data de emissão, percurso, valor, entre outros), o que impossibilitou a prestação de tais informações", escreveu Alves[45].

O peemedebista recheou a resposta ao Supremo com mais dois CDs. Sem relação de passagens e passageiros, o material continha cópias de processos administrativos relacionados a servidores que atuavam para deputados suspeitos na lista citada. Essas apurações eram desdobramentos da sindicância administrativa feita em 2009 pela Câmara.

Nenhum político entrou na relação da Câmara sobre venda ilegal de créditos da cota. O material retornou às mãos da procuradora Cláudia Marques em junho de 2013.

Nessa época, manifestações de milhões de pessoas nas principais capitais do país iniciaram um longo período de instabilidade política no Brasil. Com mais essa turbulência, o processo das passagens se tornou ainda menos relevante para o Congresso e para o Judiciário.

Roberto Gurgel, marido de Cláudia Marques, exerceu as últimas semanas no mais alto cargo do Ministério Público nesse clima de revolta nas ruas. Deixou o cargo em junho, substituído por Rodrigo Janot, que assumiu em setembro.

Capítulo 44

Janot cometeu uma trapalhada

Em 2013, aos 57 anos, o procurador Rodrigo Janot estava em ascensão na carreira. Mineiro de Belo Horizonte, ele havia sido presidente da Associação Nacional dos Procuradores da República (ANPR) e dirigiu a Escola Superior do Ministério Público da União (ESMPU). Com o apoio de colegas, como Eugênio Aragão, entrou em campanha pelo comando da Procuradoria-Geral da República. Foi o mais votado entre os colegas procuradores. A presidente Dilma Rousseff (PT) o indicou para o cargo e o Senado aprovou seu nome.

No dia seguinte à sua posse, em setembro de 2013, um de seus primeiros atos foi tentar melhorar o conforto dos colegas, que haviam acabado de elegê-lo para a lista tríplice do Ministério Público, um dos passos tradicionais antes de assumir o posto. Os repórteres Ricardo Brito e Andreza Matais revelaram a medida no *Estadão*:

> No dia seguinte a tomar posse, o novo procurador-geral da República, Rodrigo Janot, garantiu a seus colegas de carreira o direito de viajar em classe executiva, espaço com mais conforto aos passageiros nas aeronaves. A medida foi publicada no Diário Oficial da União na semana passada e diferencia os procuradores dos demais servidores do órgão. Na maioria dos casos, os funcionários comuns terão direito a viajar de classe econômica, enquanto os procuradores, de executiva[46].

Entrevistado pelos repórteres, o procurador Brasilino Santos defendeu a portaria de Janot. "Ou é procurador da República ou é descamisado", disse. "Tem que separar as coisas", continuou Brasilino. Em 2015, a Justiça suspenderia o ato de Janot[47].

O procurador ainda se destacou por limpar as gavetas do Ministério Público. De setembro de 2013 a abril de 2014, Janot arquivou 60 processos contra 50 políticos.

Enquanto isso, a investigação sobre a farra das passagens patinava.

No final de janeiro de 2014, o repórter Eduardo Militão pediu à Procuradoria-Geral da República acesso ao inquérito das passagens aéreas dos deputados.

Com o apoio de advogados que atendiam ao site, Donne Pisco e Joelson Dias, o repórter recorreu à Lei de Acesso à Informação (LAI), em petição de três páginas dirigida ao chefe de gabinete de Janot, o procurador Eduardo Botão Pelella. Pela legislação, as autoridades têm vinte dias para atender às demandas da LAI.

Não houve nenhuma resposta. Quase dois meses depois, em 28 de março do ano citado, o repórter, junto com Sylvio Costa, se encontrou com Janot em seu gabinete na Procuradoria-Geral da República para fazer uma entrevista. Ao final da conversa, perguntaram sobre como andava o processo das passagens aéreas. Janot se mostrou surpreso.

"De passagem aérea? Dá o número do inquérito e me manda isso. É muita coisa para lembrar", respondeu Janot naquela data[48]. O repórter avisou que Pelella já sabia do tema.

O retorno da PGR chegou ao site quase seis meses depois do pedido feito por escrito. Em 9 de julho, a Secretaria de Comunicação da Procuradoria-Geral da República enviou mensagem de 17 palavras, escrita a caneta e assinada pela subsecretária de Jornalismo, Renata Santiago: "A solicitação não pode ser atendida, uma vez que o referido inquérito está sob segredo de Justiça"[49].

Apesar das negativas, Militão teria acesso no futuro a uma cópia do inquérito. Iria descobrir que desde o ofício de Henrique Eduardo Alves para o STF, em junho de 2013, nada fora produzido no inquérito de nº 2.294, além de pareceres para enterrar as apurações.

Estagnado na PGR, o inquérito nº 2.294 se tornou ainda menos relevante para os investigadores com os preparativos para a Operação Lava Jato, o mais abrangente escândalo na política, na economia e no Judiciário desde a redemocratização.

Depoimentos do ex-diretor da Petrobras Paulo Roberto Costa e do doleiro Alberto Youssef chegaram para Janot a partir de setembro de 2014. Em regime de colaboração premiada, ambos acusaram boa parte do espectro político brasileiro de participar de atos de corrupção e lavagem de dinheiro em contratos da estatal com grandes empreiteiras, como Odebrecht, Andrade Gutierrez e Camargo Corrêa. Era o início da Operação Lava Jato.

Um ano e meio depois de assumir a PGR, Janot tomou, em fevereiro de 2015, a primeira atitude em relação ao inquérito sobre comércio de passagens. No meio do despacho, cometeu uma trapalhada.

Ao analisar a papelada acumulada durante nove anos, o procurador-geral pediu que o Supremo mandasse todo o material para a primeira instância. Justificou a medida com o argumento de que o "deputado Pedro Damião Pinto Rabelo" [sic] não tinha mais mandato.

Como bem sabemos, o cidadão citado pela autoridade máxima do Ministério Público Federal nunca foi político – era dono de uma agência de turismo. Lapsos como esse ajudam a dimensionar a pouca importância dada por Janot ao inquérito nº 2.294.

Teori Zavascki também era o relator da Lava Jato no STF. No início de março de 2015, recebeu dezenas de pedidos de abertura de inquérito contra políticos intrincados na Lava Jato. Era a chamada "lista do Janot". Todas as apurações ligadas à Petrobras nesse período foram abertas após a autorização do ministro.

Apesar da sobrecarga de trabalho, o juiz instrutor Márcio Schiefler Fontes, do gabinete de Teori, percebeu o erro crasso do procurador-geral. Mais um motivo para atrasar a tramitação do processo.

Capítulo 45

Procurador-geral descarta crime de peculato

Um ano se passou entre o alerta de Schiefler e nova atitude de Janot. Em 9 de março de 2016, o procurador-geral enviou um relatório de 19 páginas ao ministro Teori. Defendeu o arquivamento de todos os casos relativos a quem exerce mandato de deputado federal.

O procurador-geral não viu crimes cometidos pelos dez políticos da lista de 18 nomes – elaborada por Gurgel – reeleitos para o Congresso. Mencionou a lista remetida por Henrique Eduardo Alves, o laudo feito pela Polícia Federal – de 2009 –, investigações da Câmara, depoimentos de servidores nas comissões internas.

Esses colegiados, na verdade, não analisaram a conduta dos políticos, apenas dos servidores. Na Corregedoria da Câmara, todos os parlamentares saíram ilesos, como mostraremos à frente. Apenas dois deputados prestaram depoimento às comissões: Afonso Hamm (PP-RS) e Arnaldo Faria de Sá (PTB-SP).

Ambos negaram participação em qualquer negociação irregular com passagens. Hamm disse que era praxe a troca de cotas de seu gabinete com outros parlamentares. Recorriam também com frequência às agências de viagem para apressar a emissão dos bilhetes. Faria de Sá disse que sua assinatura fora falsificada para uso de créditos de seu gabinete.

Um detalhe relacionado ao deputado do PTB merece destaque. No auge da divulgação das reportagens do Congresso em Foco, Faria de Sá usou o microfone do plenário para negar irregularidades nas suas cotas. Na ocasião, chamou a atenção dos investigadores para a necessidade de se desbaratar o comércio ilegal de créditos aéreos, como vimos no capítulo 24.

Conclusões semelhantes, veremos adiante, teve a comissão de sindicância de 2009 e, também, o então corregedor da Câmara, ACM Neto (DEM-BA): era óbvio que existia um mercado paralelo de comércio de bilhetes de avião.

De toda forma, os políticos não tinham culpa comprovada, concluiu Janot. A seguir, alguns trechos do documento de 19 páginas enviado pelo procurador-geral a Teori Zavascki:

"Mesmo que tenha havido comercialização de passagens, não há elementos que autorizem a conclusão de que os parlamentares investigados tivessem conhecimento disto", escreveu Janot[50].

As regras da Câmara eram vagas, escreveu o procurador-geral, sem restrições quanto aos destinatários. Nesse ponto, errou o ano da mudança nas regras:

"A redação do Ato da Mesa nº 42/2000 (fls. 192), que regulava a emissão de passagens aéreas aos congressistas até 2007 [na verdade, até 2009], era de redação completamente vaga, não traçando balizas para utilização e muito menos impondo restrições quanto aos destinatários das passagens emitidas".

Por isso, argumentou Janot, não havia crime de peculato ou de desvio de dinheiro: "O dispositivo da Mesa Diretora da Câmara dos Deputados que regulava a matéria foi redigido de forma sobremaneira vaga, autorizando interpretação bem pouco restritiva".

No conjunto, o procurador-geral da República se manifestou exatamente como entendia Michel Temer desde a época da divulgação do abuso dos congressistas.

Capítulo 46

Cinco procuradores contestaram arquivamento de inquérito

Dentro do Ministério Público, no entanto, havia quem pensasse diferente. Surpreendentemente, a interpretação de Janot contrariou um documento anexado ao próprio inquérito nº 2.294: uma recomendação de 16 páginas, assinada por cinco procuradores da primeira instância do MPF.

Anna Carolina Maia, Bruno Caiado de Acioli, Carlos Henrique Lima, Daniela Batista Ribeiro e Paulo José Rocha contestaram no ofício nº 119/09 a interpretação da Câmara – mais tarde assumida por Janot – de que as regras permitiam o repasse das cotas para terceiros.

No Brasil, escreveram os procuradores, os atos dos agentes públicos dependem de autorização das leis, inexistentes no caso em análise.

"Ao agente do Estado só é lícito agir quando expressamente autorizado por lei ou ato normativo que o valha. [...] O silêncio da lei ou da norma que rege a matéria deve ser interpretado como vedação à prática das condutas não autorizadas expressamente", opinaram.

Janot ignorou as 16 páginas produzidas pelos cinco procuradores. Argumentou que as práticas reveladas pela investigação criminal só poderiam ser punidas no âmbito moral ou cível. Considerou normal a cessão de passagens a terceiros e classificou-a como um procedimento apenas "passível de censura no plano moral e cível".

Nenhum parlamentar foi ouvido na investigação pela própria Procuradoria-Geral da República (PGR), instituição com prerrogativa para identificar se poderiam ter cometido crimes. O procurador-geral também nada mencionou sobre os voos de parentes ou viagens ao exterior não relacionadas ao mandato.

No mesmo pacote engavetado nesse despacho entraram os deputados Aníbal Gomes (PMDB-CE) e Dilceu Sperafico (PP-PR), envolvidos em outro inquérito, o de nº 3.655, sobre vendas fraudulentas de bilhetes aéreos pagos com dinheiro público. Janot se posicionou mais uma vez:

"Ocorre que práticas como as objeto desta investigação eram usuais e disseminadas na Câmara dos Deputados, contando com o beneplácito da Mesa", diz o texto, assinado pelo procurador-geral, organizado com o auxílio do procurador Danilo Dias, na época diretor da assessoria criminal da PGR.

Dessa forma, com o beneplácito de Janot, o inquérito nº 2.294 seguiu para arquivamento.

Seis políticos citados por Gurgel estavam sem mandato e, por isso, Janot recomendou que essas investigações fossem enviadas para varas e tribunais de primeira e segunda instância. Encontravam-se nessa situação os seguintes ex-deputados: Enio Bacci (PDT-RS), João Pizzolatti (PP-SC), Nazareno Fonteles (PT-PI), Paulo Piau (PMDB-MG), Sandra Rosado (PSB-RN) e Vieira da Cunha (PDT-RS).

Teori Zavascki imprimiu nos tradicionais papéis timbrados do STF a decisão tomada sobre a peça apresentada por Janot. O nome do tribunal aparece no alto da página, em fonte que imita letras manuscritas produzidas por computador. Abaixo do número do inquérito, do nome do ministro e da referência ao Ministério Público Federal, aparecem as iniciais de Pedro Damião, "P.D.P.R."

O relator concordou com praticamente todos os pedidos de Janot nos inquéritos 2.294 e 3.655:

"É irrecusável a promoção de arquivamento do inquérito policial, das peças de informação ou da comunicação de crime solicitada pelo Ministério Público, quando fundada na ausência de elementos que permitam ao Procurador-Geral da República formar a opinio *delicti*", argumentou o ministro. Em livre tradução, a expressão em latim significa "opinião a respeito do delito".

Na verdade, Teori tomou a única atitude possível. Embora uma lei da época[51] permitisse ao juiz discordar do arquivamento, pelo menos desde 2004 os ministros do Supremo entendiam que pedidos de arquivamento de processos feitos pelo procurador-geral da República, autoridade máxima do Ministério Público, eram irrecusáveis.

Nem existe acima do procurador-geral uma autoridade com prerrogativa para receber o processo caso o STF recuse o arquivamento.

Em relação aos deputados com mandato de prefeito, ou em cargos de secretário de estado, Teori decidiu que tinham direito a julgamento na segunda instância. Ordenou que a investigação sobre Enio Bacci (PDT-RS), João Pizzolatti (PP-SC), Nazareno Fonteles (PT-PI), Paulo Piau

(PMDB-MG), Sandra Rosado (PSB-RN) e Vieira da Cunha (PDT-RS) fosse enviada para o Tribunal Regional Federal da 1ª Região (TRF), em Brasília.

Eduardo Militão buscou cópia do inquérito após o arquivamento. Sob alegação de que se tratava de investigação arquivada, Teori negou acesso à documentação.

Em julho e em outubro de 2016, o repórter solicitou entrevista com Janot sobre o processo. Tomou iniciativas pessoalmente e por telefone. Por correio eletrônico, perguntou as razões que levaram o procurador-geral a arquivar o inquérito, apesar das alegações contrárias produzidas pelo próprio Ministério Público Federal.

Militão quis saber também se os procuradores contrários ao arquivamento foram ouvidos por Janot antes da decisão. Questionou, ainda, sobre a demora da investigação e por que o caso permanecia em sigilo.

A PGR negou a entrevista e não respondeu às perguntas por escrito. Permitiu apenas um contato informal, não gravado, com um procurador da equipe de Janot. Mas as informações não poderiam ser atribuídas ao procurador-geral. No jargão dos jornalistas, foi uma conversa "off the record", útil para contextualizar os fatos.

Na conversa, o procurador afirmou que o arquivamento dos processos criminais não atrapalharia a investigação de irregularidades administrativas nem a devolução dos recursos públicos em outras apurações da farra das passagens – mesmo depois do entendimento do procurador-geral de que os parlamentares poderiam gastar o dinheiro das passagens como quisessem.

A notícia sobre o arquivamento do inquérito em relação aos 12 deputados foi publicada no Congresso em Foco no dia 1º de novembro de 2016.

Capítulo 47

Sindicância concluída sem ouvir políticos

Enquanto o inquérito nº 2.294 tramitou no Judiciário, a Câmara executou investigações próprias. A centelha de uma das primeiras apurações relacionadas ao caso foi acesa pelo ministro Gilmar Mendes, na época presidente do STF.

Como vimos no capítulo 17, Gilmar pediu providências à PGR e à Câmara em 2009, quando o Congresso em Foco revelou que ele havia viajado com passagens das cotas parlamentares. O mesmo ocorrera com Eros Grau, também ministro do Supremo.

Para atender Gilmar, Temer instalou uma comissão de sindicância administrativa com dois meses de prazo para apresentar as conclusões. Formado por três servidores, o grupo ficou conhecido na Câmara pela expressão simplificada "sindicância das passagens".

Um dos integrantes, Hudson Corrêa, diretor da Coordenação de Gestão de Cotas, como vimos, avisaria a Polícia Federal de que o Ministério Público de primeira instância obtivera detalhes sobre os passageiros com as empresas aéreas. Na Câmara, era responsável por controlar todas as verbas disponíveis aos gabinetes dos deputados, como gastos com hotéis, alimentação, combustíveis, pesquisas e passagens aéreas.

Também nomeado para a comissão, Rubens Foizer Filho atuava no setor de controle interno e contabilidade. Tinha experiência em auditorias e na fiscalização rotineira das finanças do Legislativo.

Ricardo Alexandre Pinheiro, o terceiro integrante, trabalhava na área jurídica da Diretoria Geral, órgão administrativo mais importante da Câmara. Era o chefe do grupo. Em pouco tempo, ocuparam um discreto espaço, a sala 906 do Anexo I da Câmara, uma das torres do Congresso.

A outra torre é o Anexo I do Senado. Pela beleza arquitetônica e pelo simbolismo para a República, tornou-se um dos pontos turísticos mais visitados da capital.

Dentro do prédio, depois de sair do elevador, uma sequência de portas fechadas, becos sem saída e uma escada de emergência provocam certa sensação de claustrofobia. As salas, porém, possuem amplas janelas de vidro, com agradável vista geral da cidade, do Lago Paranoá e da Praça dos Três Poderes.

Militão esteve na sala onde Pinheiro, Hudson e Foizer se instalaram. Primeiro, ouviu o óbvio: a investigação era sigilosa, nada podiam revelar. Mas quiseram saber a fonte do Congresso em Foco para o arquivo das passagens. O repórter também não respondeu. O trio caiu na gargalhada.

O clima se tornou amistoso. O repórter não conseguiu informação alguma. Apenas se apresentou a mais um time de fontes e ganhou o respeito delas.

Enquanto ignoravam os autores deste livro, os servidores trabalhavam. O trabalho da comissão consistiu, no primeiro momento, em investigar as informações publicadas pelo Congresso em Foco. Os três servidores checaram nomes dos parlamentares e as listas de passageiros.

Rastrearam os créditos originados pelas cotas, conhecidos pela sigla MCO, do inglês *Miscellaneous Charges Order*. Funcionava assim: quando queriam viajar, os deputados mandavam requisições para as companhias aéreas – ou mandavam um funcionário do gabinete fazer isso.

As empresas recebiam as requisições, muitas vezes no valor total da cota de passagens do parlamentar, correspondente a meses inteiros. Os pedidos eram transformados em MCO – na prática, eram valores disponíveis em dinheiro para comprar vários bilhetes durante os dias, semanas ou meses seguintes.

A Câmara pagava à companhia aérea o valor emitido pelos créditos, mesmo que eles ainda não tivessem se desdobrado em passagens. O Legislativo nem sequer sabia para onde os políticos voavam. O procedimento de conversão de créditos em bilhetes era manual.

O mercado paralelo se abastecia dos MCOs. As agências de viagens compravam os créditos de algum servidor autorizado ou parlamentar. Se os créditos valiam R$ 10 mil, por exemplo, os agentes pagavam R$ 6 mil ou R$ 8 mil em dinheiro, à vista. O dinheiro ia para o bolso de quem vendeu.

No passo seguinte, os operadores de turismo transformavam aqueles créditos em passagens mais baratas para os clientes. O deságio na compra permitia oferecer descontos convidativos.

A prática clandestina aniquilou concorrentes que não tinham acesso aos MCOs com descontos. Foi o que aconteceu, por exemplo, com o homem da periferia de Brasília que fez a primeira denúncia para Militão, episódio narrado no capítulo 5.

A estratégia dos três servidores foi se concentrar nos trechos internacionais. Deixaram de lado milhares de passagens de voos dentro do país. Passaram dias, noites e madrugadas nessa tarefa. Depois, tomaram depoimentos dos passageiros, dos agentes de viagens e dos funcionários.

Os políticos não foram interrogados. Alguns mandaram pedidos de explicações ou de investigações. O deputado Raymundo Veloso (PMDB-BA), por exemplo, cedeu parte de suas cotas para o agente Damião no início de 2009.

No rastreamento, a comissão descobriu documentos em que Veloso autorizava Damião a atuar na agência da TAM para emitir passagens em nome de cinco pessoas indicadas pelo parlamentar. Isso se deu em março e abril de 2009, pouco tempo antes das revelações do Congresso em Foco sobre as viagens das celebridades na cota de Fábio Faria.

A comissão chegou ao nome do agente de viagens Vagdar Fortunato Ferreira, nome conhecido dos autores do livro desde o primeiro semestre de 2008. Dono da Polo Turismo, o operador vendeu, por exemplo, os bilhetes usados por Gilmar Mendes, provenientes da cota do deputado Paulo Roberto (PTB-RS).

Quando lhe perguntaram se conhecia secretários parlamentares de outros gabinetes que vendiam crédito, Vagdar respondeu que sim, mas não quis revelar os nomes. Na Câmara, o empresário circulava com um crachá cedido pelo gabinete do deputado Roberto Rocha (PSDB-MA). Tinha até autorização para movimentar a cota do parlamentar do Maranhão com as empresas TAM e Gol.

Uma servidora do gabinete do deputado Nazareno Fonteles (PT-PI), Rosimere Gomes da Silva, disse ter vendido R$ 118 mil em créditos para Vagdar entre 2007 e 2009. A funcionária isentou Fonteles das transações com a agência.

A sindicância das passagens recomendou apuração mais aprofundada sobre a servidora. Ao final do relatório, um servidor de Rocha foi apontado pela comissão de sindicância como suspeito de comércio ilegal de passagens. O deputado, não.

Mais uma vez os deputados ficaram fora dos pedidos de apuração.

Integrantes do Conselho Federal de Medicina também viajaram com passagens pagas pela Câmara, na cota do deputado Márcio Junqueira (DEM-RR). A agência que emitiu os bilhetes, a Capri Turismo – a mesma que atendeu o ministro Eros Grau –, valia-se dos créditos obtidos no mercado paralelo do Congresso.

Para a comissão de sindicância, a responsabilidade pelas transações com bilhetes das cotas era de um servidor de Junqueira, Marco Aurélio Vilanova. Segundo essa interpretação, o deputado nada tinha a ver com a venda irregular de passagens custeadas pela verba de seu mandato.

Ainda na pista das reportagens, o trio de servidores colheu depoimentos de uma família que comprou na agência de Pedro Damião bilhetes originados da cota do deputado Eugênio Rabelo (PP-CE), Cézar Silvestri (PPS-PR) e Armando Abílio (PTB-PB). Os voos ficaram entre 10% e 15% mais baratos do que no mercado regular.

Nesse caso, a comissão atribuiu a culpa pela venda de créditos a servidores dos gabinetes dos três congressistas. A responsabilização dos parlamentares dependia de declarações dos funcionários sobre a participação dos chefes no comércio paralelo.

Sem as acusações dos servidores, os deputados nem precisaram dar explicações.

***

Com mais de um mês de atraso, a comissão de sindicância entregou o relatório final à Diretoria Geral da Câmara na madrugada de 23 de julho de 2009, às 3h45. O prazo de dois meses fixado na instalação terminara no dia 17 de junho.

O mesmo relatório chegou ao Ministério Público e teve informações aproveitadas por Roberto Gurgel no texto sobre o inquérito nº 2.294 encaminhado ao STF. Boa parte do que se sabe a respeito do mercado paralelo de passagens da Câmara se deve ao trabalho desse grupo.

Ao todo, a comissão pediu o aprofundamento das investigações em relação à conduta de 45 funcionários de deputados – a maioria escolhida pelos políticos para cuidar da emissão de bilhetes. Esses servidores trabalhavam para 39 deputados. Alguns, funcionários sem concurso, foram punidos de antemão.

O trio de servidores citou o depoimento do operador Elói Xaveiro no relatório final da comissão de sindicância, com destaque para a afirmação de que Xaveiro recebia dez ligações por dia de pessoas interessadas em vender créditos de passagens. Um trecho grifado no depoimento ressaltou que a maioria das ligações era proveniente de parlamentares.

Nada, porém, foi feito pelo grupo para apurar a relação entre políticos e agentes de viagens construída com malversação de dinheiro público. De concreto, a comissão de sindicância constatou que Elói Xaveiro continuava no comércio de passagens na Câmara.

Apesar das evidentes ligações entre parlamentares e agentes de viagens, os três servidores eximiram-se da apuração de eventuais práticas irregulares dos detentores de mandato. A comissão, escreveram, não tinha competência para se manifestar a respeito dos políticos.

Capítulo 48

Os chefes se livram
das acusações

De fato, dentro das quatro paredes do Legislativo, a prerrogativa para investigar denúncias relativas ao decoro dos deputados é da Corregedoria da Câmara. O órgão entrou no assunto logo no segundo dia da série de reportagens sobre as passagens, quando Temer tentava conter as repercussões negativas do noticiário.

O trabalho da Corregedoria começou com a análise das listagens publicadas pelo Congresso em Foco e das apurações da comissão de sindicância. Os procedimentos abertos tinham o objetivo de identificar a suposta participação de deputados no comércio de passagens aéreas da Câmara.

Antônio Carlos Magalhães Neto (DEM-BA), o ACM Neto, ocupava o cargo de corregedor na época dos fatos. Aos 30 anos, exercia o segundo mandato de deputado federal. Como o próprio nome diz, trata-se de um neto do ex-presidente do Senado Antônio Carlos Magalhães (PFL-BA), sobrinho do ex-presidente da Câmara Luís Eduardo Magalhães (PFL-BA), ambos falecidos e citados neste livro.

A comissão de sindicância apontou servidores de gabinetes de 39 deputados como suspeitos de comércio de passagens. Por isso, o relatório pediu o aprofundamento das investigações em relação a essas pessoas – com a devida garantia do "processo legal substancial, com ampla defesa e contraditório efetivos".

ACM Neto recomendou a demissão sumária dos 45 funcionários citados. Em janeiro de 2010, menos de seis meses após a entrega do relatório da comissão de sindicância, 15 desses funcionários ainda trabalhavam na Câmara.

Dos 39 deputados envolvidos, chefes dos 45 servidores, 9 foram investigados pela Corregedoria: Eugênio Rabelo (PR-CE), Paulo Roberto (PTB-RS), Paulo Bauer (PSDB-SC), Acélio Casagrande (PMDB-SC), Márcio Junqueira (DEM-RR), Raymundo Veloso (PMDB-BA), Roberto Rocha (PSDB-MA), Aníbal Gomes (PMDB-CE) e Francisco Rossi (PMDB-SP). Todos deram explicações para ACM Neto durante as investigações[52].

Para alguns casos, o corregedor determinou uma apuração mais profunda. Nesse sentido, montou uma comissão de sindicância dentro da Corregedoria, formada pelo próprio ACM Neto, Odair Cunha (PT-SP) e três deputados da Comissão de Constituição e Justiça (CCJ): Mendes Ribeiro (PMDB-RS), Antonio Carlos Pannunzio (PSDB-SP) e Marcelo Ortiz (PV-SP). Cunha era o integrante da Mesa Diretora responsável por administrar as passagens de avião.

O grupo analisou o caso de Eugênio Rabelo. Quando presidiu o Ceará Sporting Clube, tradicional time de futebol de Fortaleza, o político deu 77 passagens da Câmara para 27 jogadores. Na investigação, reconheceu o pagamento dos bilhetes com dinheiro da cota. O caso foi revelado pelos repórteres Eduardo Scolese e Leonardo Souza, na *Folha de S.Paulo*, em 27 de abril de 2009.

Mendes Ribeiro relatou o caso. Opinou por isentar o colega de toda punição. Os colegas da Corregedoria concordaram. A denúncia foi para o arquivo.

Responsável pela cota que pagou as passagens de Gilmar Mendes, o deputado Paulo Roberto também teve a situação avaliada pelo grupo. A sindicância da Corregedoria apontou irregularidades. No entanto, para o relator, Marcelo Ortiz (PV-SP), o colega deveria ser investigado não por causa da venda de passagens, mas, sim, pela contratação irregular de funcionários.

Essa denúncia paralela foi parar no Conselho de Ética. Paulo Roberto confessou as irregularidades na situação funcional de servidores do gabinete. Embora o relator, deputado Chico Alencar (PSOL-RJ), tenha recomendado a cassação de Paulo Roberto, o colegiado não colocou o tema em votação.

O mandato acabou em 31 de janeiro de 2011, sem que Paulo Roberto sofresse alguma punição.

Capítulo 49

Gravações constrangedoras

Assessor do deputado Paulo Bauer (PSDB-SC), José Cláudio Antunes da Silva confessou, em depoimento aos investigadores e entrevistas para a imprensa, ter vendido R$ 45 mil em créditos de passagens do mandato. Afirmou também que cumpria ordens de um superior hierárquico, João Santos, chefe de gabinete do congressista de Santa Catarina.

Silva gravou uma conversa com Bauer no dia 27 de maio de 2009. Mesmo licenciado da Câmara, o deputado catarinense discutiu a negociação de créditos. Como se tivesse dúvidas sobre a venda, orientou o subordinado:

"Se tiver alguém que queira comprar, você me fala. A gente vai ver o que que faz".

Mas, na gravação, Bauer reclamou do fato de Silva ter vendido créditos sem sua autorização.

No final do processo, o deputado foi inocentado por ACM Neto, relator. Àquela altura, os assessores José Cláudio e João Santos já tinham sido demitidos.

Paulo Bauer respondia a outro processo, um inquérito policial aberto na 2ª Vara Federal de Joinville, por fazer sorteios de passagens da cota. O caso foi enviado ao STF e virou o inquérito de nº 3.680.

Outros deputados investigados escaparam de punições na Corregedoria. Os processos permaneceram sigilosos.

Sobre os fatos apurados, ACM Neto disse em agosto de 2009 que havia evidências "inequívocas" da existência de uma "máfia" atuante na venda de passagens da Câmara.

Os políticos não participavam do mercado ilegal, concluiu o corregedor. Em alguns casos, argumentou o político baiano, os gabinetes realizavam antecipações e trocas de créditos, muitas vezes expedidas por agentes de viagens. Essas práticas, porém, não configuravam irregularidades ou quebra de decoro parlamentar, opinou ACM Neto.

Capítulo 50

Um inquérito civil busca o dinheiro

Das denúncias de Thaís Barbosa na Câmara, em 2005, resultaram as investigações mais completas sobre o desperdício de dinheiro público com transporte aéreo financiado pelas cotas parlamentares. Uma das iniciativas de apuração, o inquérito civil público nº 1.16.000.002149/2005-21, avançou na direção do ressarcimento dos cofres do Legislativo.

Aberto em 2005 pela Procuradoria da República no Distrito Federal (PRDF), o procedimento correu paralelamente às ações criminais contra parlamentares em tramitação no STF. O órgão atua como Ministério Público de primeira instância. Funciona em Brasília, na quadra 604 da Asa Sul, na via L2, e investiga casos cíveis mesmo com envolvimento de autoridades com mandato ou de primeiro escalão. O foro privilegiado não vale para as ações de improbidade administrativa.

Esse tipo de inquérito permite que se condenem políticos a devolução de dinheiro desviado, pagamento de multas, perda de cargos e impedimento de ocupar cargos públicos por até oito anos. Na distribuição interna, o processo ficou com a procuradora Anna Carolina Resende de Azevedo Maia.

Na PRDF, o inquérito seguiu as recomendações do procurador Luiz Fernando Viana, primeiro integrante do Ministério Público a apreciar o caso das passagens. Nesse sentido, no final de 2006, Anna Carolina pediu ajuda ao então procurador-geral, Antônio Fernando de Souza, para encaminhar algumas perguntas para a Câmara.

Em linhas gerais, a responsável pelo inquérito queria saber: o valor da verba disponível para cada deputado entre 2003 e 2006; a forma de pagamento dos bilhetes aéreos; se os políticos prestavam contas das despesas; as regras que tratavam dos gastos com passagens.

Partiu de Anna Carolina a decisão de solicitar às empresas aéreas informações sobre datas e trechos voados por Lino Rossi e Thaís Barbosa. A PRDF também indagou às companhias se os créditos de passagens serviam só aos políticos ou a terceiros indicados por eles.

Posteriormente, a procuradoria fez pedidos adicionais: cópia das autorizações de deputados para que terceiros pudessem viajar pela cota; relação completa de voos pagos com dinheiro público, com nome do parlamentar vinculado ao gasto, nome do passageiro, data, origem, destino e valor gasto.

A Gol forneceu ao MPF cópias das autorizações de deputados e servidores para voos de terceiros em 2007 e 2008. A Varig e a TAM enviaram as relações de gastos de cada um dos deputados. Incluíam nome do parlamentar, o nome do passageiro, a data do voo, o código da reserva ou localizador, o valor do bilhete, as taxas de embarque e as cidades de onde decolaram e onde pousaram.

Os valores mostravam que, de janeiro de 2007 a outubro de 2008, a Câmara gastou R$ 81 milhões em requisições de passagens com as companhias TAM e Varig[53]. O sistema de cotas, vale lembrar, existia desde 2000.

Mais tarde, o procurador-geral Roberto Gurgel juntou à ação penal as análises da PRDF sobre os arquivos das companhias aéreas.

A PRDF anexou em 5 março de 2009 a reportagem do Congresso em Foco sobre o voo, com dinheiro da Câmara, de Marco Bogéa, colaborador de Fenando Sarney, filho do ex-presidente José Sarney. Em abril, no mesmo dia em que o site divulgou as viagens das celebridades na cota de Fábio Faria, como visto no capítulo 12, cinco procuradores do órgão enviaram 16 páginas com recomendações ao presidente da Câmara.

No documento, Anna Carolina Maia, Paulo José Rocha, Bruno Caiado de Acioli, Carlos Henrique Martins Lima e Daniela Batista Ribeiro apontaram "falhas graves" no sistema de cotas. Por exemplo, emissão de passagens em nome de terceiros; viagens para destinos que não têm a ver com a residência do deputado ou com seu trabalho em Brasília; as milhas creditadas em favor dos parlamentares não eram usadas para diminuir o valor pago pela Câmara às companhias aéreas.

O quinteto de procuradores lembrou a Temer que os princípios da Constituição de 1988 não permitem o uso de dinheiro público em viagens particulares pelo Brasil e pelo mundo. Registraram que, pela legislação do país, esses procedimentos não são permitidos aos políticos, servidores e autoridades. Nesse ponto, o documento deu um recado direto para o presidente da Câmara:

"Um político de São Paulo, por exemplo, viajou para uma cidade litorânea na Bahia, em vez de se dirigir à capital, usando dinheiro público".

Essa foi, evidentemente, uma referência ao passeio de Temer e Marcela relatado no capítulo 2.

Dias depois de receber os documentos da PRDF, a Câmara e o Senado anunciaram restrições nas regras sobre o uso das cotas parlamentares. Em ofício ao Ministério Público, Temer informou que só os parlamentares e seus assessores poderiam voar a partir de então. Na sequência, os procuradores do Ministério Público enviaram ao presidente da Câmara as listas de passageiros obtidas das companhias aéreas, vinculadas a centenas de deputados.

O grupo da PRDF ganhou reforço de procuradores de outros estados. Entre titulares e suplentes, o número de investigadores subiu para dez: Anna Carolina contava com a ajuda de Adailton do Nascimento, Alexandre Chaves, Danilo Dias, Fabíola Dörr, Suzana Fairbanks, Allan Versiani, Melina Montoya, Nilo Camargo e Rafael de Pretto. Mais cinco investigações, para apurar desvios Brasil afora.

Nesse trabalho, um dos focos foi o fretamento de jatinhos com verba das cotas. Os procuradores identificaram 12 voos – um pela JK Táxi Aéreo e 11 pela Ícaro Táxi Aéreo.

Os investigadores da PRDF também ouviram agentes de viagens atuantes no Congresso. Nesse rumo, interrogaram Vagdar Fortunato Ferreira, dono da Polo Turismo, citado na conversa do repórter narrada no capítulo 5.

O empresário contou que em 1996 foi assessor do deputado Ivo Mainardi (PMDB-RS). Saiu da Câmara e foi trabalhar no mercado de turismo. Em 2000, abriu sua empresa. Oferecia aos deputados serviços de reserva de voos, permuta de créditos e compra de créditos[54].

Na permuta, Vagdar antecipava passagens para os parlamentares, por conta da empresa, e depois cobrava MCOs do gabinete. Isso acontecia, geralmente, com empresas internacionais que não aceitavam os créditos de companhia aérea da Câmara.

Anualmente, cerca de 30 parlamentares adquiriam uma média de 50 passagens nesse sistema de barganha. O agente se calou quando perguntaram quem eram esses congressistas.

O sistema de compra de créditos, segundo Vagdar, atendia deputados interessados em vender créditos disponíveis da cota. Alegavam necessidade de dinheiro vivo, principalmente com a finalidade de comprar passagens de ônibus para manifestantes se dirigirem a Brasília. Servidores subordinados aos congressistas faziam as tratativas com a agência.

Vagdar conseguia deságios entre 15% e 20% nos preços dos créditos. Cerca de dez gabinetes demandavam essas transações em dinheiro vivo – os valores chegavam a R$ 50 mil por ano.

Pedro Damião Pinto Rabelo também prestou depoimento, em junho de 2009, à PRDF. Relatou que trabalhou na agência da Varig na Câmara entre 1990 e 2000. Depois, montou a agência Morena Turismo, registrada em nome da mãe e de um sócio. Damião assumiu a empresa por completo. Por um tempo, teve emprego no gabinete do deputado Pompeo de Mattos (PDT-RS). Na agência, emitiu bilhetes a pedido dos deputados, para prefeitos e eleitores em geral[55].

Capítulo 51

A análise do perito Marcion

Coube ao perito criminal José Marcion da Silva, da Polícia Federal, destrinchar o pacote de informações remetido pelas companhias aéreas e incorporado ao inquérito civil da Procuradoria. Na época, ele estava na Assessoria de Pesquisa e Análise (Asspa) do Ministério Público Federal em Brasília.

Marcion começou o trabalho em junho de 2010. A partir do material bruto recebido das empresas, separou os voos de cada deputado ou senador em viagens no período avaliado de 2007 a 2009. No total, organizou 316 mil registros, entre voos e requisições de passagens nas cotas dos gabinetes. Para facilitar a pesquisa, desprezou despesas inferiores a R$ 10 mil, considerado o valor total gasto por um parlamentar no período avaliado.

O banco de dados montado pelo perito contabilizou R$ 68 milhões gastos com mais de 100 mil bilhetes, incluindo tarifas e taxas de embarque. Desse valor, R$ 3 milhões se referiam a mais de 1.500 passagens para o exterior. O rastreamento identificou 160 mil viagens – pelo mundo ou no Brasil – realizadas por pessoas sem relação com o trabalho parlamentar.

Ao final, com as informações processadas, Marcion produziu o relatório de análise 17/2010. Gravou tudo em um CD-R. Para garantir a integridade do material, a mídia não podia ser regravada.

A PRDF mandou o relatório para Temer em junho de 2010. Junto com o disco, os investigadores enviaram um pedido de explicação a todos os deputados sobre cada voo relacionado nas planilhas do perito.

Os deputados deveriam detalhar quais viagens foram feitas a trabalho e, ainda, outros fins, como passeios, favores a parentes, amigos e terceiros. Tinham, também, de especificar casos de desvios das cotas para o comércio paralelo de créditos.

Sobre as viagens particulares, a Procuradoria solicitou o recolhimento do valor total das despesas em favor da Câmara dos Deputados, com remessa de comprovante ao Ministério Público Federal.

No caso de ressarcimento, os parlamentares se livrariam de ações judiciais com esse fim, avisou a PRDF. A ex-deputada dra. Clair (PT-PR) aceitou a proposta: pagou R$ 6 mil e enviou o comprovante à Procuradoria.

Assinado pela procuradora Anna Carolina, o documento foi encaminhado à Câmara por Eugênio Aragão, coordenador do Grupo de Coordenação Interinstitucional MPF-Câmara (GCI). Por uma questão de prerrogativas e relações hierárquicas, a procuradora de primeira instância não tinha poderes para acionar diretamente o Legislativo.

Candidato a vice na chapa de Dilma Rousseff para o Planalto, Temer deixou para o vice-presidente da Câmara, Marco Maia (PT-RS), a incumbência de receber o CD e o ofício enviados pela PGR.

A Câmara resistiu a colaborar com as investigações. Passaram-se quase dois anos sem que os deputados prestassem os esclarecimentos pedidos pelo Ministério Público. Nesta altura, a instituição era presidida por Marco Maia, eleito dentro do acordo de revezamento entre PMDB e PT.

Ignorada pela Câmara, a procuradora Anna Carolina reclamou com o petista. Alertou que, se os deputados não restituíssem os valores correspondentes aos deslocamentos particulares, seriam processados em ações de ressarcimento. Fixou prazo até 2 de março de 2012.

Mais uma vez, a investigadora recorreu a Eugênio Aragão para pressionar a Câmara. Os ofícios seguiram com o carimbo de "urgente".

Novas informações prestadas pelas companhias aéreas – sobre o período de 2007 a 2009 – reforçaram o banco de dados do perito Marcion. No conjunto, o especialista em dados localizou 560 parlamentares e ex-parlamentares que viajaram para o exterior ou gastaram a cota com terceiros. Trinta e três senadores faziam parte dessa lista.

O perito identificou 78.244 bilhetes sob suspeita. Eles custaram mais de R$ 50 milhões, incluindo tarifas, taxas de embarque e outras despesas[56]. Os valores não foram corrigidos monetariamente. Dentro desse universo havia 1.624 bilhetes internacionais, ao custo de mais de R$ 3 milhões. Os valores eram históricos e se referiam ao mês de fevereiro de 2009. Eram um pouco menores que os milhões anotados antes, porque Marcion corrigiu alguns problemas na tabulação dos dados.

A lentidão das apurações sobre as passagens contrastava com a velocidade acelerada imprimida pela Operação Lava Jato. As investigações voltadas para os negócios da Petrobras atingiram em cheio o Congresso e o governo Dilma.

Em um sinal das prioridades do momento, a procuradora Anna Carolina Maia, em atuação na PGR, foi requisitada em 2015 para trabalhar na força-tarefa que mobilizava as atenções da imprensa e da cúpula do Ministério Público. A procuradora entrara no caso das passagens em 2008. Sete anos depois, os procuradores do DF ainda não tinham o retorno que esperavam da Câmara.

Enquanto a Lava Jato ganhava reforço, o inquérito nº 1.16.000.002149/2005-21 arrastava-se na má vontade do Congresso e na falta de interesse do Ministério Público Federal.

A procuradora Sara Moreira Leite assumiu o inquérito em 2017. Na largada, propôs-se a adotar a medida ensaiada desde 2012: cobrar na Justiça o dinheiro de quem não o havia devolvido e não prestar explicação na investigação.

Em entrevista aos autores, Sara disse que exigiria dos políticos a devolução dos gastos com passagens aéreas sem comprovação de vinculação com o trabalho. A ideia era abrir as ações cíveis na Justiça contra centenas de políticos em menos de um ano.

A relação elaborada pela procuradora preencheu onze páginas. Continha os nomes de 560 políticos revelados anteriormente. Eram deputados, ex-deputados, senadores e ex-senadores. Abrangeu o período de janeiro de 2007 a fevereiro de 2009. Na máquina calculadora, em valores atualizados até setembro de 2017, as despesas chegaram a R$ 83,7 milhões. Os senadores do grupo gastaram mais de R$ 1,9 milhão. Isso tudo corresponde a R$ 102 milhões, em valores corrigidos pela inflação de hoje[57].

Produzida um ano depois do *impeachment* da presidente Dilma Rousseff, a relação incluiu figuras importantes da cena política da época. De Jair Bolsonaro (PSC-RJ), pré-candidato a presidente, o Ministério Público cobrou R$ 162 mil; de um ativo opositor, Ivan Valente (PSOL-SP), o débito era de R$ 108 mil; do influente deputado do Centrão Ricardo Barros (PP-PR), a dívida era de R$ 132 mil.

Fábio Faria (PSD-RN) devolveu gastos com a viagem das celebridades em 2009. Mas, em 2017, análise do Ministério Público apurou que ele ainda estava devendo R$ 163 mil. O ex-presidente da Câmara Marco Maia (PT-RS) deixara um rombo de R$ 83 mil.

O ex-deputado Sarney Filho devia R$ 303 mil. Temer não estava na relação. Talvez tenha gastado menos do que os R$ 10 mil estipulados como linha de corte no rastreamento pelos investigadores.

Capítulo 52

Mudança de orientação no Ministério Público

Ainda na PRDF, o caso voltou para Anna Carolina em 2018. Em pouco tempo, porém, a procuradora responsável por investigar cotas parlamentares desde 2009 deixou de novo o assunto. Poucos meses depois, o inquérito passou às mãos do procurador Igor Nery Figueiredo.

Desde então, mudaram os ânimos na condução do inquérito. Alguns meses após assumir, Figueiredo determinou o fim das investigações, sem insistir na cobrança do dinheiro desviado dos interesses dos mandatos. Era janeiro de 2019. Para o procurador, o conjunto de regras internas da Câmara em vigor até 2009, época do uso dos bilhetes pelos políticos, tinha "redação vaga" e não impunha restrições quanto aos destinatários das passagens.

Essas circunstâncias, interpretou Figueiredo, afastavam o dolo (intenção de ferir a lei) dos congressistas[58]. Na opinião do representante do Ministério Público, a Câmara dos Deputados precisaria ter uma norma clara para os deputados saberem que o dinheiro público só poderia ser usado para finalidades públicas – e não de interesse particular, como viagens, férias e agrados a eleitores.

Figueiredo também responsabilizou o tempo transcorrido desde o início das investigações – cerca de dez anos – para alegar impossibilidade de obter "provas fidedignas" dos fatos.

Depois do arquivamento, em fevereiro de 2019, o presidente da Câmara, Rodrigo Maia (DEM-RJ), enviou a relação dos deputados que haviam devolvido créditos de passagens usados na Casa[59]. Era a resposta a um pedido feito anos antes pelo Ministério Público. O ressarcimento feito pelos políticos somava R$ 301 mil, segundo o ofício de Maia.

Uma outra relação de dinheiro reembolsado, informada pela Câmara aos autores três anos antes, mencionava o retorno de R$ 786 mil.

Esse é todo o dinheiro desviado para voos particulares e, posteriormente, devolvido para os cofres da Câmara. Fora esse montante, nenhum centavo foi restituído à população pelos deputados. Menos de

1% dos mais de R$ 100 milhões identificados pelo Ministério Público voltaram aos bolsos dos cidadãos brasileiros.

A 5ª Câmara de Coordenação e Revisão do Ministério Público Federal, órgão com poderes para reabrir investigações, confirmou o arquivamento encaminhado por Figueiredo. Se a 5ª Câmara entendesse que o procurador encerrara a investigação sem fundamento razoável, o colegiado poderia determinar a retomada. Não foi o que aconteceu.

Capítulo 53

Caso encerrado
sem punições

Pilhas de processos procedentes do STF chegaram à ampla sala do procurador Elton Ghersel em maio de 2016. Caiu nas mãos desse integrante do Ministério Público Federal a apuração criminal sobre as viagens de deputados não reeleitos.

Sem foro privilegiado, esses ex-parlamentares ficaram fora do arquivamento pedido em março desse mesmo ano por Janot – como explicou um procurador em conversa "off the record" com o repórter.

Muitos dos políticos eram prefeitos ou secretários estaduais, sem direito ao foro especial. Por isso, o ministro Teori Zavascki mandara as investigações referentes a eles para o Tribunal Regional Federal da 1ª Região, no Setor de Autarquias Sul.

A papelada remetida pelo ministro chegou ao gabinete do desembargador Olindo Menezes, de onde seguiu para o Ministério Público Federal e, enfim, sobrecarregou a espaçosa mesa de Ghersel, designado para o caso. O investigador integrava a Procuradoria Regional da República da 1ª Região (PRR-1), segunda instância do Ministério Público.

O Setor de Autarquias Sul se localiza na área central de Brasília. Formado por um conjunto de quadras, concentra edifícios de órgãos públicos do Executivo e do mundo jurídico, como tribunais e procuradorias. O prédio da PRR-1 fica ao lado das sedes da Polícia Federal, edifício apelidado de "máscara negra", da Caixa Econômica e do Banco Central.

Em maio, quando os processos chegaram para Ghersel, começava o período de seca na capital da República. Os ipês cor-de-rosa floridos se destacavam pela janela do procurador. Um dos símbolos da cidade, as diferentes espécies de árvores conhecidas popularmente por esse nome embelezam Brasília em todas as estações do ano. Entre maio e julho, prevalecem as cor-de-rosa.

Natural do Mato Grosso do Sul, Ghersel mantém em cima da mesa nos dias de calor uma guampa de tereré, bebida típica do estado, herança cultural dos guaranis. A infusão da erva-mate em água fria, servida em um chifre bovino, difere da versão fervente dos pampas gaúchos, o chimarrão, degustado em cuias.

Nesse ambiente confortável e com vista ampla, o procurador fez movimentos para apressar as investigações. Fatos ocorridos uma década antes caminhavam para prescrição, nome do arquivamento automático depois de determinado tempo sem julgamento do caso. As denúncias abrangiam o período de 2005 a 2009, todas com mais de dez anos de tramitação.

Ghersel adotou uma linha de apuração diferente da metodologia aplicada por seus colegas da PGR e da Polícia Federal nos dez anos anteriores. Analisou a série de planilhas do processo, os CDs e outros documentos digitais com os gastos dos deputados em viagens ao exterior e em passeios de terceiros pelo Brasil.

Na interpretação do procurador, após decorridos todos aqueles anos, os parlamentares que não tinham comprovado a relação entre os voos e os mandatos deveriam se explicar na Justiça. Passagens aéreas para interesses particulares – como o transporte de parentes e centenas de viagens de turismo – eram peculato, na visão de Ghersel. Se, no futuro, alguém achasse que tinha sido denunciado injustamente, que explicasse isso na Justiça. Não dava para esperar mais.

O investigador da PRR-1 deixou de lado as denúncias relacionadas ao mercado paralelo de créditos. Concentrou-se nas requisições de bilhetes para o transporte de pessoas que não tinham relação com o serviço público federal, material detalhado na análise do perito Marcion.

Para Ghersel, não era preciso provar se os parlamentares comercializaram ou não os bilhetes de seus gabinetes com agentes de turismo no mercado ilegal. O simples fato de usarem o dinheiro público para finalidade diversa do trabalho, avaliou, configurava crime, previsto no artigo 312 do Código Penal – o que define peculato.

Com esses critérios, o procurador da PRR-1 denunciou 443 ex-parlamentares. Pediu condenação por peculato. Defendeu também a reparação dos gastos com passagens aéreas e taxas de embarque, acrescidos de juros e correção monetária. Na acusação, cada político foi vinculado a um arquivo com dados sobre as passagens autorizadas pelo respectivo gabinete. Os valores foram atualizados pela inflação.

As 52 denúncias contra os 443 ex-deputados abertas pela PRR-1 chegaram ao tribunal em novembro de 2016. Era a primeira vez que o Ministério Público cobrava, em larga escala, a prestação de contas de políticos à Justiça. Esse fato ocorreu onze anos depois que o procurador

Luiz Fernando Viana avisou à 12ª Vara Federal sobre "fortes indícios" de que políticos vendiam passagens em um mercado irregular.

A denúncia foi noticiada em 2 de novembro por Militão no jornal *Correio Braziliense.*

Entre os 443 ex-parlamentares estavam o secretário do Programa de Parcerias de Investimentos do governo Michel Temer, Wellington Moreira Franco (MDB); o ex-ministro da Fazenda e ex-chefe da Casa Civil Antônio Palocci; o ex-presidente da Câmara Eduardo Cunha (MDB-RJ); o ex-governador de Brasília Agnelo Queiroz (PT); o ex-presidente da Câmara Henrique Eduardo Alves (MDB-RN); os prefeitos reeleitos de Salvador (BA), ACM Neto (DEM), e de Belém (PA), Zenaldo Coutinho (PSDB). Também entraram na lista Valdemar Costa Neto (PR-SP), Pedro Henry (PP-MT), Paulo Bornhausen (DEM-SC), Ronaldo Cezar Coelho (PSDB-RJ) e Robson Rodovalho (PR-DF).

ACM Neto, ressalte-se, era corregedor da Câmara na época da publicação da série de reportagens sobre passagens. Na função, o deputado baiano arquivou todos os processos relacionados a seus colegas nesse caso. Sete anos depois, ele próprio foi denunciado à Justiça por desvio de dinheiro da cota.

Dois integrantes da comissão da Corregedoria da Câmara criada para investigar deputados por comércio de passagens também estavam na lista de Ghersel: Antonio Carlos Pannunzio (PSDB-SP) e Marcelo Ortiz (PV-SP).

Além dos 443 ex-parlamentares, Ghersel colocou mais 218 políticos no foco da Justiça. Nesse sentido, decidiu pela volta para o Supremo das apurações ligadas a quatro governadores, dois conselheiros de contas e 212 parlamentares e ministros de Estado.

O procurador pediu o envio para o Superior Tribunal de Justiça (STJ) dos casos dos governadores do Maranhão, Flávio Dino (PCdoB), do Distrito Federal, Rodrigo Rollemberg (PSB), de Roraima, Suely Campos (PP), e de Sergipe, Jackson Barreto (PMDB), além dos conselheiros de tribunais de contas Mário Negromonte (ex-PP), da Bahia, e Waldir Neves Barbosa (ex-PSDB), do Mato Grosso do Sul.

Da mesa de Ghersel, os pedidos seguiram para o gabinete do desembargador Olindo Menezes. Na primeira medida, o magistrado do TRF-1 retirou da relação de 443 ex-parlamentares aqueles que não eram prefeitos ou secretários estaduais. Remeteu esses casos para a 12ª Vara Federal de Brasília. Menezes assinou também um despacho para o processo sobre os demais 218 políticos retornar ao STF e ao STJ.

A análise inicial das acusações assinadas por Ghersel começou a ser feita mais de um ano depois, em 2018. Entre março e junho desse ano, o TRF-1 rejeitou denúncias relacionadas ao caso antes da abertura de ação penal. Nessa fase dos processos, os casos são analisados junto com a defesa dos réus. Ao final, os magistrados decidem se há bases mínimas para iniciar um processo criminal contra os políticos.

Nesses julgamentos preliminares, Olindo Menezes decidiu rejeitar a denúncia do Ministério Público Federal. Usou os argumentos já defendidos por Janot, endossados por Teori Zavascki nos inquéritos criminais arquivados no Supremo.

Na decisão, Menezes resgatou o argumento usado por Janot de que, antes das mudanças de 2009, as regras da Câmara permitiam o uso do dinheiro fora das atribuições do mandato e de que eram passíveis de censura "apenas no plano moral e cível".

No julgamento de Menezes, o Ato da Mesa nº 42, de 2000, da Câmara, amparava a emissão de bilhetes para pessoas sem relação alguma com o trabalho dos deputados. Os demais desembargadores da 2ª Seção do TRF acompanharam o raciocínio do relator.

Entre os políticos que ficaram livres de punição estavam ACM Neto, o vice-governador de São Paulo, Márcio França (PSB), e o prefeito de Belém (PA), Zenaldo Coutinho (PSDB).

Ghersel apelou. Entrou com um recurso no STJ, mas o ministro João Otávio Noronha não o aceitou. Nesse ponto, o procurador reconheceu o fim das chances de punição, como pagamento de multas, prisão ou pagamento de cestas básicas: "Não cabe mais recurso. Caso encerrado"[60].

Capítulo 54

Desembargadores trancam ação penal

No quarto andar de um edifício no final da Avenida W3 Norte, em Brasília, funciona um dos mais movimentados redutos da Justiça na capital. Advogados e funcionários engravatados caminham apressadamente pelos corredores, entre balcões e gabinetes apertados.

A 10ª e a 12ª Varas Federais de Brasília funcionam nesses espaços. Tramitam ali os processos criminais sobre crimes de colarinho branco, como corrupção, sonegação, fraude, desvio de dinheiro. São casos que envolvem grandes empresários e políticos alcançados por operações policiais e expostos aos holofotes da imprensa.

Parte das denúncias apresentadas contra políticos suspeitos de desviar dinheiro de passagens aéreas do Congresso pousou nesse andar na W3 Norte. Para lá o TRF-1 enviou os casos que se referiam a ex-deputados que não tinham mais mandato no Congresso, não eram governadores e também não eram prefeitos ou secretários de governos estaduais.

Por ordem do desembargador Menezes, a papelada chegou à 12ª Vara Federal de Brasília na virada de 2016 para 2017. Ao receber as acusações contra 380 políticos, os juízes Marcus Vinícius Reis Bastos e Pollyanna Kelly Medeiros Alves – respectivamente, titular e substituta da Vara – encaminharam o processo para a Procuradoria da República do Distrito Federal (PRDF), a primeira instância do Ministério Público.

Diante de fatos passados entre 2007 e 2009, os procuradores entenderam que parte dos crimes dos ex-deputados prescrevera. Logo, não havia mais tempo para punição. Alguns políticos, com mais de 70 anos, também tinham benefícios legais, não pagariam mais pelos desvios. Um ex-parlamentar já havia morrido.

Ainda assim, os procuradores fizeram 44 denúncias. Só uma primeira parcela de 72 políticos acusados gastara R$ 8,3 milhões irregularmente, por meio de 13.877 bilhetes de avião.

As novas denúncias foram noticiadas por Militão na revista *IstoÉ*, em agosto de 2017. Quem fez as acusações criminais nessa etapa foi a procuradora Sara Moreira Leite, também responsável pelo inquérito tratado no capítulo 51.

As denúncias chegaram à 12ª Vara Federal de Brasília. Lá, os processos não decolaram como os investigadores haviam planejado. Os juízes Marcus Vinícius e Pollyanna Kelly não autorizaram o andamento dos processos criminais. Os magistrados destacaram que os fatos estavam prescritos. Mesmo se aplicadas no futuro, argumentou Reis Bastos, as penas seriam muito baixas, não atingiriam os condenados e o esforço seria perdido. A juíza substituta concordou.

Fazendo uma analogia com um avião, foi como se os controladores de voo – no caso os juízes – nem sequer autorizassem a decolagem do processo criminal.

Os procuradores não se conformaram com a negativa. O Ministério Público entrou com um recurso contra as decisões dos juízes Reis Bastos e Medeiros Alves. A procuradora Sara Moreira Leite lembrou que não era possível rejeitar uma acusação imaginando-se o tamanho da pena que viria a ocorrer no futuro.

A reclamação se mostrou inútil: Reis Bastos rejeitou o recurso. Os procuradores insistiram e recorreram ao Tribunal Regional Federal da 1ª Região (TRF-1).

Dessa vez, aparentemente, teriam sucesso. O desembargador Cândido Ribeiro concordou com o argumento de que era impossível extinguir a ação com a previsão de que as punições seriam baixas. O caso não poderia ser considerado prescrito antes do julgamento final, decidiu[61].

Apesar desse entendimento, Ribeiro trancou as ações penais. Justificou o despacho com a lembrança de julgamento anterior do TFR-1 sobre o mesmo assunto. Na ocasião, recordou o desembargador, o tribunal seguiu um parecer de Rodrigo Janot, na época procurador-geral, endossado pelo ministro Teori Zavascki, que aceitava como dentro das normas a prática dos parlamentares de fazer o que quisessem com a verba das cotas.

Em maio de 2018, a Quarta Turma do TRF-1, por unanimidade, acompanhou o voto de Ribeiro. Os desembargadores receberam a denúncia porque o caso realmente não estava prescrito. Mas trancaram a ação penal por considerar que não existia crime naqueles fatos.

Mais uma vez os procuradores contestaram. Para cada denúncia rejeitada pelos juízes Reis Bastos e Medeiros Alves, o Ministério Público Federal fez um recurso ao tribunal.

Foi inútil. Os desembargadores trancavam as ações.

O caso julgado era um dos desdobramentos administrativos do inquérito de nº 2.294, assunto tratado pelo interlocutor do repórter na conversa "off the record". Apesar do arquivamento da ação criminal por Janot, as denúncias de Thaís Barbosa ainda tramitavam pelo Judiciário.

Capítulo 55

Janot recebe pressão

Outra ponta do inquérito nº 2.294 continuou solta. Nos labirintos processuais do Judiciário, o pedido de inquérito contra 218 políticos com mandato enviado pelo desembargador Olindo Menezes para o STF dependia da apreciação favorável do procurador-geral.

Por esses caminhos, as apurações sobre mais de duas centenas de autoridades retornaram para Janot depois de passar pelo procurador Elton Ghersel – na segunda instância do Ministério Público –, pelo Tribunal Regional Federal, pelo STF e, finalmente, voltar para o procurador-geral.

Ghersel não pôde denunciá-los, exatamente por terem mandato. Nessa situação, a Constituição exige a atuação do PGR. Esse processo atingiu 212 deputados e senadores, 4 governadores e 2 conselheiros de contas.

Antes da chegada do processo ao STF, Janot se pronunciou pela primeira vez em público sobre o caso. Em encontro com jornalistas em novembro de 2016, o procurador-geral respondeu a uma pergunta de Militão sobre o futuro das denúncias.

"Se há ato ilícito, tem que se apurar. Não temos a disponibilidade de não atuar penalmente nos crimes de administração pública. Se são 600 pessoas que cometeram ilícito ou não, quando esse trabalho chegar, a minha parte, a minha atuação [eu farei]", declarou Janot[62].

Na ocasião, o procurador fez uma ressalva. Lembrou que já tinha arquivado, por fatos semelhantes, o crime em relação a uma dezena de políticos: "Já adianto que, sem ver, esses três inquéritos já foram arquivados. Se existem fatos novos, eu não sei. Tenho que examinar".

As três apurações a que ele se referia eram os inquéritos de nº 2.294 e 3.655, que andavam juntos e surgiram a partir da denúncia de Thaís Barbosa e da série de reportagens do Congresso em Foco. O inquérito nº 3.680 tratava do sorteio de passagens realizado pelo então deputado Paulo Bauer.

Quando as denúncias contra os 218 políticos chegaram ao Supremo, repousaram no gabinete do ministro Luiz Fux. As investigações continham um ofício do TRF-1 e um DVD com discriminação das passagens gastas irregularmente por cada político.

Incluíam, também, uma cópia do inquérito civil aberto pela PRDF, com as listas de voos e usuários. O inquérito aberto por Ghersel no TRF-1 foi numerado no tribunal mais importante do país. Fux mandou a documentação para a Procuradoria-Geral da República.

Em julho de 2017, Janot dirigiu uma petição ao gabinete do magistrado. O PGR tratou como novidade a inclusão do DVD com o inquérito civil da PRDF e detalhes das passagens emitidas entre 2007 e 2009.

O procurador-geral estava equivocado. Essas informações estavam no inquérito nº 2.294 pelo menos desde 2012, anexadas por Roberto Gurgel, seu antecessor no comando do Ministério Público.

De toda forma, Janot solicitou mais uma vez o arquivamento do inquérito. Em substituição, abriu 212 procedimentos, um para cada parlamentar, dentro da PGR. Na burocracia interna, têm o nome de "notícias de fato". Diz o despacho:

"Considerando o grande número de envolvidos e que o desmembramento do feito, para individualizar as condutas, causaria enorme transtorno ao Supremo Tribunal Federal, o procurador-geral da República requer o arquivamento da presente Petição. [...] Será instaurada Notícia de Fato no âmbito do Ministério Público Federal, para melhor esclarecimento dos fatos quanto a materialidade e autoria, para, se for o caso, em seguida requerer-se a instauração de inquérito".

A mudança jurídica tem um sentido prático. Nos inquéritos, o procurador tem que se reportar ao Judiciário. Qualquer arquivamento precisa ser explicado ao magistrado relator. Se for um inquérito na polícia, o delegado presta contas a cada período de 30, 60 ou 90 dias – e solicita mais prazo quando precisa de mais tempo para a apuração.

Com a notícia de fato, tudo se resolve dentro do Ministério Público Federal. Se a investigação vai demorar mais ou menos tempo – ou mesmo se ela for arquivada –, nada precisa ser apresentado à Justiça.

Na hipótese de a notícia de fato ser convertida em um inquérito e, mais à frente, em uma denúncia, o Judiciário seria chamado. Os processos, então, tornam-se ações penais nas varas e tribunais, dizem as leis brasileiras.

Nesses termos, Fux concordou com Janot e arquivou o inquérito no STF.

Capítulo 56

A canetada final
de Raquel Dodge

Restavam as notícias de fato. Em pouco tempo, porém, estas também foram para as lixeiras do Ministério Público. Rodrigo Janot mandou encerrar alguns casos, em despacho sigiloso, em 12 de setembro de 2017[63], poucos dias antes de deixar o cargo.

Em resposta aos autores deste livro, a assessoria de imprensa da PGR informou que houve arquivamentos por excesso de tempo entre os fatos e a investigação realizada – mais uma vez a prescrição dava as caras. Algumas apurações terminaram sem análise do conteúdo das provas, pela dificuldade em buscar evidências depois de decorridos tantos anos.

Mas alguns casos, de conteúdo sigiloso, ficaram com a sucessora de Janot no cargo, Raquel Dodge. No posto, ao assumir os processos, a procuradora arquivou os demais procedimentos. Assim, todas as notícias de fato também acabaram engavetadas pelo Ministério Público Federal.

Os autores do livro solicitaram os despachos das centenas de arquivamentos promovidos por Janot e Dodge em relação a esses políticos. Um pedido, abrangente, sobre todos os políticos. Outro, específico para o caso do presidente da República Jair Bolsonaro.

O acesso foi negado nos dois casos. O material "tem o grau de sigilo confidencial", respondeu a PGR em setembro de 2019[64]. Na gestão do procurador-geral Augusto Aras, o documento foi liberado.

A documentação revela que Raquel Dodge arquivou a investigação sobre os gastos de passagens de mais de 200 políticos, Bolsonaro entre eles, em 13 de agosto de 2019, quando o político de extrema direita já era presidente da República. Esse fato se passou quase doze anos depois da lua de mel do então deputado e sua esposa Michelle em Foz do Iguaçu, e dez anos depois da série de reportagens do Congresso em Foco sobre as cotas parlamentares.

Na análise do tópico relativo ao atual presidente da República, Dodge apresentou uma explicação genérica para justificar o arquivamento:

"[...] transcorridos 12 anos, apresenta-se inviável, neste momento, a adoção de novas medidas investigativas para averiguar a autoria e o elemento subjetivo em relação à conduta de cada um dos possíveis envolvidos na emissão dos bilhetes aéreos fundamentada na chamada 'cota parlamentar'"[65].

Nesse despacho, a procuradora-geral retomou a visão de que a regra interna de 2000 da Câmara dos Deputados não proibia os parlamentares de viajar para onde quisessem e de distribuir passagens para amigos, parentes e eleitores.

A regulamentação "vaga e genérica" das normas, segundo Dodge, permitia interpretação a aplicação "menos restritivas no dispêndio dos recursos públicos destinados ao exercício do cargo", acrescentou.

Diante da documentação obtida em mais de uma década de investigações do Ministério Público Federal e da Polícia Federal, a procuradora-geral entendeu não ter sido possível identificar e individualizar a intenção dos parlamentares na "suposta" negociação de créditos ou na emissão de bilhete aéreo em favor de terceiros.

Embora essa manifestação seja relativa a Bolsonaro, Dodge não faz nenhuma menção aos voos em benefício da primeira-dama, Michelle Bolsonaro, e dos quatro filhos do presidente, Flávio, Eduardo, Carlos e Jair Renan.

Pela caneta de Raquel Dodge, mais um processo nascido das denúncias de Thaís Barbosa tomou o destino das gavetas da PGR.

Com tanta investigação aberta e encerrada, o Judiciário nem sempre oferece informações sobre o andamento dos casos. Nesse contexto, uma das primeiras notícias sobre desvio de créditos de passagens foi publicada em dezembro de 2006 pelo *Diário do Norte do Paraná*. Era o caso dos deputados ligados à empresa Katar Turismo, investigados pelo Ministério Público em Maringá (PR). Mas isso ficou sem explicação para os autores deste livro.

Capítulo 57

Quem quer passagem?

Entre as modalidades de desvios de finalidade para passagens, uma das mais espantosas teve o senador Paulo Bauer como protagonista. Um processo aberto em 2008 na Justiça Federal de Santa Catarina investigou a denúncia de que o congressista fizera sorteios de passagens da cota para jornalistas do estado interessados em conhecer Brasília.

Ao analisar o caso em 2016, Rodrigo Janot entendeu não ter havido desvio de dinheiro por parte de Bauer. O então procurador-geral tratou do assunto em ofício enviado ao ministro do STF Dias Toffoli: "O investigado comprovou que a passagem aérea sorteada fora emitida com utilização de programa de milhagens e não com verba de sua cota parlamentar".

Na mesma ocasião, pesavam contra Bauer acusações de uso irregular da cota por beneficiar a ex-esposa, Maria Lima, a filha e um amigo com bilhetes aéreos para roteiros dentro do país. Janot ainda descobriu que um passageiro nem sequer conhecia Bauer.

Mais uma vez, o procurador-geral entendeu que as normas do Congresso sobre passagens não estabeleciam limites até 2009: "Práticas como as objeto desta investigação eram usuais e disseminadas na Câmara dos Deputados, contando com o beneplácito da Mesa". Nesse tipo de conduta, Janot dizia, cabiam "censuras apenas no plano moral e cível". O procurador pediu o arquivamento e, em 10 de fevereiro de 2016, o relator do processo, ministro Dias Toffoli, concordou.

Apesar dos ajustes feitos nas regras depois do escândalo de 2009, autoridades e parentes mantiveram o hábito de voar por conta dos contribuintes – mesmo sem necessidade dos órgãos públicos. Abusos com as viagens aéreas continuaram nos anos seguintes às revelações do Congresso em Foco. Outros veículos de comunicação descobriram novos casos de turismo particular patrocinado pelo Estado.

Um relatório de auditores do TCU denunciou o pagamento indevido, entre 2009 e 2012, de pelo menos 48 passagens internacionais para mulheres de ministros do STF sem interesse jurídico. Os bilhetes custaram R$ 629 mil, segundo reportagem do jornalista Diego Amorim publicada pelo site O Antagonista em dezembro de 2019. "A emissão das passagens ocorreu, inclusive, em períodos de festas de fim de ano, datas improváveis para a realização de eventos de caráter protocolar", escreveu o repórter.

O TCU explicitou ao STF que a administração pública deve observar os "princípios da legalidade e da moralidade administrativa". No julgamento do caso, o tribunal de contas recomendou mais transparência ao Supremo na emissão de passagens, exclusivas para viagens relacionadas às atividades jurídicas.

Nesse episódio, observa-se, o STF agiu com a mesma permissividade que o Congresso na concessão de verbas para transporte aéreo. Ressalte-se, também, que os fatos ocorreram ao mesmo tempo que os processos relativos às cotas parlamentares tramitavam no Supremo.

Ao liberar as passagens para as esposas, os ministros adotavam a prática tratada como peculato em denúncias do Ministério Público.

**

Em abril de 2019, a então líder do governo no Congresso, deputada Joice Hasselmann (PSL-SP), usou a verba indenizatória de gabinete para comprar uma passagem aérea no período de Carnaval. Assinada por Natália Portinari e Amanda Almeida, a reportagem publicada pela revista *Época* no mês seguinte revelou que a parlamentar passou o feriado em Ilhéus (BA) e de lá retornou para Brasília. A viagem custou R$ 1.264.

Por meio da Lei de Acesso à informação, os repórteres Ranier Bragon e Camila Mattoso, da *Folha de S.Paulo*, descobriram que entre janeiro de 2018 e janeiro de 2019, uma média de 26 parlamentares viajou mensalmente para fora do país. Os congressistas percorreram roteiros nos Estados Unidos, Europa e Ásia. Gastaram em torno de R$ 3,9 milhões de dinheiro público.

Como justificativa para as despesas, apresentaram explicações com "poucos parágrafos copiados de textos da internet", segundo o jornal paulista. Na prática, apesar de oficiais, as viagens não atendiam aos interesses do mandato – eram de turismo. Publicado em junho de 2019, o caso foi apelidado de "CamaraTur" nas páginas da *Folha de S.Paulo*.

Um voo da companhia aérea Azul deixou o senador Flávio Bolsonaro (Republicanos-RJ) e a esposa, Fernanda Antunes Figueira, no arquipélago de Fernando de Noronha na quinta-feira, 30 de outubro de 2020. O casal embarcara em Recife para esticar o feriado do dia de Finados no destino turístico nordestino.

O Senado pagou as passagens de Flávio e Fernanda. O filho do presidente da República, mais uma vez, fez viagem particular paga pelo Congresso. Como mostrado no capítulo 1, o primogênito de Jair Bolsonaro circulou pelo país, na cota do pai deputado, quando exercia mandato na Assembleia Legislativa do Rio de Janeiro.

Dessa vez, porém, Flávio foi flagrado enquanto ainda usufruía da benesse. No dia seguinte à chegada do casal a Noronha, a repórter Luciana Lima revelou no portal Metrópoles – um dos veículos digitais surgidos nessa década em Brasília – que o gabinete do senador quitara as passagens.

Flávio disse que um funcionário do Senado errara ao emitir os bilhetes. Afirmou que devolveria o dinheiro. A culpa, de novo, caiu em um servidor.

Capítulo 58

O fim da apuração da conexão maranhense

De todos os inquéritos sobre as cotas de passagens, o que ofereceu mais dificuldades para acesso pelos autores do livro foi o que investigou as viagens dos convidados de Roseana Sarney. O processo instaurado com base na reportagem do Congresso em Foco tramitou sob sigilo por 12 anos.

O inquérito civil público nº 1.16.000.000780/2009-19 foi aberto em março de 2009. Foi arquivado em dezembro de 2019, sem resultar em punição alguma. Com 437 páginas digitalizadas em formato PDF, o processo divide-se em dois volumes.

Em 2019, Eduardo Militão pediu ao Ministério Público Federal informações e cópias do inquérito. "O processo dos senadores e passagens aéreas está sigiloso", respondeu a assessoria do órgão. Ele fez um pedido por meio da Lei de Acesso à Informação (LAI), também negado. Recorreu, com o argumento de que a investigação fora aberta com base no seu trabalho jornalístico.

O acesso foi autorizado em 2020, e os papéis, liberados no início de 2021. Erros técnicos nas mídias atrasaram o processo mais algumas semanas. Os documentos, enfim disponíveis, tornaram possível conhecer um pouco mais a extensão dos desvios de recursos das cotas reservadas para transporte aéreo. Desvendaram-se segredos sobre o desperdício e a apropriação, para outros fins, do dinheiro destinado a viagens dos senadores no exercício do mandato.

Até onde chegou, o inquérito confirmou e ampliou exemplos da prática de financiar voos de políticos, parentes, convidados particulares e aliados com dinheiro público. Uma agência de viagens praticamente distribuía passagens gratuitas para livre utilização pelos parlamentares e seus escolhidos.

Pelo conteúdo escandaloso do material, compreende-se a razão de se manter o processo nas sombras por mais de uma década depois de iniciado. A leitura dos documentos permitiu a reconstituição da investigação mantida sob sigilo por tanto tempo.

O inquérito contra a senadora do MDB foi aberto na Procuradoria da República no Distrito Federal em 23 de março de 2009. Ele teve como base a reportagem publicada seis dias antes, pelo Congresso em Foco, sobre a viagem dos sete passageiros levados de São Luís para Brasília, como narrado no capítulo 3 – mordomia paga pela cota de Roseana.

Em abril de 2009, a procuradora Anna Carolina Resende de Azevedo Maia ampliou a investigação para os demais senadores. Na justificativa, a representante do MPF abordou quatro pontos relativos aos fatos tratados na investigação:

1. Um inquérito iniciado ainda em 2005 com dados da Gol indicava o mau uso de cota de passagens aéreas pagas pelo Senado "em relação a vários senadores" – casos relatados no capítulo 28 deste livro.
2. O pagamento da cota de passagem aérea aos senadores era muito semelhante ao adotado pela Câmara; já havia um inquérito sobre a Câmara em que também se apuravam casos de "desvios" no uso das verbas.
3. O Senado deveria fazer mudanças na maneira como pagava as passagens dos senadores.
4. Por "medida de justiça e imparcialidade", a investigação não poderia ficar restrita a Roseana Sarney.

Nos dias seguintes, Anna Carolina pediu informações sobre o caso ao gabinete da senadora do Maranhão, ao Senado, à Sphaera Turismo, agência que intermediava as passagens para senadores, e para a TAM. Em outra medida, Anna Carolina requisitou ao Congresso em Foco o áudio da conversa do repórter com o funcionário da agência de viagens. O jornalista atendeu à solicitação.

Desde o início das investigações, os procuradores encontraram dificuldades para obter informações sobre as passagens. A agência Sphaera Turismo se negou a fornecer os registros dos voos ao MPF depois que o senador Wellington Salgado (PMDB-MG) e a Advocacia do Senado mandaram ofícios para reclamar da investigação.

A empresa afirmou não ser possível fornecer informações sobre todos os bilhetes no prazo porque os registros dos voos dos senadores continham 44 mil documentos – uma despesa de R$ 22 milhões para os cofres públicos. Ainda como alegação para não atender ao MPF, a Sphaera afirmou ter acabado de fazer uma mudança de endereço, fato que dificultaria as buscas nos arquivos.

A empresa aérea TAM deixou de repassar apenas os dados sobre Wellington Salgado. Argumentou também ter sido ameaçada de processo pelo senador por quebra de "sigilo parlamentar".

O advogado-geral do Senado, Luiz Fernando Bandeira, negou o compartilhamento das informações em carta enviada ao MPF em abril daquele ano. O representante do Legislativo argumentou que o uso da cota era essencial para os trabalhos dos senadores. Apurações de desvios caberiam à Corregedoria do Senado. Bandeira questionou a competência de Anna Carolina para a cobrança de informações. Contestou fatos apurados e confirmados pelos repórteres, nunca desmentidos pelos envolvidos. Posicionou-se como advogado.

"Em outras palavras, instaurou-se um inquérito para investigar supostos fatos narrados em hipotética reportagem, cujo teor é desconhecido, mas sobre a qual se devem prestar atenções. É a própria concretização do absurdo kafkiano de defender-se de acusação inaudita", escreveu Bandeira.

Depois de sucessivas prorrogações de prazos, a TAM respondeu em agosto de 2009 às principais questões do MPF sobre as cotas. A empresa aérea relatou que a Sphaera Turismo assumiu as transações em contrato assinado com o Senado em 2007. Até 23 de abril de 2009, pouco depois de o escândalo aparecer nas manchetes, os senadores ainda dispunham da comodidade de um guichê da TAM instalado na Câmara. A partir dessa data, perderam a regalia.

A companhia aérea mandou um CD com registros sobre gastos com passagens dos senadores, arquivo enviado para peritos do MPF em outubro de 2009. O primeiro relatório de análise ficou pronto em janeiro do ano seguinte.

O material continha falhas, segundo a perícia, que impediam a identificação de desvios. "Falta de indicação de datas, identificação parcial dos nomes dos passageiros e ausência de dados relativos a requisições de passagens aéreas de grande número de parlamentares", apontou o relatório.

O material era parcial por três motivos:

– Não tinha nenhum voo comercializado pela agência Sphaera com as companhias aéreas, inclusive a TAM.

– Não tinha nenhum voo do senador Wellington Salgado, que ameaçou processar as empresas.

– Só tinha voos comprados diretamente na TAM, sem intermediação da Sphaera.

Mesmo parcial, o material analisado continha elementos suficientes para demonstrar o derrame de dinheiro público. Nos registros de 2007 a 2009, os técnicos da PGR identificaram 7.186 bilhetes. Em uma planilha Excel, relacionaram os dados e especificaram as despesas de cada senador.

Líder do governo no Senado, Romero Jucá (PMDB-RR) liderou o *ranking* de gastadores: emitiu passagens que somaram R$ 628 mil. Renan Calheiros (PMDB-AL) ficou em segundo lugar, com mais de R$ 500 mil consumidos em transporte aéreo. José Sarney (PMDB-AP) ocupou a terceira posição, tendo emitido R$ 485 mil em bilhetes.

***

Depois das primeiras medidas, o processo perdeu o ritmo nos anos seguintes e trocou de procuradores várias vezes. Entre 2011 e 2014, a investigação ficou paralisada três anos inteiros, anotou o procurador Felipe Fritz Braga.

Em 2015, o Tribunal de Contas da União (TCU) confirmou ao Ministério Público que viu desvios no uso das cotas por senadores e deputados federais. O tribunal sugeriu mudanças nas regras para a concessão de passagens.

Em junho de 2015, o procurador Douglas Ivanowski Kirchner pediu uma análise dos bilhetes aos técnicos do MPF no Distrito Federal.

A tarefa foi cumprida só em dezembro de 2016, um ano e meio depois. Coube ao analista Raimundo Anjos examinar os arquivos do Senado. Ele se concentrou nos voos entre 4 de janeiro de 2007 e 17 de maio de 2009. Resumiu tudo no relatório 22/2016[66].

O material processado pelos técnicos representa apenas uma fração das despesas quitadas com verbas das cotas, pois refere-se somente a bilhetes da TAM pagos diretamente pelo Senado. Não contempla passagens da mesma companhia quando adquiridas com a intermediação da agência Sphaera – que não atendeu à solicitação dos investigadores para envio dos arquivos sobre os voos dos senadores.

Também não contém informações da Gol. Ameaçadas de processo, as empresas aéreas e de turismo não repassaram ao Ministério Público as informações sobre o senador Wellington Salgado.

Mesmo parciais, os arquivos recebidos pelos investigadores compõem uma amostra significativa da intensa movimentação, financiada com dinheiro público, por balcões de companhias aéreas e salas VIP de aeroportos. A base de dados reúne 1.785 bilhetes.

No relatório de Raimundo Anjos havia planilhas anexadas. Duas eram mais importantes e foram apresentadas como anexos IV e V. A primeira tratou de viagens de senadores e terceiros. A segunda abordou os créditos acumulados pelos parlamentares ao longo do tempo. Ambas fazem parte do processo.

Dividido em colunas, o documento do anexo IV listou trechos percorridos por 35 senadores e pagos com a cota para "exercício da atividade parlamentar". A planilha organizou um "levantamento geral" de bilhetes aéreos "por senador da República". Contém o nome do passageiro – fosse o próprio parlamentar ou um convidado –, os aeroportos de embarque e desembarque, preços das passagens, tarifas, datas das viagens e dados para localização dos bilhetes.

No trabalho dos peritos, os senadores aparecem em roteiros dentro do Brasil, na América Latina, nos Estados Unidos e na Europa. Sem totalizar os gastos, os técnicos listaram os congressistas em ordem alfabética. Como fizeram em relação à Câmara, separaram os bilhetes internacionais e os realizados no Brasil por pessoas que não eram os próprios políticos – como familiares ou amigos. A partir dos dados organizados pelos peritos, os autores do livro somaram os gastos individualizados dos senadores nesses voos – classificados como "incomuns" na tabela a seguir, montada em ordem decrescente dessas despesas.

Senadores nos céus

Despesas de senadores com passagens aéreas (1), ordenadas por gastos "incomuns", a soma de voos internacionais e nacionais com terceiros:

Senador	Gastos com voos internacionais (R$) (2)	Gastos com voos nacionais com passageiros que são terceiros (R$)	Gastos "incomuns" (R$) (3)	Total de bilhetes de avião
Romeu Tuma (PTB-SP)	309.806,44	6.968,89	316.775,33	89
Romero Jucá (PMDB-RR)	94.524,52	158.796,21	253.320,73	351
José Sarney (PMDB-AP)	208.560,11	36.224,64	244.784,75	109
Renan Calheiros (PMDB-AL)	0,00	117.943,22	117.943,22	164
José Agripino (DEM-RN)	114.523,44	3.343,24	117.866,68	25
Renato Casagrande (PSB-ES)	90.712,05	4.605,28	95.317,33	51

Senador	Gastos com voos internacionais (R$) (2)	Gastos com voos nacionais com passageiros que são terceiros (R$)	Gastos "incomuns" (R$) (3)	Total de bilhetes de avião
Heráclito Fortes (DEM-PI)	0,00	49.574,94	49.574,94	166
Cícero Lucena (PSDB-PB)	20.300,50	14.427,28	34.727,78	6
Geraldo Mesquita Júnior (PMDB-AC)	4.708,48	26.262,00	30.970,48	83
Jefferson Peres (PDT-AM)	4.944,34	25.592,70	30.537,04	26
Edison Lobão (PMDB-MA)	27.486,40	0,00	27.486,40	4
Francisco Dornelles (PP-RJ)	14.720,86	9.194,68	23.915,54	169
Pedro Simon (PMDB-RJ)	20.621,18	0,00	20.621,18	3
Kátia Abreu (DEM-TO)	0,00	16.561,54	16.561.54	76
Paulo Paim (PT-RS)	9.090,16	6.914,92	16.005,08	66
Fernando Collor (PTB-AL)	0,00	704,12	704,12	4
Euclydes Mello (PTB-AL), suplente de Collor	15.653,24	0,00	15.653,24	2
Álvaro Dias (PSDB-PR)	0,00	14.150,94	14.150,94	168
César Borges (PR-BA)	0,00	11.749,64	11.749,64	56
Gilvam Borges (PMDB-AP)	0,00	9.879,38	9.879,38	40
Geovani Borges (PMDB-AP), suplente de Gilvam	0	3.112,66	3.112,66	9
Roseana Sarney (PMDB-MA)	0,00	8.244,68	8.244,68	12
Outros senadores (5)				
TOTAL (4) (5)	941.143,69	533.312,46	1.474.456,14	1.785

(1) Período de janeiro de 2007 a abril de 2009, apenas de voos da companhia aérea TAM. A base de dados não contém: a) voos da TAM intermediados pela agência Sphaera Turismo; b) voos da TAM do senador Wellington Salgado (PMDB-MG); c) voos das companhias Gol e Varig; d) todos os voos intermediados pela agência Sphaera. (2) Consideraram-se os US$ 351.319,92 gastos nas tarifas das passagens para o exterior, convertidos à cotação do dólar de 30 de abril de 2009: R$ 2,1898. (3) Soma de gastos de voos internacionais e voos nacionais em que os passageiros eram terceiros, o que foi considerado irregular pelo MPF. (4) Inclui quatro registros dos senadores Carlos Dunga, Cristovam Buarque, Eduardo Suplicy e Omar Dias, que não voaram, mas tinham contas de créditos MCOs na TAM. (5) A soma inclui um grupo de senadores que gastam menos de R$ 10 mil. Os autores removeram da lista os parlamentares e seus suplentes cujos gastos, somados, eram inferiores a R$ 10 mil: Eduardo Azeredo (PSDB-MG), Jarbas Vasconcelos (PMDB-PR), Marco Antônio, Valter Pereira (PMDB-MS), Joaquim Roriz (PMDB-DF), Aloizio Mercadante (PT-SP), Tião Viana (PT-AC) e Inácio Arruda (PCdoB-CE). Esse corte de R$ 10 mil foi o critério usado pelo Ministério Público no inquérito semelhante que tramitou em relação à Câmara. A senadora Roseana Sarney foi mantida na lista mesmo tendo gastos inferiores, porque o inquérito do Senado foi aberto a partir de gastos de passagens dela.

Fonte: Anexo IV do Relatório 22/2016, do inquérito nº 1.16.000.000780/2009-19, da Procuradoria da República no Distrito Federal. Tabela elaborada pelos autores do livro.

Por esse critério, o campeão nas viagens foi Romeu Tuma, com gasto de R$ 316 mil, seguido por Romero Jucá, com R$ 253 mil, e José Sarney, responsável por despesas de R$ 244 mil. No total, os voos "incomuns" identificados neste trabalho representaram uma conta superior a R$ 1,4 milhão para os cofres públicos.

Quando se consideram apenas os voos internacionais, Tuma também liderou o grupo: consumiu R$ 309 mil. Na sequência, José Sarney e José Agripino foram os responsáveis pelas maiores despesas: R$ 208 mil e R$ 114 mil, respectivamente.

O levantamento dos peritos ressaltou algumas situações observadas nos arquivos. As verbas de passagens destinadas a Renan Calheiros, por exemplo, serviram a familiares e terceiros pelo menos 81 vezes entre 2007 e 2009, de acordo com o anexo IV do relatório 22/2016 do Ministério Público Federal.

Parentes e convidados do senador de Alagoas usaram os créditos do ex-presidente do Senado para visitar destinos como Florianópolis (SC), São Paulo, Brasília e Maceió (AL). Em valores da época, gastaram pelo menos R$ 88 mil. A esposa do senador, Maria Verônica, utilizou 54 passagens dentro do país – ao custo de R$ 63 mil, incluindo taxas, para os contribuintes.

A senadora Kátia Abreu (DEM-TO) repassou 32 passagens da cota parlamentar para o pai, para os filhos e a neta.

***

Aberto para investigar viagens de convidados de Roseana, o inquérito expandiu o foco para dezenas de senadores, como vimos nas páginas anteriores. Mesmo com a abertura do leque de apuração, ficou evidente que a família Sarney, especialmente, beneficiou-se da falta de controle sobre as verbas das cotas parlamentares – conforme se viu em diferentes trechos do livro.

Os peritos e procuradores identificaram outros exemplos, no período examinado, dos excessos cometidos pelo clã maranhense no trato com as verbas do Congresso. A ex-primeira-dama do país Marly Sarney gastou 30 passagens, grande parte para destinos internacionais, como Viena, Madri, Buenos Aires, Paris, Nova York e Lisboa.

No circuito interno, os investigadores identificaram o neto Gabriel, o assessor especial Amaury Piccolo e pessoas identificadas pelos nomes como Samira Bruna, Pedro Costa e Wanderley Azevedo.

José Sarney e seus convidados consumiram, no total, pelo menos US$ 92 mil dólares em embarques para o exterior entre 2007 e 2009. Considerando o câmbio da época e as taxas de embarque, isso significou R$ 208 mil apenas em viagens ao exterior, de acordo com registros somente da companhia aérea TAM. O montante inclui os US$ 46 mil da viagem a Viena, acompanhado pela esposa, episódio tratado no capítulo 3.

O relatório de Raimundo Anjos destaca ainda um crédito no valor de R$ 191 mil para Roseana Sarney. O dinheiro foi liberado no dia 8 de abril de 2009, poucas semanas depois da viagem dos seus convidados, revelada em março pelo Congresso em Foco. O documento está inserido dentro das análises.

Fig. 7 – Crédito de passagens aéreas em nome de Roseana Sarney garantia à senadora o valor de R$ 191 mil, segundo documento levantado por analistas da Procuradoria.

Para se ter uma ideia do significado desse valor, uma passagem entre Brasília e São Luís custava, em média, R$ 500,00 em 2009. Roseana Sarney, portanto, dispunha de um crédito suficiente para fazer 382 vezes esse percurso. Supondo-se que a então senadora percorresse o trecho uma vez por semana, ida e volta, o benefício acumulado permitiria três anos e oito meses de transporte gratuito.

Pode-se, ainda, fazer a conta de quanto tempo de mandato seria necessário para juntar créditos para 382 viagens. Como era permitido emitir cinco passagens de ida e volta por mês, cada senador tinha o direito, no máximo, a 120 passagens anuais.

Roseana, então, precisou passar mais de três anos sem gastar dinheiro da cota parlamentar em qualquer tipo de viagem; ou guardou créditos de milhagem ou outra forma de emissão de MCOs não identificada pela reportagem.

O procurador Hélio Ferreira Heringer Junior inseriu mais dados no processo em janeiro de 2017. Na ocasião, entre outros elementos, acrescentou detalhes sobre as viagens de dona Marly e juntou uma tabela com detalhes dos voos da ex-primeira-dama e de outros parentes de senadores. A esposa de José Sarney teve gastos de R$ 62 mil no período analisado.

Até janeiro de 2021, quando os autores do livro obtiveram uma cópia do inquérito, essas informações ficaram escondidas do público.

Com base na tabela do anexo IV, depreende-se que 812 – ou 45% – dos 1.785 bilhetes enquadram-se na classificação de viagens "incomuns". Eles custaram R$ 1,4 milhão. Em termos de orçamento, causaram um impacto de 66% no total das verbas destinadas ao mandato dos senadores, que somaram R$ 2,2 milhões no arquivo analisado.

Como sabemos, trata-se apenas de uma amostragem do que se fez com a verba para transporte do Senado entre 2007 e 2009.

Autoexplicativa, a planilha do anexo IV permite conclusões precisas sobre os voos custeados com dinheiro do Senado. Com locais, datas e horários dos embarques e nomes dos passageiros, pode-se reconstituir parte da farra feita por políticos e convidados à sombra dos mandatos parlamentares.

A segunda planilha, apresentada no Anexo V, oferece menos segurança sobre o fluxo financeiro proporcionado pelas verbas das cotas. Primeiro, por abordar apenas os MCOs, os créditos acumulados pelos senadores com as empresas aéreas – não se refere a voos efetivamente feitos nem fica explícito o momento em que o Senado repassou os recursos. Também não fornece dados que permitam inferir que os créditos se originem de programas de milhagens.

No mesmo sentido, algumas tabelas produzidas pelos peritos não são autoexplicativas em relação aos cálculos dos MCOs de cada senador. Como o processo foi arquivado, as dúvidas foram engavetadas.

Diante das evidências identificadas pelos analistas, o procurador Heringer Junior concluiu não ter mais autorização legal para investigar o caso. Os desvios, entendeu, extrapolaram a possibilidade de simples improbidade administrativa, a área em que ele atuava. Também poderiam ser entendidos como crime. O representante do MPF citou, ainda, as 443 denúncias criminais ajuizadas pelo colega Elton Ghersel contra deputados, como já detalhamos no capítulo 53, no final de 2016.

Amparado na perícia, Heringer registrou que ex-senadores – e eventualmente alguns no exercício do mandato – utilizaram recursos federais no custeio de passagens aéreas para atender a "interesses privados" entre 2007 e 2009.

"Tal conduta, além de constituir, em tese, prática de ato de improbidade administrativa, reparada por ação de natureza cível, é simultaneamente ilícito penal (peculato)", ressaltou o procurador em despacho de janeiro de 2017[67]. Ele repassou o caso a um procurador que atuava na área de combate à corrupção na Procuradoria.

Em fevereiro de 2017, o procurador Ivan Cláudio Marx enviou para a Procuradoria-Geral da República a parte dos envolvidos nos desvios que tinham foro privilegiado no Supremo Tribunal Federal (STF), ou seja, os políticos com mandato, como congressistas e ministros. Ele ficou com os políticos sem mandato. Marx listou 38 senadores que entre 2007 e 2009 fizeram "uso irregular da cota de passagem aérea".

Segue a lista organizada pelo procurador Ivan Marx:

NOME POLÍTICO DO SENADOR/EX-SENADOR	NOME CIVIL	CARGO ATUAL
Alberto Silva	Alberto Tavares Silva	Falecimento: 28 de setembro de 2009
Aloizio Mercadante	Aloizio Mercadante Oliva	-
Alvaro Dias	Alvaro Fernandes Dias	SENADOR
Carlos Dunga	Carlos Marques Dunga	-
Cicero Lucena	Cícero de Lucena Filho	-
Cesar Borges	César Augusto Rabello Borges	-
Cristovam Buarque	Cristovam Ricardo Cavalcanti Buarque	SENADOR
Edison Lobão	Edison Lobão	SENADOR
Eduardo Azeredo	Eduardo Brandão de Azeredo	-
Eduardo Suplicy	Eduardo Matarazzo Suplicy	VEREADOR DO MUNICÍPIO DE SÃO PAULO
Eduardo Siqueira Campos	José Eduardo Siqueira Campos	DEPUTADO ESTADUAL DO ESTADO DO TOCANTINS
Euclydes Mello	Euclydes Affonso de Mello Neto	-
Fernando Collor	Fernando Affonso Collor de Mello	SENADOR
Francisco Dornelles	Francisco Oswaldo Neves Dornelles	VICE-GOVERNADOR DO ESTADO DO RIO DE JANEIRO
Geovani Borges	Geovani Pinheiro Borges	-
Geraldo Mesquita Junior	Geraldo Gurgel de Mesquita Júnior	-
Gilvam Borges	Gilvam Pinheiro Borges	-
Heraclito Fortes	Heráclito de Sousa Fortes	DEPUTADO FEDERAL
Inacio Arruda	Inácio Francisco de Assis Nunes Arruda	SECRETÁRIO ESTADUAL DE CIÊNCIA E TECNOLOGIA DO ESTADO DOCEARÁ
Jarbas Vasconcelos	Jarbas de Andrade Vasconcelos	DEPUTADO FEDERAL
Jefferson Peres	José Jefferson Carpinteiro Peres	Falecimento: 23 de maio de 2008
Joaquim Roriz	Joaquim Domingos Roriz	-
Jose Agripino	Jose Agripino Maia	SENADOR
José Sarney	José Sarney	-
Katia Abreu	Kátia Regina de Abreu	SENADORA
Marco Antonio	Marco Antonio Costa	-
Marisa Serrano	Marisa Joaquina Monteiro Serrano	CONSELHEIRA DO TCE/MS
Osmar Dias	Osmar Fernandes Dias	-
Paulo Paim	Paulo Renato Paim	SENADOR
Pedro Simon	Pedro Jorge Simon	-
Renan Calheiros	José Renan Vasconcelos Calheiros	SENADOR
Renato Casagrande	José Renato Casagrande	-
Romero Juca	Romero Juca Filho	SENADOR
Romeu Tuma	Romeu Tuma	Falecimento: 26 de outubro de 2010
Roseana Sarney	Roseana Sarney Murad	-
Tiao Viana	Sebastião Afonso Viana Macedo Neves	GOVERNADOR DO ESTADO DO ACRE
Valter Pereira	Valter Pereira de Oliveira	-
Wellington Salgado	Wellington Salgado de Oliveira	-

A pedido do Ministério Público, a Polícia Federal abriu um inquérito criminal em setembro de 2017. Assim, oito anos depois das revelações do Congresso em Foco sobre os convidados de São Luís, a PF começava uma investigação sobre a conduta de Roseana Sarney – e de outros 34 senadores. Três tinham morrido: Alberto Silva (PMDB-PI), Jefferson Peres (PDT-AM) e Romeu Tuma (PTB-SP).

Apesar do tempo passado, os policiais identificaram outras nove pessoas agraciadas com passagens da cota da senadora Roseana nos primeiros 14 dias de abril de 2009, época abordada pela reportagem do site. Eles apontaram os nomes dos beneficiados: Rafaela Murad, Maria Iracema Marinho, Ronaldo Rego, Gustavo Amorim, Ana Maria Silva, Rafael Muniz, Fernanda Muniz, Sérgio Macedo e Amaury Picollo. E traziam outra informação nova e reveladora.

Em 2019, Roseana pediu *habeas corpus* ao Tribunal Regional da 1ª Região. A corte atendeu à solicitação da ex-senadora e travou o inquérito da Polícia

Federal. Adotou o entendimento de "atipicidade de conduta" na investigação. Trocando em miúdos, significa que os desembargadores entenderam que todos os fatos narrados eram verdadeiros, mas não seriam crimes. Na prática, aceitou o argumento de que, pelo menos até 2009, os congressistas podiam usar as verbas de passagem como bem entendessem.

A procuradora Marcia Brandão Zollinger arquivou o caso em dezembro de 2019. Ela justificou o trancamento do inquérito policial, a rejeição das denúncias de crimes de desvio de passagens aéreas feitas pelo Tribunal Regional Federal da 1ª Região – tratadas no capítulo 53 – e, ainda, o arquivamento dos inquéritos no STF, feito a pedido do então procurador Rodrigo Janot.

A procuradora repetiu argumentos segundo os quais haveria regras pouco claras para verbas públicas oferecidas para os parlamentares. Entendeu que as normas do Senado, assim como as da Câmara, permitiriam os desvios apurados.

"Assim, tanto o Supremo Tribunal Federal quanto o Tribunal Regional Federal da 1ª Região entenderam ser o caso de rejeição de denúncias, arquivamento dos autos e trancamento de inquéritos policiais em curso, tendo em vista o reconhecimento da ausência de clareza do ato normativo que regulamentava a emissão de cotas de passagens aos parlamentares", afirmou Marcia Zollinger.

O inquérito durou mais de dez anos, sem chegar a nenhuma conclusão. Os comprovantes dos desvios estavam em poder do MPF desde 2009. Nenhuma denúncia, porém, foi oferecida no âmbito criminal – ou mesmo no cível, para restituição dos valores.

O arquivamento do processo contra Roseana e outros 37 senadores foi confirmado pela juíza Pollyana Kelly Maciel Medeiros, da 12ª Vara Federal de Brasília. No âmbito do Ministério Público, o parecer de Marcia Zollinger foi ratificado pela 5ª Câmara de Coordenação e Revisão do MPF em fevereiro de 2020.

O processo contava a história de dois anos de mordomias e de desperdício de dinheiro público sob a responsabilidade de políticos.

Como visto, o inquérito dos senadores recebeu tratamento sigiloso durante mais de uma década pelo Ministério Público e pela Justiça. Agora, é fonte de informação para o conhecimento, pela sociedade, do derrame de recursos sob o pretexto do exercício parlamentar.

Quarta parte

ÚLTIMO TRECHO

Capítulo 59

O que disseram os políticos

Ao longo de 2009 – e nos anos seguintes –, os políticos deram explicações sobre o que fizeram com o dinheiro público pelos céus deste mundo. A íntegra das respostas dos políticos e agentes de viagens pode ser encontrada em reportagens publicadas pelos autores deste livro, no Anexo IV.

Nem todos os donos de cotas flagrados no uso indevido dos créditos se pronunciaram sobre o assunto. De modo geral, deputados e senadores argumentaram que as normas vigentes na época permitiam voos para qualquer lugar do mundo, com todo tipo de convidado, mesmo sem relação com as atividades parlamentares.

A seguir, apresentamos um resumo do que disseram, desde 2009, os donos das cotas e outras pessoas citadas neste livro. As explicações estão ordenadas de acordo com a citação nos capítulos do livro.

Jair Bolsonaro e família

O presidente Jair Bolsonaro e familiares foram procurados por meio da Secretaria de Comunicação da Presidência da República em 2021. Os assessores palacianos, porém, não prestaram esclarecimentos.

Michel Temer

O ex-presidente Michel Temer afirmou que as regras anteriores permitiam o uso das passagens sem restrições, conforme detalhado no capítulo 22.

José Sarney

O ex-presidente Sarney foi procurado em 2021, mas não prestou esclarecimentos.

Sarney Filho

O ex-deputado Sarney Filho informou que cedeu passagens a Marco Bogéa porque os dois são amigos desde a infância, em São Luís. "O Marco Antônio Bogéa é um amigo de infância de São Luís que, na ocasião da emissão das passagens, estava passando por um momento difícil, enfrentando um tratamento de câncer em São Paulo. Eu o ajudei com as passagens, como também no tratamento médico."

Roseana Sarney

A ex-governadora Roseana Sarney disse em 2009 que financiou do próprio bolso as passagens para quatro dos sete convidados que viajaram de São Luís para Brasília pela sua cota do Senado. Ela disse ter pago a conta com um cheque particular de R$ 4.332,96. Sem exibir o cheque, enviou cópia de fatura datada de 5 de março de 2009. A senadora foi procurada novamente em 2021 por meio de advogados, mas não prestou esclarecimentos.

Fernando Sarney

O empresário Fernando Sarney negou as acusações apuradas pela Operação Boi Barrica. O Superior Tribunal de Justiça anulou a investigação em 2011.

Marco Antônio Bogéa

Procurado em 2009 pela reportagem, Marco Bogéa não quis se manifestar. A PF nunca explicou as suspeitas sobre a mala levada para São Paulo. Com a anulação da Operação Boi Barrica-Faktor, o caso foi encerrado.

Arthur Lira

O deputado Arthur Lira e seu pai, Benedito, foram procurados por assessoria, mas não prestaram esclarecimentos. Por meio da Lei de Acesso à Informação. A Câmara afirmou não ter registro de bilhetes aéreos relacionados aos dois, porque só depois de 2009 passou a publicar as viagens dos parlamentares.

Davi Alcolumbre

O senador Davi Alcolumbre afirmou que as passagens citadas obedeceram "à legalidade e consideraram a necessidade de deslocamento decorrente das atividades inerentes ao exercício do mandato parlamentar".

Carlos Abicalil

O ex-deputado Carlos Abicalil disse que sua cota foi emprestada "sem o seu conhecimento prévio" ao gabinete do colega Valadares Filho.

Valadares Filho

O deputado Valadares Filho sustentou, em 2009, que "jamais autorizou pedido de empréstimo por parte de algum funcionário do seu gabinete de cota de passagem para o gabinete do deputado Carlos Abicalil".

Pedro Damião Pinto Rabelo

O agente Pedro Damião Pinto Rabelo não foi localizado em 2009. Em 2021, foi feita nova tentativa pelos autores, mais uma vez sem sucesso.

Vagdar Fortunato Ferreira

O agente de viagens Vagdar Fortunato Ferreira disse, em 2009, que prestava serviços gratuitos para 30 deputados. "Uma mão lava a outra." Essa forma de favor não precisava ser explicada.

Lino Rossi

O ex-deputado Lino Rossi defendeu a tese de que não teve nenhuma participação no esquema, e que só descobriu falsas assinaturas nas requisições de passagens apresentadas a uma companhia aérea quando reassumiu o mandato, depois de 121 dias de licença.

Thaís Barbosa

A ex-deputada Thaís Barbosa não foi localizada em 2009. Contatada em 2020, ela pediu que o telefonema fosse realizado mais tarde, mas não atendeu mais às ligações.

Marlon Araújo

O ex-servidor da Câmara Marlon Reis afirmou que retirou passagens em nome de Lino Rossi e negou falsificação de assinaturas, conforme detalhado no capítulo 6. Em 2020, ele **não foi localizado por oficiais de Justiça. Os autores deste livro também não conseguiram falar com ele** nem encontrar seus advogados, depois de todos esses anos.

José Reis

O ex-servidor José Reis afirmou que recebeu requisição das mãos de Pedro Damião para ressarcir despesas para o gabinete onde trabalhava, do deputado Daniel Almeida. Disse que agiu de boa-fé.

Fábio Faria

O deputado Fábio Faria reconheceu o uso indevido de passagens aéreas com voos da então namorada Adriane Galisteu e outras celebridades. Devolveu R$ 23 mil em 2009. Mas, segundo a Procuradoria calculou em 2017, ainda devia R$ 163 mil. No entanto, o inquérito acabou arquivado em 2019.

José Múcio Monteiro, Geddel Vieira Lima e Reinhold Stephanes

As assessorias dos três ex-ministros José Múcio, Geddel Vieira e Reinhold Stephanes disseram que os bilhetes foram usados com créditos gerados de suas cotas de passagens quando eles ainda eram deputados.

Inocêncio Oliveira

O ex-deputado Inocêncio Oliveira admitiu que a família viajou com recursos da Casa, mas não viu ilegalidade nos atos. Para ele, normas não proibiam a prática. "Cada parlamentar faz o que quiser com sua cota", disse o deputado em 2009.

Nelson Marquezelli

O ex-deputado Nelson Marquezelli disse que viajou com a mulher para Nova York com dinheiro de milhagens acumuladas por ele no exercício do cargo. Afirmou desconhecer a viagem com a mulher para Buenos Aires em dezembro de 2007. Não reconheceu passagens para três integrantes de outra família.

Leandro Sampaio

O ex-deputado Leandro Sampaio reconheceu ter usado dinheiro público da Câmara para viajar com a família. Mas disse que aproveitou as viagens com a mulher para participar de encontros cuja discussão girava em torno do tema "defesa da vida". Afirmou que não cometeu nenhuma irregularidade.

Hélio Costa

O ex-ministro Hélio Costa alegou que usou a cota do Senado por ter sido convidado para representar o governo em um evento da Câmara Brasil-Estados Unidos. A agenda oficial teria coincidido com suas duas semanas de férias em janeiro. Argumentou ainda que abriu mão de uma passagem de primeira classe à qual teria direito como ministro de Estado, no valor de US$ 8 mil, para usar bilhetes de classe econômica pagos pelo Senado.

Wellington Salgado

O ex-senador Wellington Salgado disse que "emprestou" sua cota de passagens, por avaliar que não cometia irregularidade. "O ministro ia devolver depois e não vejo nenhum problema nisso."

Marlídice Peres

A viúva do ex-senador Jefferson Peres, Marlídice Peres, disse que agiu de boa-fé quando pediu ao Senado para receber o dinheiro das passagens do marido falecido.

Tasso Jereissati

O senador Tasso Jereissati disse à *Folha de S.Paulo* que aproveitava o saldo de passagens pagas pelo Senado, que não foram usadas, para fretar jatos.

Mário Negromonte

O ex-deputado Mário Negromonte confirmou as viagens com a família na cota da Câmara e disse não ver nenhum problema nisso. "Se não fosse permitido, ninguém faria. Tudo foi feito dentro da legalidade. Se não fosse assim, a Câmara não teria autorizado."

José Aníbal

A assessoria do ex-deputado José Aníbal afirmou que os valores atribuídos à passagem da filha dizem respeito a uma alteração no voo de retorno. "O deputado determinou a um funcionário que pagasse a diferença cobrada pela companhia aérea para alterar a data da volta, e o funcionário, equivocadamente, entendeu que essa diferença deveria ser debitada na cota parlamentar. Só agora, com o questionamento surgido, o deputado soube que o débito da diferença fora feito em sua cota."

Fernando Coruja

O ex-deputado Fernando Coruja alegou que usou a cota dessa maneira por entender que a legislação permitia. Defendeu que fossem estabelecidos critérios mais restritos para gastar as verbas parlamentares.

Ivan Valente

O então chefe de gabinete da liderança do PSOL, Rodrigo Pereira, informou que o deputado Ivan Valente usou um "crédito antigo" para viajar ao exterior com sua esposa. "O nosso é um alfinete no meio de muitas agulhas. Em certa medida, todo mundo faz isso."

Uldurico Pinto

O ex-deputado Uldurico Pinto declarou que sobre a passagem emitida para Dionée Alencar, identificada por ele como funcionária concursada da Câmara, tinha a seguinte justificativa: "O motivo da liberação apenas do trecho de volta deveu-se a solicitação urgente de seu retorno, por necessitar de seus serviços e, ainda, por motivo de saúde".

Daniel Almeida

O deputado Daniel Almeida afirmou que pagou passagem para José Carlos Ruy representá-lo em um evento no Chile, promovido pelo Partido Comunista chileno para marcar a luta contra a ditadura do general Augusto Pinochet.

Waldemir Moka

O ex-senador Waldemir Moka admitiu ter usado o benefício da Câmara para viajar com a família para a Europa. A assessoria do senador disse que as passagens foram cedidas para transportar José Borba (PMDB-PR) porque ele era "ex-deputado e ex-líder do seu partido na Câmara".

Vic Pires Franco

O ex-deputado Vic Pires Franco admitiu ter usado a cota de passagens da Câmara para pagar 27 voos internacionais porque, afirmou, imaginou agir de acordo com a lei. Ele responsabilizou a Terceira-Secretaria da Câmara por orientar de forma indevida os parlamentares. Segundo o político, o órgão, que é o responsável pela distribuição das cotas de passagens, sempre garantiu aos deputados autonomia para utilizar o benefício como bem entendessem.

Eugênio Rabelo

A assessoria do ex-deputado Eugênio Rabelo afirmou: "Ele não deu essas viagens para ninguém e não viajou. Nós vamos investigar quem repassou esses voos e vamos tomar as providências cabíveis, como demissão ou queixa à polícia".

Arnaldo Faria de Sá

O ex-deputado Arnaldo Faria de Sá reconheceu apenas 6 dos 29 bilhetes emitidos por meio de sua cota. São as passagens que levaram Faria de Sá, sua esposa, Regina, e sua mãe, Josephina, até Miami, nos Estados Unidos. Ele disse que não via problema na emissão das passagens e que esteve em Miami para acompanhar o nascimento de seu neto. A filha do deputado vivia na cidade americana. A viagem dos três aconteceu em dezembro de 2007. Quanto aos demais 23 trechos, o parlamentar afirmou que os créditos foram indevidamente repassados por um servidor, com falsificação de sua assinatura.

João Carlos Bacelar

O deputado João Carlos Bacelar disse que pediu à TAM e à Gol que o informassem sobre todas as passagens emitidas em seu nome em 2007 e 2008. Para justificar a emissão de bilhetes internacionais em seu nome, ele afirmou considerar a hipótese de que "auxiliares" que "tomam conta" das passagens poderiam ter "desvirtuado" o uso das verbas.

Chico Rodrigues

O senador e ex-deputado Chico Rodrigues disse, por meio de sua assessoria, que o Ato da Mesa nº 42 de 2000 tinha uma redação "vaga" e que não determinava nenhuma restrição ao uso da cota mensal de passagens aéreas. Por isso, seus gastos citados não poderiam ser considerados como condutas criminais.

Luciana Genro

A ex-deputada Luciana Genro disse: "Essa prática é absolutamente legítima, porque ela está no estrito exercício do meu mandato parlamentar".

Augusto Nardes

O ministro do TCU Augusto Nardes admitiu ter viajado de Brasília a Porto Alegre em dezembro de 2007, na cota do ex-deputado José Otávio Germano. Atribuiu a responsabilidade à secretária dele e ao deputado. A auxiliar do ministro teria recorrido à colega após enfrentar "problemas" para emitir a passagem de Nardes pelo TCU.

José Otávio Germano

O ex-deputado José Otávio Germano disse que a viagem foi justificada pela secretária do parlamentar, Daniela Maier, como uma "troca de favores" entre amigas, feita sem o conhecimento dos seus respectivos chefes.

Enio Bacci

O ex-deputado Enio Bacci disse que não reconhecia as passagens emitidas em nome da família de João Zoghbi, e que investigaria como esses bilhetes haviam sido emitidos sem a sua autorização. O deputado admitiu que, no final de cada ano, entregava bilhetes para os funcionários de seu gabinete. Bacci informou que os valores variavam de acordo com o estado de origem dos assessores.

Julião Amin

A assessoria do ex-deputado Julião Amin informou que os voos emitidos em nome da família Zoghbi não estavam nos registros do gabinete, e que pediria informações à Câmara.

Nazareno Fonteles

A assessoria do ex-deputado Nazareno Fonteles disse que ele desconhecia a família de João Zoghbi. "O deputado Nazareno Fonteles não sabia que, da sua cota, saíram passagens para um integrante dessa família."

Valadares Filho

O ex-deputado Valadares Filho negou conhecer algum integrante da família de João Zoghbi. "Não conheço essa família nem autorizei viagem alguma com a minha cota", disse ele. Afirmou que pediria esclarecimentos à Câmara.

Almeida de Jesus

O ex-deputado Almeida de Jesus disse que utilizou as passagens depois do mandato porque as verbas eram como uma "conta-corrente", que ficavam como crédito para o político. Disse que cedeu passagens para "famílias inteiras" que precisavam de tratamento de saúde em Brasília e São Paulo.

Agnelo Queiroz

O ex-deputado Agnelo Queiroz disse que as verbas não devolvidas pertenciam a ele, e não mais à Câmara. "Eu tinha crédito, já era meu, não era da Câmara."

Roberto Freire

O ex-deputado Roberto Freire disse que utilizou as verbas da Câmara mesmo após o fim de seu mandato porque isso era "prática generalizada".

Reinaldo Gripp

O ex-deputado Reinaldo Gripp disse desconhecer a maioria dos nomes que estão na lista, com exceção da ex-mulher e de um ex-assessor. "Não autorizei nada. Nunca mais fui para Brasília nem andei de avião."

Álvaro Dias

Em 2009, o senador Álvaro Dias afirmou que houve compensação de despesas na emissão das passagens para seu filho. Disse que, em alguns fins de semana, usou seu cartão de crédito particular para custear viagens a trabalho. "Não vejo a necessidade de ressarcir o valor, pois não há nenhuma irregularidade. Caso a Mesa decida em contrário, eu devolverei."

Ele disse, em 2021, que não recebeu nenhuma notificação sobre o inquérito aberto no Ministério Público sobre senadores e que listou seus gastos de passagens. Dias afirmou que todas as passagens emitidas pelo gabinete no período mencionado seguiram estritamente o regulamento do Senado à época, não havendo nenhum tipo de irregularidade.

Geraldo Mesquita

O ex-senador Geraldo Mesquita disse que levou a mulher para reuniões do Parlamento do Mercosul, porque ela é "sua principal conselheira" e auxilia seu trabalho político Brasil afora. "Não sinto ter me apropriado indevidamente de recursos públicos. Fui a trabalho." Procurado novamente, não prestou esclarecimentos.

Paulo Paim

O senador Paulo Paim disse, em 2009, que ajudou uma pessoa que "vive há mais de 20 anos no Brasil". "Tem mais de 130 quilos e tem dificuldade de locomoção. Viajou em dois momentos devido à doença dos pais no Uruguai. O pai teve derrame na primeira viagem", contou. "Esse é o critério, doença da família ou motivo de saúde, que sempre usei aqui para conceder passagens. Ele é um velho militante da causa."

Paim afirmou, em 2021, que não foi informado do inquérito do Ministério Público sobre os gastos dos senadores. "Caso venha a ser comunicado, prestarei as informações à autoridade competente e aos órgãos de imprensa interessados", afirmou aos autores.

Osmar Dias

A assessoria do ex-senador Osmar Dias disse que tudo foi legal. "Isso não infringiu nenhuma norma disposta no ato da Comissão Diretora vigente à época."

Jorge Bornhausen

A assessoria do ex-senador Jorge Bornhausen disse que tinha "direito adquirido" para usar as verbas acumuladas nas companhias aéreas. "A cota pessoal foi transformada em crédito para ser utilizado de acordo com o direito adquirido que eu tenho."

Paulo Bornhausen

O ex-deputado Paulo Bornhausen disse que as regras não o proibiam de viajar com os filhos. Ele afirmou que devolveria o dinheiro se a Câmara ordenasse.

Rodolpho Tourinho

O ex-senador Rodolpho Tourinho disse que tudo foi legal: "Se voei, foi dentro do usual, como um direito adquirido".

José Jorge

O ex-senador José Jorge disse que usou verbas públicas depois do fim do mandato, mas afirmou que tudo era legal: "Fiz de acordo com as regras vigentes à época".

Teotônio Vilela Filho

A assessoria do ex-senador Teotônio Vilela Filho disse que tudo foi feito dentro da lei.

Heloísa Helena

A ex-senadora Heloísa Helena disse que todos os voos foram legais. "Tenho consciência absolutamente tranquila, pois tudo que foi feito está totalmente de acordo com a legalidade institucional vigente. Não sou parte dos bandos que patrocinam orgias com dinheiro público. Não recebo aposentadoria parlamentar, não uso plano de saúde do Senado."

Robson Rodovalho

O ex-deputado Robson Rodovalho disse que os gastos foram legais, mas que, mesmo assim, devolveria todas as despesas que havia feito. Ele de fato devolveu mais de R$ 40 mil.

Ciro Gomes

A assessoria do ex-deputado Ciro Gomes disse que ele agiu dentro da lei. "Os procedimentos estão em conformidade com as normas da Câmara. Nenhuma ação praticada pelo gabinete feriu o regimento interno."

Outros personagens

André de Paula, Aníbal Gomes, Cícero Lucena, Cléber Verde, Dagoberto Nogueira, Eduardo Lopes, Fernando Collor e Euclydes Mello, Francisco Dornelles, George Hilton, Geraldo Mesquita, Gilvam e Geovani Borges, Gonzaga Patriota, Heráclito Fortes, Jilmar Tatto, João Alberto, João Carlos Zoghbi, José Agripino Maia, Kátia Abreu, Léo Alcântara, Marcelo Teixeira, Maurício Trindade, Manoel Júnior, Odair Cunha, Paulo Henrique Lustosa, Pedro Fernandes, Pedro Simon, Raymundo Veloso, Rebecca Garcia, Renan Calheiros, Renato Casagrande, Romero Jucá, Roberto Balestra, Roberto Saturnino, Sandro Mabel e Thaís Barbosa. Eles foram responsáveis por verbas usadas em viagens para o Brasil e para o exterior ou foram, de alguma forma, beneficiários de passagens pagas pelo Estado. No entanto, esses políticos, autoridades ou servidores não prestaram esclarecimentos sobre os fatos. O ex-senador Edison Lobão não foi localizado.

Capítulo 60

Por onde andam os políticos?

Mais de uma década se passou entre as revelações sobre as passagens aéreas, em 2009, e a edição deste livro. Nesse período, a política brasileira sofreu reviravoltas e acumulou novos escândalos. Investigações e processos judiciais levaram a cassações de mandatos e prisões de parlamentares, governantes e empresários. O Congresso esteve outras vezes no centro de denúncias que mobilizaram os três poderes e alarmaram os brasileiros.

Os personagens expostos pelo uso indevido da cota parlamentar seguiram suas vidas sem prejuízos decorrentes das reportagens sobre os milhares de viagens particulares financiadas pelo Legislativo. Protagonistas das revelações da época continuaram nos mais altos cargos da República – apenas mudaram de posto. Outros, no entanto, terminaram na cadeia, envolvidos em acusações de diferentes naturezas.

Mostramos a seguir a trajetória, na segunda década do século XXI, de autoridades citadas no livro, selecionadas em função da relevância nos fatos tratados e da importância do cargo ocupado. Alguns, como Jair Bolsonaro, não apareceram nas reportagens originais. Todos têm relação com as cotas, com as investigações ou com os processos.

Jair Bolsonaro

O deputado Jair Bolsonaro seguiu sua vida depois da farra das passagens. Em 2017, o Ministério Público de primeira instância incluiu-o numa lista de políticos que deveriam devolver dinheiro gasto irregularmente nas viagens de avião. No ano seguinte, depois de sete mandatos consecutivos, ele se elegeu presidente da República. Foi beneficiado pela polarização política do país e, também, pela prisão do adversário mais bem posicionado nas pesquisas, o ex-presidente Lula. Tornou-se o primeiro presidente de extrema direita desde a redemocratização.

Em 2019, o procurador da República Igor Nery Figueiredo arquivou a investigação que cobraria os gastos de passagens considerados irregulares de Jair Bolsonaro e de mais uma centena de políticos. Da mesma forma, em 13 de agosto de 2019, a então procuradora-geral da República, Raquel Dodge, arquivou um pedido de investigação criminal sobre o presidente por fatos semelhantes – assim como em relação a outros políticos.

No período em que Bolsonaro governou, sua família cresceu, prosperou e enriqueceu. Os adultos se engajaram no projeto presidencial do pai e, em diferentes situações, envolveram-se com denúncias sobre desvio de dinheiro, caso de Flávio, e apoio a atos antidemocráticos, especialmente Carlos e Eduardo.

Jair Bolsonaro empregou em seu gabinete por oito anos, entre 1998 e 2006, Andrea Siqueira Valle, irmã de sua segunda mulher, Ana Cristina Siqueira Valle. Os repórteres Amanda Rossi, Flávio Costa, Gabriela Sá Pessoa e Juliana Dal Piva revelaram em reportagem publicada no portal UOL em 13 de março de 2021 que Ana Cristina sacou todo o dinheiro acumulado na conta de Andrea – um saldo de R$ 110 mil em valores atualizados em 2021.

Na mesma época em que a irmã estava lotada no gabinete de Jair Bolsonaro, Ana Cristina usou a cota de Bolsonaro para viajar entre Brasília e o Rio de Janeiro entre os dias 9 e 10 de agosto de 2007, fato narrado no capítulo 1.

Michel Temer

No caso das passagens, Michel Temer saiu-se vitorioso com a tese de que as regras da Câmara permitiam os voos fora dos interesses do mandato, mesmo em benefício de terceiros. Responsável pela implantação das normas genéricas, o jurista do PMDB atravessou ileso as investigações. O professor de Direito nem teve o nome citado nas listas de processados pelo caso.

Rodrigo Maia

Nas reportagens sobre as cotas, Rodrigo Maia (DEM-RJ) apareceu em viagens com a família para Nova York e Londres. Nos anos seguintes, a carreira do deputado deu um salto: em julho de 2016 tornou-se presidente da Câmara. Beneficiou-se da saída de Eduardo Cunha do posto, afastado e preso pela Operação Lava Jato.

Em 2017 e 2019, reelegeu-se para o cargo. Nessa época, ele e Bolsonaro tiveram os nomes incluídos na lista de 500 políticos de quem o Ministério Público Federal pretendia cobrar a devolução de dinheiro pelo uso indevido de passagens aéreas em 2007 e 2009, um dos processos arquivados sobre o assunto.

Davi Alcolumbre

Elegeu-se para mais um mandato de deputado em 2010 e, quatro anos depois, conquistou uma das vagas de senador pelo Amapá. Em 2017, estava na lista de políticos que deveriam devolver dinheiro gasto irregularmente por mau uso de passagens aéreas, procedimento arquivado posteriormente pelo Ministério Público.

Alcolumbre surpreendeu o meio político ao vencer a disputa pela presidência do Senado em fevereiro de 2019.

Uma reportagem do jornal *O Estado de S. Paulo* mostrou que Alcolumbre viajou em aviões da Força Aérea Brasileira (FAB) para o Amapá durante a campanha eleitoral do irmão, Josiel Alcolumbre, candidato derrotado à Prefeitura de Macapá em 2020.

Fábio Faria

Depois da farra das passagens, quando devolveu R$ 21 mil aos cofres públicos, o deputado Fábio Faria prosseguiu em uma carreira política de sucesso. Foi reeleito mais três vezes pelo Rio Grande do Norte. Saiu do PMN e entrou para o PSD.

Casou-se em maio de 2017 com Patrícia Abravanel, filha do empresário de televisão Silvio Santos, dono do SBT.

Depois disso, viajou para São Paulo, onde a esposa vivia, 43 vezes com passagens da Câmara. No mesmo período, usou a cota para seis viagens ao Rio Grande do Norte, sua base eleitoral. A informação foi publicada no Congresso em Foco pelos repórteres Marina Barbosa e Lúcio Big. Pelas regras vigentes, afirmou o texto, a cota de passagens somente poderia ser usada para deslocamentos relacionados ao mandato. O deputado argumentou que, como tem residência em Natal e também em São Paulo, tinha direito aos trechos voados. A Câmara chancelou a posição de Faria.

Ainda em 2017, o Ministério Público colocou Faria na lista de centenas de políticos que deviam dinheiro por mau uso de passagens aéreas no Congresso. Mas a cobrança não prosperou: a investigação acabou sendo arquivada.

No dia 17 de junho de 2020, Faria se licenciou da Câmara no seu quarto mandato consecutivo e tomou posse como ministro das Comunicações no governo de Jair Bolsonaro. No final do ano, passeou de barco com o presidente no litoral de Santa Catarina.

José Múcio Monteiro

Como ministro do governo Lula, José Múcio usou e distribuiu passagens da cota recebida quando ainda exercia mandato de deputado. Foi nomeado ministro do TCU em 2009.

Em 2017, o ministro do TCU também estava na lista de políticos dos quais o Ministério Público queria ver a cor do dinheiro gasto com passagens aéreas. O caso acabou arquivado dois anos depois.

Em 2018, Múcio tornou-se presidente do TCU. Em 2020, antecipou a aposentadoria, aos 72 anos. Com isso, abriu espaço para o presidente Jair Bolsonaro indicar o policial militar Jorge Oliveira para a vaga remanescente.

Mário Negromonte

Depois de passear pelo mundo com a família às custas dos contribuintes, o líder do PP na Câmara, Mário Negromonte (BA), reelegeu-se deputado em 2010. No ano seguinte, tornou-se ministro das Cidades no governo Dilma. Na sua gestão, Negromonte teve o nome citado em denúncias, como fraude de documentos sobre o novo sistema de transportes em Cuiabá (MT).

Deixou o ministério em 2012. Tornou-se conselheiro do Tribunal de Contas dos Municípios do Estado da Bahia em 2014. No mesmo ano, a Operação Lava Jato começou a investigar o conselheiro e seu irmão, Adarico Negromonte. Em março de 2016, a PGR denunciou Mário Negromonte e outros deputados do PP no Supremo Tribunal Federal, acusados de receber propina em negócios relacionados à Diretoria de Abastecimento da Petrobras.

O ex-líder do PP apareceu em novembro do mesmo ano na lista de centenas de políticos – elaborada pelo Ministério Público de segunda instância – que usaram a cota parlamentar em viagens dentro e fora do país, sem relação com o mandato. Instância máxima do Ministério Público, a PGR pediu o arquivamento das apurações antes de iniciadas.

Em 2019, o STF ordenou o afastamento de Negromonte do cargo de conselheiro do Tribunal de Contas, ordem cumprida em fevereiro de 2020. Em maio de 2020, acusações criminais contra Negromonte foram enviadas à Justiça Eleitoral de Brasília.

Henrique Eduardo Alves

Viajou com a família para Miami, Nova York, Buenos Aires e também dentro do Brasil, mostraram as reportagens do Congresso em Foco.

Recebeu 190 mil votos para deputado em 2010, último dos 11 mandatos consecutivos. Presidiu a Câmara entre 2013 e 2015.

Titular da pasta do Turismo no governo Dilma entre abril de 2015 e março de 2016. Com o *impeachment* da petista, voltou ao mesmo cargo na Esplanada por decisão do presidente Michel Temer ainda como interino, antes do afastamento definitivo de Dilma.

Deixou a função em junho de 2016. Foi preso em junho de 2017 pela Polícia Federal, acusado de fraude na construção do estádio Arena das Dunas, um dos estádios construídos para a Copa do Mundo de 2014. Também foi investigado pela Operação Sépsis, sobre desvios no Fundo de Investimentos do FGTS.

Conseguiu, em maio de 2018, direito a cumprir a pena em prisão domiciliar e, dois meses depois, passou a responder aos crimes em liberdade. Em novembro de 2020 foi acusado pelo MPF em uma ação por improbidade, junto com o colega de partido e ex-presidente da Câmara, Eduardo Cunha, por fraudes no FGTS. Os procuradores federais acusam Alves de desvio de R$ 5 milhões em contratos com a administração pública.

Dagoberto Nogueira

Dagoberto Nogueira foi recordista no uso de passagens internacionais, com 40 bilhetes pagos pelo erário. Ele retornou à Câmara em 2015, depois de quatro anos fora do Congresso.

Em 2017, o Ministério Público arrolou-o entre os que deveriam devolver dinheiro gasto em passagens. Mas a apuração foi arquivada dois anos depois.

Em 2020, reportagem do jornal *Campo Grande News* revelou que o parlamentar terá de restituir R$ 537 mil aos cofres públicos, após ser condenado por autopromoção em publicação do governo do Mato Grosso do Sul em 2005. À época, era secretário estadual de Produção e Turismo. De acordo com a denúncia, Dagoberto apareceu citado 52 vezes e em 40 das 49 fotos da edição especial de uma publicação do governo.

Candidato a prefeito de Campo Grande nas eleições de 2020, o deputado do PDT ficou em décimo lugar na disputa, com apenas 1,57% (6.507 votos). Desde 2019, cumpre o terceiro mandato como deputado federal pelo Mato Grosso do Sul.

Olindo Menezes

O desembargador baiano Olindo Menezes tornou-se presidente do Tribunal Regional Federal da 1ª Região em 2011. Nesse ano, autorizou os funcionários públicos do Legislativo e do Executivo a ultrapassarem o limite salarial de R$ 26 mil por mês previsto na Constituição.

Em 2016, o Ministério Público Federal de segunda instância denunciou centenas de ex-deputados que gastaram passagens aéreas pelo mundo e pelo Brasil sem vinculação com o mandato.

Em 2018, Olindo Menezes analisou os processos relativos a centenas de ex-deputados denunciados pelo MPF por consumir a cota parlamentar em deslocamentos sem vinculação com o mandato. Menezes argumentou que as regras internas da Câmara permitiam aos deputados fazerem o que quisessem com os créditos aéreos.

"Como ressaltado pelo ministro Teori Zavacki [sic], no despacho já mencionado, '[...] até a alteração das normas de regência da matéria [...] condutas [...] são passíveis de censura apenas no plano moral e cível.'"

Na verdade, o argumento usado em nome do falecido ministro do STF tinha como verdadeiro autor o ex-procurador Janot. Os demais desembargadores seguiram Olindo, e as denúncias seguiram para o arquivamento.

Em dezembro de 2020, Menezes ainda atuava na área criminal e nos casos de improbidade administrativa. Aos 72 anos, Olindo fazia parte da 4ª Turma e da 2ª Seção do TRF.

Rodrigo Janot

Quando a farra das passagens se tornou assunto popular, Rodrigo Monteiro Janot era diretor-geral da Escola Superior do Ministério Público da União (ESMPU). Mais votado em 2013 na lista para comandar a Procuradoria-Geral da República, teve o nome confirmado pela presidente Dilma.

Quando Janot chefiou a Procuradoria, seu vice-procurador-geral foi Eugênio Aragão – isso durou até eles romperem a amizade e o relacionamento profissional.

No topo da PGR, Janot deixou de lado o inquérito nº 2.294, sobre comércio ilegal de créditos de passagens aéreas. Em 2014 e 2015, concentrou esforços na Operação Lava Jato. Nesse rumo, a seu pedido, o ministro do STF Teori Zavascki autorizou em março de 2015 a abertura de inquéritos contra 50 políticos de diferentes partidos, a maioria do PT, PP e PMDB. No mesmo ano, obteve mais uma vez votos para encabeçar a lista do Ministério Público e foi reconduzido por Dilma.

Janot retomou em 2016 o caso das passagens. Pediu e conseguiu o arquivamento da "farra" no STF. Rompido com Janot, Eugênio Aragão deixou a Procuradoria e tornou-se ministro da Justiça nas últimas semanas de Dilma Rousseff no poder.

Em 2017, Janot denunciou o presidente Michel Temer (PMDB) duas vezes por corrupção e organização criminosa. Janot tentou emplacar Nicolao Dino, irmão do governador do Maranhão, Flávio Dino (PCdoB), como seu sucessor na PGR. Mas Temer escolheu uma adversária de Janot para o cargo: Raquel Dodge.

Deixou o Ministério Público Federal em 2019. Com a ajuda dos jornalistas Jailton de Carvalho e Guilherme Evelin, Janot escreveu um livro de memórias. Na mesma época, deu entrevista à imprensa e afirmou ter entrado armado no Supremo em 2017 para atirar no ministro Gilmar Mendes. O fato não foi confirmado. Por causa das declarações, o STF ordenou busca e apreensão de armas e munições na casa e nos escritórios do ex-procurador.

Janot atuou como advogado em 2019 e 2020 contra a Vale do Rio Doce, empresa responsável pela área de mineração onde ocorreu o acidente ambiental em Brumadinho (MG).

Como dito antes, o parecer das passagens aéreas em março de 2016 isentou parlamentares de culpa por gastos feitos com passagens aéreas pelo Brasil e pelo mundo. Como consequência, a iniciativa resultou em inúmeras decisões judiciais e promoções de arquivamento feitas por alguns membros do Ministério Público. Ao final, processos criminais e cíveis foram arquivados a partir de então.

Apesar disso, Janot disse aos autores deste livro que não se sentia responsável pelo fato de mais de R$ 100 milhões – apenas na Câmara, sem contar o Senado – não terem retornado aos cofres públicos e nenhum político ter sido punido criminalmente.

"De forma alguma", respondeu Janot, em entrevista para este livro. "Tanto não me sinto responsável que outros colegas e juízes arquivaram com base no meu fundamento. Ou seja, gente que concordou comigo."

Janot afirmou que, apesar de não se recordar do despacho em que arquivou o caso, disse que teve embasamento jurídico. Para ele, não houve problema em contrariar pelo menos cinco de seus colegas procuradores que, ao contrário de seu parecer, sustentavam que a Constituição proíbe um agente público de gastar passagens aéreas a seu bel-prazer baseado apenas na ausência de uma regra interna restritiva dentro do Congresso. "A divergência de entendimento é normal no meio jurídico. Porque cinco colegas entenderam, o procurador-geral não tem que entender também."

Em 2016, ainda durante a gestão de Janot, Aragão contou aos autores que as investigações das passagens poderiam atingir o próprio Ministério Público. "Muito cuidado: é mais fácil eles [congressistas] fecharem essa butique aqui do que nós fecharmos a deles", afirmou. "Isso eu cheguei a dizer, brincando", continuou. "Tinha que ter uma certa cautela, porque estávamos mexendo com uma coisa altamente explosiva."

No entanto, Janot rejeitou a hipótese de que o Ministério Público se acovardou em processar centenas de parlamentares. "De jeito nenhum", respondeu aos autores. "Primeiro tem que perguntar pro Eugênio por que ele falou."

Para ele, a prova da ausência de medo seria a Operação Lava Jato, que foi feita durante sua gestão. "O Ministério Público tanto não se acovarda em investigar parlamentares que a Operação Lava Jato está aí, né? A Operação Lava Jato pegou quem? Ex-presidentes da República, presidentes da República em exercício, vários senadores, deputados, governadores, infindável número de autoridades públicas. Isso não é sinal de covardia, [é] de cumprimento do dever."

Janot disse não saber por que o processo das passagens aéreas ficou sem investigação durante quase três anos, desde o período em que assumiu o cargo até março de 2016. Também disse não saber se a causa foi uma possível prioridade de sua gestão para o Mensalão e a Lava Jato. "Realmente, Mensalão e Lava Jato tomaram boa parte da estrutura de pessoal e material da Procuradoria, mas eu não me recordo."

Raquel Dodge

A procuradora Raquel Dodge deixou o comando da Procuradoria- -Geral da República em 2019. Em junho de 2021, atuava no órgão em outras funções. Nessa época, enviou aos autores deste livro uma nota em que reafirmou os termos do despacho de arquivamento sobre o pedido de investigação contra Jair Bolsonaro. Os argumentos foram usados para outros políticos. A procuradora disse que não havia provas de autoria individual nem de intenção de cometer crimes após um "minucioso" cruzamento de informações feito pela Secretaria de Perícia, Pesquisa e Análise da PGR. Raquel Dodge destacou que, se surgissem novas provas, as investigações poderiam ser reabertas.

Epílogo

Em 2019 e 2020, o Brasil tinha Jair Bolsonaro no Planalto, Rodrigo Maia no comando da Câmara e Davi Alcolumbre à frente do Senado. Os dois últimos tentavam emplacar seus sucessores no comando dos cargos.

Em comum, Bolsonaro, Maia e Alcolumbre são personagens com trajetórias políticas bem-sucedidas, construídas dentro do Congresso Nacional. Também se igualaram, no passado, mostra este livro, na prática de usar dinheiro público para custear viagens particulares da família.

Em 2021, o comando do Congresso, vizinho de Bolsonaro, mudou. O deputado Arthur Lira (PP-AL) e o senador Rodrigo Pacheco (DEM-MG) assumiram a direção do Legislativo. Lira é aquele que pegava carona em voos pagos com a cota do pai, o então deputado Benedito de Lira (PP-AL), no período tratado pelo livro.

Antecessor de Bolsonaro, Michel Temer teve papel determinante na implantação, em 2000, do modelo de cotas de passagens. Como deputado, passeou com a esposa pelo litoral baiano por conta da Câmara. Com a revelação dos desperdícios, atuou para impedir a punição dos congressistas e o ressarcimento aos cofres públicos.

José Múcio Monteiro presidiu o Tribunal de Contas da União até dezembro de 2020, quando se aposentou. Enquanto esteve na Câmara – e mesmo depois –, voou com bilhetes da cota e os distribuiu. Ainda assim, contou com a confiança do plenário para ocupar um assento vitalício no colegiado encarregado de fiscalizar as contas públicas.

A ascensão dessas autoridades a alguns dos mais altos postos do Estado permite concluir que o escândalo de 2009 em nada afetou a carreira dos políticos flagrados na mamata aérea. Os casos de Bolsonaro e Alcolumbre, pela pouca relevância política dos dois personagens na ocasião, nem ganharam destaque nas reportagens.

Depois de semanas de repercussão na mídia, as denúncias relacionadas às passagens se tornaram periféricas nos tribunais e na imprensa. Perderam espaço para o julgamento do Mensalão, em 2012, e para rumorosas operações de investigação, como a Lava Jato, iniciada com denúncias relacionadas à Petrobras, e a Zelotes, voltada para a sonegação e o tráfico de influência na Receita Federal e no Congresso.

Pouco mais de uma década depois da publicação das reportagens pelo Congresso em Foco, o caso se perdeu nos arquivamentos dos processos pelo Ministério Público e pela Justiça. Prevaleceu o entendimento de que os congressistas podiam viajar com verba pública para onde quisessem, com familiares ou com qualquer outra pessoa.

Assim, as instituições encarregadas de investigar e julgar os atos dos parlamentares contemporizaram com os voos em território nacional e para o exterior.

Apurações iniciadas em 1998 se arrastaram por mais de duas décadas nas mãos de policiais legislativos, procuradores, policiais federais, juízes, desembargadores e ministros do STF. Por diferentes caminhos, os inquéritos contra detentores de mandatos acabaram engavetados pelas autoridades.

No campo político, a farra das passagens nivelou congressistas de todos os espectros ideológicos, da direita à esquerda, do centro, do governo, da oposição, da cúpula e do baixo clero. Nos nove anos de vigência das regras permissivas, nenhum deputado ou senador levantou a voz para questionar os evidentes abusos cometidos com recursos públicos. Nenhum partido denunciou o desvio do dinheiro do mandato. Todos, praticamente, usufruíram da verba fácil.

Interesses comuns entre o Parlamento e o governo da época contribuíram para o abafamento do caso. Tanto no caso das passagens aéreas quanto dos atos secretos do Senado, o então presidente Lula agiu na defesa dos aliados envolvidos nas denúncias.

O Ministério Público e o Judiciário abriram investigações, cumpriram protocolos, repetiram apurações inócuas e, por fim, arquivaram os processos. Um a um, os procedimentos seguiram para as gavetas das autoridades. Tecnicamente, apenas alguns desdobramentos das denúncias ainda tramitavam em 2021.

É o caso das ações de improbidade administrativa contra os deputados Lino Rossi e Thaís Barbosa, mas seu desfecho deve também seguir o engavetamento, considerando que o Ministério Público pediu o arquivamento do caso, como mostramos no capítulo 40.

Os políticos, sem exceção, livraram-se das acusações de peculato. Para satisfazer a opinião pública, poucos devolveram dinheiro para os cofres do Congresso. O valor chegou a menos de 1% dos mais de R$ 100 milhões apurados pelo Ministério Público.

Ao encerrar as investigações, o Ministério Público ignorou os arquivos com os nomes dos milhares de passageiros e destinos dos voos obtidos pela PRDF com as empresas aéreas. Nesse sentido, descartou as provas do desvio de dinheiro público para fins particulares.

De modo geral, as justificativas para o engavetamento dos processos se sustentaram nas normas frouxas implantadas pela Câmara em 2000 e 2002. As prerrogativas parlamentares e o foro privilegiado ficaram acima da moralidade na aplicação do dinheiro dos contribuintes

Despachos, ofícios e sentenças movimentaram os processos pelas instâncias da Justiça e do Ministério Público. As mudanças no *status* dos políticos – se tinham ou não mandatos – interferiram no andamento dos inquéritos, com sucessivas interrupções nos procedimentos, e provocaram mais atrasos nas investigações. Excluídos os políticos, as poucas punições recaíram, parcialmente, sobre agentes de viagens e alguns funcionários do Congresso de terceiro escalão. Os operadores perderam negócios, pelo menos temporariamente. Servidores foram demitidos sumariamente.

Um desses funcionários, Marlon Araújo, foi condenado por desvio de dinheiro, mas não foi localizado pela Justiça até hoje. Se for, sua punição será o pagamento de cestas básicas. Seus antigos chefes, parlamentares e os donos das agências, foram absolvidos.

Apurações abertas por causa de roubo de créditos em gavetas de deputados, em 1998, e em decorrência da denúncia de Thaís Barbosa, em 2005, terminaram sem efeito por força de decisões do Ministério Público e do STF. As negociações de bilhetes das cotas feitas por congressistas no mercado paralelo foram deixadas de lado pelos investigadores.

No Supremo, documentos dessa história passaram pelas mãos dos ministros Ayres Britto, Teori Zavascki e Luiz Fux. Quatro procuradores--gerais da República tomaram decisões sobre os processos das passagens: Antônio Fernando de Souza, Roberto Gurgel, Rodrigo Janot e Raquel Dodge. Por questões de conteúdo ou de formalidade processual, os dois últimos sacramentaram o fim das investigações criminais contra parlamentares.

Para o jornalismo, o caso da farra das passagens reforçou a importância da profissão na vigilância dos poderes da República. A divulgação ostensiva dos arquivos com detalhes dos bilhetes emitidos nas cotas parlamentares revelou à população uma parcela do desperdício das verbas oficiais.

Sem as reportagens do Congresso em Foco, o conteúdo dos 18 CDs e DVDs permaneceria, sabe-se lá por quanto tempo, nos arquivos das empresas aéreas e do Ministério Público. As restrições nas regras também teriam demorado mais tempo, e o dinheiro das cotas continuaria se esvaindo pelos ares sem nenhum controle. Desde 2009, com as restrições ao uso de passagens após a divulgação do escândalo, Câmara e Senado deixaram de gastar, juntos, R$ 25 milhões por ano.

Em alguns momentos, o trabalho de reportagem se antecipou ao trabalho do Ministério Público e da polícia. A revelação da lista de convidados da senadora Roseana Sarney exemplificou isso.

O escândalo das passagens também representou, do ponto de vista da imprensa, o primeiro grito do jornalismo digital na cobertura política de Brasília. Dezenas de sites noticiosos surgiram desde então no cenário dos poderes, efeito inevitável do avanço tecnológico. A mídia tradicional seguiu no mesmo rumo e expandiu os domínios no vasto mundo proporcionado pela internet.

Desde abril de 2009, com a série sobre as passagens, os veículos de comunicação tradicionais perderam a hegemonia da cobertura política e dos furos de reportagem. As novas mídias ampliaram e multiplicaram as formas de produção e acesso à informação.

A história recente demonstra que, no Legislativo, a falta de escrúpulos dos detentores de mandatos sobreviveu à revolução tecnológica. Nos últimos escândalos, narrados neste livro, a Polícia Federal encontrou dinheiro na cueca do senador Chico Rodrigues, e soubemos da viagem de Flávio Bolsonaro para Fernando de Noronha às custas do Senado.

Quase dois séculos se passaram desde a sofrida viagem de navio do deputado José Thomaz Nabuco de Araújo pelo litoral do Brasil, na década de 1820, para assumir o mandato na primeira legislatura do Parlamento, logo depois da Independência do Brasil. Em vez de gastar do próprio bolso para custear o transporte, congressistas do século XXI buscam o máximo de vantagens de seus mandatos.

A sequência de denúncias no Congresso em 2009, as rumorosas operações policiais dos últimos anos, com casos de corrupção e lavagem de dinheiro detectados pela Lava Jato, e os episódios de Chico Rodrigues e Flávio Bolsonaro aumentaram a lista de escândalos que assombram os brasileiros desde as revelações, em 1976, das mordomias proporcionadas pela ditadura militar.

Nesse contexto, a farra das passagens também se somou aos casos de impunidade na história recente do país.

Aqui pousamos.

Anexos

Anexo I

Fac-símiles de documentos

Sensitivity: Not set | Publica | Interna | Restrita | Confidencial

	A	B	C	D	E	F	G	H	I	J
1	ANO	NOME DEPUTADOS E SENADORES	CÓDIGO PARLAMENTA	LOCALIZADORE	DESTINO	DATA VC	NOME PASSAGEIRO	AG-AMT	PNR-TOT	FOP-TOTAL
2190	2007	DEP JAIR BOLSONARO	8CD0039088	TWTBDM	BSBCWB	20071129	BOLSONARO/JAIR	1,729.24	1,729.24	-
2516	2007	DEP JAIR BOLSONARO	8CD0039088	TWTBDM	BSBCWB	20071129	REINALDO/MICHELLE	-	-	
40620	2007	DEP JAIR BOLSONARO	8CD0039088	TWTBDM	CWBIGU	20071129	BOLSONARO/JAIR	-	-	
40757	2007	DEP JAIR BOLSONARO	8CD0039088	TWTBDM	CWBIGU	20071129	REINALDO/MICHELLE	-	-	

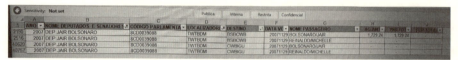

Fig. A-1 – A viagem de Jair Bolsonaro e Michelle a Foz do Iguaçu em novembro de 2007 está registrada nos arquivos digitais da companhia aérea Gol. O localizador TWTBDM mostra gasto de R$ 1.729,24. O código do aeroporto da cidade fronteiriça é "IGU" e está anotado na coluna "Destino".

Sensitivity: Not set | Publica | Interna | Restrita | Confidencial

	A	B	C	D	E	F	G	H	I	J
1	ANO	NOME DEPUTADOS E	CÓDIGO PARLAMENTAR	LOCALIZADORES	DESTINO	DATA VOO	NOME PASSAGEIRO	AG-AMT	PNR-TOT	FOP-TOTAL
28963	2007	DEP. JAIR BOLSONARO	8CD0029087	LR7MDP	GIGBSB	20070925	BOLSONARO/CARLOS	1,138.48	1,138.48	-
28964	2007	DEP. JAIR BOLSONARO	8CD0029087	LR7MDP	BSBGIG	20070925	BOLSONARO/CARLOS	-	-	-
28965	2007	DEP. JAIR BOLSONARO	8CD0029087	LR7MDP	GIGBSB	20070925	JESUS/LEONARDO	-	-	-
28966	2007	DEP. JAIR BOLSONARO	8CD0029087	LR7MDP	BSBGIG	20070925	JESUS/LEONARDO	-	-	-

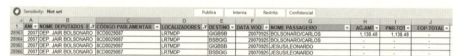

Fig. A-2 – Arquivos da Gol mostram viagem de Carlos Bolsonaro e "Léo Índio" para Brasília.

\- PORTARIA CD-CC-SP-14838/2007
A Diretora da Coordenação de Secretariado Parlamentar, no uso das atribuições que lhe foram delegadas pelo artigo 1° da Portaria n.° 53, de 2002, do Senhor Diretor Administrativo, resolve NOMEAR MICHELLE DE PAULA FIRMO REINALDO para exercer, no gabinete do(a) Senhor(a) Deputado(a) JAIR BOLSONARO, o cargo em comissão de SECRETÁRIO PARLAMENTAR SP-26, do Quadro de Pessoal da Câmara dos Deputados, transformado pelo artigo 61 da Resolução n.° 30 de 1990.

\- PORTARIA CD-CC-SP-14839/2007
A Diretora da Coordenação de Secretariado Parlamentar, no uso das atribuições que lhe foram delegadas pelo artigo 1° da Portaria n.° 53, de 2002, do Senhor Diretor Administrativo, resolve NOMEAR GIULIANO BATISTA PEREIRA para exercer, no gabinete do(a) Senhor(a) Deputado(a) HUMBERTO SOUTO, o cargo em comissão de SECRETÁRIO PARLAMENTAR SP-19, do Quadro de Pessoal da Câmara dos Deputados, transformado pelo artigo 61 da Resolução n.° 30 de 1990.

\- PORTARIA CD-CC-SP-14840/2007
A Diretora da Coordenação de Secretariado Parlamentar, no uso das atribuições que lhe foram delegadas pelo artigo 1° da Portaria n.° 53, de 2002, do Senhor Diretor Administrativo, resolve NOMEAR LAUANA BATISTA TAVARES para exercer, no gabinete do(a) Senhor(a) Deputado(a) FLAVIO DINO, o cargo em comissão de SECRETÁRIO PARLAMENTAR SP-21, do Quadro de Pessoal da Câmara dos Deputados, transformado pelo artigo 61 da Resolução n.° 30 de 1990.

Suplemento ao Boletim Administrativo n.° 179 de 18 de setembro de 2007

Fig. A-3 – Boletim de 18 de setembro de 2007 mostra nomeação de Michelle para gabinete de Jair Bolsonaro: o salário dobrou.

Deputado	Nome Político	Totais				TOTAL
		Qtde	Tarifa	Tx Emb.	Out. Txs	
FILIPE DE ALMEIDA PEREIRA	FILIPE PEREIRA	105	63.671,46	1.029,42	627,57	R$ 65.328,45
FRANCISCO JOSE D'ANGELO PINTO	CHICO D'ANGELO	115	53.373,06	1.513,56	-	R$ 54.886,62
FRANCISCO RODRIGUES DE ALENCAR FILHO	CHICO ALENCAR	129	73.004,73	616,38	-	R$ 73.621,11
GERALDO ROBERTO SIQUEIRA DE SOUZA	GERALDO PUDIM	68	36.591,98	98,10	30,00	R$ 36.720,08
HELENO AUGUSTO DE LIMA	DR. HELENO	25	13.608,52	19,62	-	R$ 13.628,14
HUGO LEAL MELO DA SILVA	HUGO LEAL	116	64.470,96	49,05	-	R$ 64.520,01
ILIOBALDO VIVAS DA SILVA	LEO VIVAS	151	91.411,60	651,72	762,91	R$ 92.826,23
JAIR MESSIAS BOLSONARO	JAIR BOLSONARO	147	96.341,00	992,22	-	R$ 97.333,22
JORGE RICARDO BITTAR	JORGE BITTAR	77	38.545,14	-	-	R$ 38.545,14
JOSIAS OUINTAL DE OLIVEIRA	JOSIAS OUINTAL	24	12.887.10	-	-	R$ 12.887.10

Fig. A-4 – Jair Bolsonaro gastou milhares de reais com passagens fora do trabalho – R$ 162 mil em valores atualizados até 2017. Esse documento foi feito por perito da Polícia Federal em inquéritos da Procuradoria da República no Distrito Federal. A lista foi publicada em agosto de 2017 pelo site Congresso em Foco em https://congressoemfoco.uol.com.br/especial/noticias/os-politicos-dos-quais-o-ministerio-publico-pretende-cobrar-r-50-milhoes-pela-farra-das-passagens/. Pouco depois, a relação foi atualizada monetariamente pelo MPF, conforme a Fig. A-14, a partir da página 262.

REC-LOC	Passen	FLT-STPS	BOOKING-DATE	PAX-NAME	AG-AM	FOP-TC	PNR-TC	B-YEAR
CKQRCG	61164570	CGHRAO/ /	20080129	TEDESCHI/FERNANDA	2773.1	2773.1	554.62	2008
CKQRCG	61164570	RAOBPS/ /	20080129	TEDESCHI/FERNANDA	2773.1	2773.1	554.62	2008
CKQRCG	61164568	CGHRAO/ /	20080129	TEMER/ADIB	2773.1	2773.1	554.62	2008
CKQRCG	61164568	RAOBPS/ /	20080129	TEMER/ADIB	2773.1	2773.1	554.62	2008
CKQRCG	61164567	CGHRAO/ /	20080129	TEMER/MARCELA	2773.1	2773.1	554.62	2008
CKQRCG	61164567	RAOBPS/ /	20080129	TEMER/MARCELA	2773.1	2773.1	554.62	2008
CKQRCG	61164566	CGHRAO/ /	20080129	TEMER/MICHEL	2773.1	2773.1	554.62	2008
CKQRCG	61164566	RAOBPS/ /	20080129	TEMER/MICHEL	2773.1	2773.1	554.62	2008
CKQRCG	61164569	CGHRAO/ /	20080129	TEMER/WALLY	2773.1	2773.1	554.62	2008
CKQRCG	61164569	RAOBPS/ /	20080129	TEMER/WALLY	2773.1	2773.1	554.62	2008

Fig. A-5 – Banco de dados digital mostra voos da família de Michel Temer para Porto Seguro (BA), destino identificado com o código "BPS", em janeiro de 2008.

Fig. A-6 – Bilhete da TAM para Gilmar Mendes. Agência de turismo negociou créditos no mercado paralelo da Câmara. Ministro do STF provou que não viajou com verba pública, mas mostrou a ponta de um caso de polícia.

Fig. A-7 – Bilhete utilizado pela mãe do então deputado Ciro Gomes, disponível em https://congressoemfoco.uol.com.br/upload/congresso/arquivo/BilheteMariaGomes_GDE.jpg.

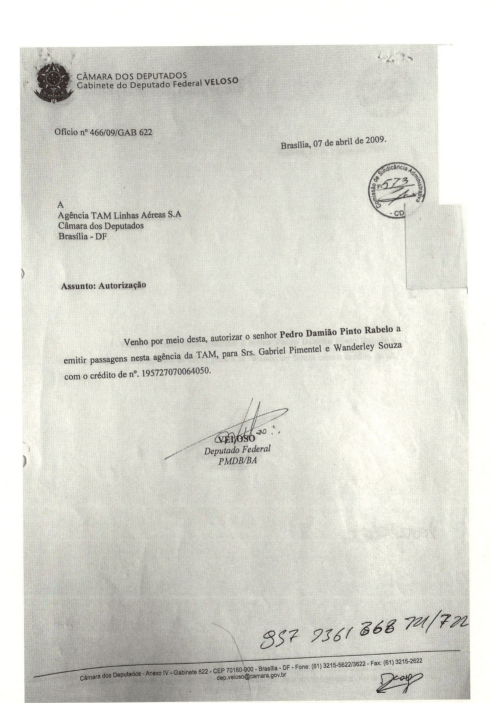

Figs. A-8, A-9 e A-10– Deputado Raymundo Veloso (PMDB-BA) diz à TAM que entregou parte de suas cotas para o agente de viagens Pedro Damião comprar passagens para terceiros.

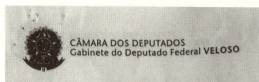
CÂMARA DOS DEPUTADOS
Gabinete do Deputado Federal **VELOSO**

Ofício nº 455/09/GAB 622

Brasília, 17 de março de 2009.

A
Agência TAM Linhas Aéreas S.A
Câmara dos Deputados
Brasília - DF

Assunto: Autorização

      Venho por meio desta, autorizar o senhor **Pedro Damião Pinto Rabelo** a emitir passagens nesta agência da TAM, para a Sr. Wanderley Souza com o crédito de nº. 354.649.

VELOSO
Deputado Federal
PMDB/BA

2360457094

Câmara dos Deputados - Anexo IV - Gabinete 622 - CEP 70160-900 - Brasília - DF - Fone: (61) 3215-5622/3622 - Fax: (61) 3215-2622
dep.veloso@camara.gov.br

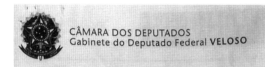

Ofício nº 457/09/GAB 622

Brasília, 01 de abril de 2009.

A
Agência TAM Linhas Aéreas S.A
Câmara dos Deputados
Brasília - DF

Assunto: Autorização

  Venho por meio desta, autorizar o senhor **Pedro Damião Pinto Rabelo** a emitir passagens nesta agência da TAM, para a Sr. André Luiz Nascimento, Sr. Ivar Oliveira e Fernanda Alves com o crédito de nº. 356.295.

VELOSO
Deputado Federal
PMDB/BA

GHVJKB — 0 957 236) 367887 / 367888
EPCHDO — 0 957236) 367889 / 890
957 2707 005652
957 2707 005676

Câmara dos Deputados - Anexo IV - Gabinete 622 - CEP 70160-900 - Brasília - DF - Fone: (61) 3215-5622/3622 - Fax: (61) 3215-2622
dep.veloso@camara.gov.br

No que se refere ao credenciamento do Sr. Vagdar Fortunato Ferreira, Matrícula 3.004.724, este foi autorizado pelo Deputado Roberto Rocha a manusear a conta corrente para emissão de passagens aéreas.

Sendo o que tinha a apresentar, o Grupo GOL se coloca à disposição para prestar maiores esclarecimentos, bem como aproveita a oportunidade para reiterar os seus protestos de elevada estima e distinta consideração.

VRG Linhas Aéreas S/A

Eva Moura
RG°.24.581.797-9/SSP-SP

Fig. A-11 – Deputado Roberto Rocha (PSDB-MA) autorizou agente Vagdar Fortunato a movimentar sua conta-corrente para emissão de passagens na Gol e na Varig.

Fig. A-12 – Capa do inquérito nº 2.294, aberto em fevereiro de 2006 no Supremo Tribunal Federal para investigar políticos que comercializavam cotas de passagens. O agente de viagens Pedro Damião Pinto Rabelo aparece na capa do processo.

Supremo Tribunal Federal
27/02/2015 16:51 0008060

MINISTÉRIO PÚBLICO FEDERAL
Procuradoria-Geral da República

Nº 26908 /2015 - ASJCRIM/SAJ/PGR

Inquérito 2.294/DF
Relator: Ministro **Teori Zavascki**
Autor: Ministério Público Federal
Investigado: P. D. P. R.

PROCESSO PENAL. INQUÉRITO. APURAÇÃO DE CONDUTA QUE ENVOLVE DEPUTADO FEDERAL. PERDA DA PRERROGATIVA. Investigação que envolvia Deputado Federal, que, no último pleito eleitoral, não concorreu a nenhum cargo eletivo. Perda da prerrogativa de foro perante o Supremo Tribunal Federal. Envio dos autos à uma das Varas Criminais da Seção Judiciária do Distrito Federal.

O Procurador-Geral da República vem expor e requerer o seguinte:

Trata-se de inquérito instaurado para apurar a suposta prática de delito contra a Administração Público pelo Deputado Federal Pedro Damião Pinto Rabelo.

PGR Inquérito 2.294/DF

Ocorre que Pedro Damião Pinto Rabelo não se encontra mais no exercício do mandato de deputado federal, cessando, portanto, a competência do Supremo Tribunal Federal para supervisionar o feito.

Ante o exposto, requer o Procurador-Geral da República seja declarada a incompetência do STF, com a remessa dos autos à Seção Judiciária do Distrito Federal para adoção das providências que entender cabíveis.

Brasília (DF), 26 de fevereiro de 2015.

Rodrigo Janot Monteiro de Barros
Procurador-Geral da República

RSS/FRN

Fig. A-13 – O procurador Rodrigo Janot confunde-se, chama operador de turismo de ex-deputado e pede que investigação seja mandada para a Justiça de primeira instância.

Veja a lista do MPF com os valores e o total de bilhetes utilizados de maneira irregular, segundo os procuradores, por cada político:

Processo nº 1.16.000.002149/2005-21
Cotas de passagens aéreas pagas pela Câmara dos Deputados
Período: 02/Jan/2007 a 14/Fev/2009

Relatório de Análise nº 022/2017

Apêndice III - Demonstrativo dos Cálculos dos Valores Individualizados por Deputado

Seq.	Nome do Deputado	Tarifa (A)		Taxa Embarque (B)	Outras Taxas (C)	Montante (Fev/2009) (D)=(A)+(B)+(C)	Coeficiente (E)	Atualizado (Jun/2017) (F)=(D)*(E)
001	ABDENICE LOBAO		67.762,59	384,66	198,04	68.345,29	1,669245837	114.085,09
002	ABELARDO LUIZ LUPION MELLO		91.984,96	1.405,88	278,65	93.669,49	1,669245837	156.357,41
003	ACÉLIO CASAGRANDE		57.677,97	877,74	-	58.555,71	1,669245837	97.743,88
004	ADÃO PRETTO		159.156,21	1.118,22	502,02	160.776,45	1,669245837	268.375,42
005	ADEMIR CAMILO PRATES RODRIGUES		71.945,08	1.214,72	138,12	73.297,92	1,669245837	122.352,25
006	ADILSON SOARES		36.335,66	292,92	-	36.628,58	1,669245837	61.142,10
007	AELTON JOSÉ DE FREITAS		41.822,39	496,14	-	42.318,53	1,669245837	70.640,03
008	AFFONSO ALVES DE CAMARGO NETO		78.636,57	701,34	870,58	80.208,49	1,669245837	133.887,69
009	AIRTON BERNARDO ROVEDA		133.173,63	557,10	487,63	134.218,36	1,669245837	224.043,44
010	ALBANO DO PRADO PIMENTEL FRANCO		108.620,75	1.543,14	-	110.163,89	1,669245837	183.890,61
011	ALBERTO TAVARES SILVA		143.609,58	2.041,98	4.652,95	150.304,51	1,669245837	250.895,18
012	ALCENI ANGELO GUERRA		93.639,91	3.408,66	498,66	97.547,23	1,669245837	162.830,31
013	ALCEU DE DEUS COLLARES		16.192,41	133,14	-	16.325,55	1,669245837	27.251,36
014	ALEX CANZIANI SILVEIRA		57.764,08	1.388,88	34,95	59.187,91	1,669245837	98.799,17
015	ALEXANDRE JOSÉ DOS SANTOS		70.448,53	1.097,70	323,48	71.869,71	1,669245837	119.968,21
016	ALEXANDRE SILVEIRA DE OLIVEIRA		65.849,64	1.035,66	66,95	66.952,25	1,669245837	111.759,76
017	ALICE MAZZUCO PORTUGAL		86.593,70	960,00	-	87.553,70	1,669245837	146.148,65
018	ALINE LEMOS CORRÊA DE OLIVEIRA ANDRADE		101.327,21	1.027,26	99,90	102.454,37	1,669245837	171.021,53
019	ANA ISABEL MESQUITA DE OLIVEIRA		139.208,94	2.536,80	128,37	141.874,11	1,669245837	236.822,77
020	ANA LÚCIA ARRAES DE ALENCAR		90.757,94	424,30	356,46	91.538,70	1,669245837	152.800,59
021	ANDRÉ CARLOS ALVES DE PAULA FILHO		156.567,93	461,34	190,15	157.219,42	1,669245837	262.437,86
022	ANDRÉ LUIZ VARGAS ILÁRIO		34.398,54	721,80	-	35.120,34	1,669245837	58.624,48
023	ANDREIA ALMEIDA ZITO DOS SANTOS		96.113,70	2.624,88	-	98.738,58	1,669245837	164.818,96
024	ANGELA MARIA GOMES PORTELA		228.059,18	234,06	-	228.293,24	1,669245837	381.077,54
025	ANGELA REGINA HEINZEN AMIN HELOU		85.993,75	1.878,12	431,94	88.303,81	1,669245837	147.400,77
026	ANGELO CARLOS VANHONI		158.109,66	1.538,82	100,03	159.748,51	1,669245837	266.659,54
027	ANÍBAL FERREIRA GOMES		209.811,21	4.693,67	2.523,47	217.028,35	1,669245837	362.273,67
028	ANSELMO DE JESUS ABREU		40.437,18	216,60	-	40.653,78	1,669245837	67.861,15
029	ANTÔNIA MAGALHÃES DA CRUZ		54.975,34	234,78	-	55.210,12	1,669245837	92.159,26
030	ANTONIO ADOLPHO LOBBE NETO		19.088,84	514,68	109,14	19.712,66	1,669245837	32.905,28
031	ANTONIO CARLOS BIFFI		13.449,42	-	-	13.449,42	1,669245837	22.450,39
032	ANTONIO CARLOS DE MENDES THAME		24.357,54	452,70	92,30	24.902,54	1,669245837	41.568,46
033	ANTONIO CARLOS MARTINS DE BULHÕES		60.348,44	2.667,90	44,37	63.060,71	1,669245837	105.263,83
034	ANTONIO CARLOS PANNUNZIO		41.714,84	-	-	41.714,84	1,669245837	69.632,32
035	ANTÔNIO CARLOS PEIXOTO DE MAGALHÃES NETO		27.849,26	353,16	-	28.202,42	1,669245837	47.076,77
036	ANTONIO CARLOS SILVA BISCAIA		19.660,74	462,48	-	20.123,22	1,669245837	33.590,60
037	ANTÔNIO CARLOS VALADARES FILHO		145.459,07	3.313,06	989,02	149.761,15	1,669245837	249.988,18
038	ANTONIO DA CONCEICAO COSTA FERREIRA		44.483,33	961,38	-	45.444,71	1,669245837	75.858,39
039	ANTONIO DUARTE NOGUEIRA JÚNIOR		21.552,47	911,48	270,29	22.734,24	1,669245837	37.949,04
040	ANTONIO EUDES XAVIER		192.714,90	2.414,67	61,80	195.191,37	1,669245837	325.822,38
041	ANTÔNIO EUSTÁQUIO ANDRADE FERREIRA		42.635,04	1.353,78	123,06	44.111,88	1,669245837	73.633,57
042	ANTONIO FERREIRA DA CRUZ FILHO		112.363,00	2.305,62	-	114.668,62	1,669245837	191.410,12

Seq.	Nome do Deputado	Tarifa (A)	Taxa Embarque (B)	Outras Taxas (C)	Montante (Fev/2009) (D)=(A)+(B)+(C)	Coeficiente (E)	Atualizado (Jun/2017) (F)=(D)*(E)
043	ANTONIO JOSE CASTELO BRANCO MEDEIROS	20.548,91	284,52	-	20.833,43	1,669245837	34.776,12
044	ANTONIO MARCELO TEIXEIRA SOUSA	133.270,85	2.739,76	2.306,58	138.317,19	1,669245837	230.885,39
045	ANTÔNIO PALOCCI FILHO	36.481,00	1.425,30	-	37.906,30	1,669245837	63.274,93
046	ANTÔNIO PEDRO DE SIQUEIRA INDIO DA COSTA	45.410,30	117,72	-	45.528,02	1,669245837	75.997,46
047	ANTÔNIO ROBERTO SOARES	47.785,72	1.295,28	53,07	49.134,07	1,669245837	82.016,84
048	ARACELY DE PAULA	26.702,46	-	-	26.702,46	1,669245837	44.572,97
049	ARLINDO CHIGNALIA JÚNIOR	12.293,06	292,92	-	12.585,98	1,669245837	21.009,09
050	ARMANDO ABÍLIO VIEIRA	108.806,98	1.812,48	632,88	111.252,34	1,669245837	185.707,51
051	ARMANDO DE QUEIROZ MONTEIRO NETO	94.789,72	1.141,84	621,47	96.553,03	1,669245837	161.170,74
052	ARNALDO CALIL PEREIRA JARDIM	46.389,00	540,84	607,51	47.537,35	1,669245837	79.351,52
053	ARNALDO FARIA DE SÁ	108.872,63	4.855,61	3.219,50	116.947,74	1,669245837	195.214,53
054	ARNALDO FRANÇA VIANNA	132.497,28	-	-	132.497,28	1,669245837	221.170,53
055	ASDRUBAL MENDES BENTES	178.784,60	2.749,74	464,24	181.998,58	1,669245837	303.800,37
056	ASSIS MIGUEL DO COUTO	87.128,92	1.128,18	-	88.257,10	1,669245837	147.322,80
057	ASTROBALDO FRAGOSO CASARA	18.604,72	-	-	18.604,72	1,669245837	31.055,85
058	ATILA FREITAS LIRA	127.238,44	620,88	-	127.859,32	1,669245837	213.428,64
059	ATILA SIDNEY LINS ALBUQUERQUE	146.991,02	1.361,08	3.169,74	151.521,84	1,669245837	252.927,20
060	AUGUSTO CESAR CAVALCANTE FARIAS	150.667,67	3.213,54	-	153.881,21	1,669245837	256.865,57
061	AYRTON ALVARENGA XEREZ	65.742,71	725,94	-	66.468,65	1,669245837	110.952,52
062	BENEDITO CARVALHO SÁ	75.140,84	681,15	177,38	75.999,37	1,669245837	126.861,63
063	BENEDITO DE LIRA	150.762,45	1.480,66	176,63	152.419,74	1,669245837	254.426,02
064	BERNARDO RAMOS ARISTON	69.274,30	58,86	-	69.333,16	1,669245837	115.734,09
065	BONIFÁCIO JOSÉ TAMM DE ANDRADA	10.390,60	58,86	-	10.449,46	1,669245837	17.442,72
066	BRUNO CAMPELO RODRIGUES DE SOUZA	73.917,60	294,30	-	74.211,90	1,669245837	123.877,91
067	BRUNO CAVALCANTI DE ARAÚJO	120.364,74	1.080,70	536,06	121.981,50	1,669245837	203.617,11
068	CAMILO COLA	86.381,78	1.690,32	-	88.072,10	1,669245837	147.013,99
069	CÂNDIDO ELPIDIO DE SOUZA VACCAREZZA	93.891,04	2.298,36	-	96.189,40	1,669245837	160.563,76
070	CARLITO MERSS	131.564,88	1.049,70	-	132.614,58	1,669245837	221.366,34
071	CARLOS ALBERTO CAVALCANTE DE SOUZA	69.730,60	-	-	69.730,60	1,669245837	116.397,51
072	CARLOS ALBERTO LERÉIA DA SILVA	48.745,07	448,38	589,55	49.783,00	1,669245837	83.100,07
073	CARLOS ALBERTO MOREIRA DE MENDONÇA CANUTO	124.055,62	716,13	-	124.771,75	1,669245837	208.274,72
074	CARLOS ALBERTO ROLIM ZARATTINI	44.704,38	1.089,33	831,41	46.625,12	1,669245837	77.828,79
075	CARLOS ALBERTO SOUSA ROSADO	162.435,59	1.395,52	212,88	164.043,99	1,669245837	273.829,75
076	CARLOS AUGUSTO ABICALIL	65.118,88	35,04	-	65.153,92	1,669245837	108.757,91
077	CARLOS AUGUSTO ALVES SANTANA	62.604,72	859,08	-	63.463,80	1,669245837	105.936,68
078	CARLOS CARMO ANDRADE MELLES	98.321,78	521,34	-	98.843,12	1,669245837	164.993,47
079	CARLOS DAUDT BRIZOLA	82.746,88	2.821,14	-	85.568,02	1,669245837	142.834,06
080	CARLOS EDUARDO CINTRA DA COSTA PEREIRA	58.737,90	-	-	58.737,90	1,669245837	98.048,00
081	CARLOS EDUARDO TORRES GOMES	125.667,12	4.271,88	1.003,50	130.942,50	1,669245837	218.575,22
082	CARLOS EDUARDO VIEIRA DA CUNHA	91.587,58	2.410,26	2.049,93	96.047,77	1,669245837	160.327,34
083	CARLOS FERNANDO CORUJA AGUSTINI	50.295,43	1.730,58	2.095,31	54.121,32	1,669245837	90.341,79
084	CARLOS GOMES BEZERRA	100.855,77	2.533,98	184,95	103.574,70	1,669245837	172.891,64
085	CARLOS HENRIQUE FOCESI SAMPAIO	147.445,58	1.788,42	598,23	149.832,23	1,669245837	250.106,83
086	CARLOS HUMBERTO MANNATO	116.115,95	2.400,96	-	118.516,91	1,669245837	197.833,86
087	CARLOS MAURO CABRAL BENEVIDES	170.390,83	1.041,27	40,95	171.473,05	1,669245837	286.230,67
088	CARLOS ORLEANS BRANDÃO JUNIOR	91.344,92	2.487,57	170,75	94.003,24	1,669245837	156.914,52
089	CARLOS ROBERTO MASSA JUNIOR	156.334,42	1.067,94	-	157.402,36	1,669245837	262.743,23
090	CARLOS WILLIAN DE SOUZA	84.642,94	505,92	-	85.148,86	1,669245837	142.134,38
091	CARLOS WILSON ROCHA DE QUEIROZ CAMPOS	94.469,56	1.324,40	2.438,05	98.232,01	1,669245837	163.973,37
092	CELSO MALDANER	67.497,96	626,46	-	68.124,42	1,669245837	113.716,40
093	CELSO UBIRAJARA RUSSOMANNO	28.822,83	106,24	98,18	29.027,25	1,669245837	48.453,62
094	CEZAR AUGUSTO CAROLLO SILVESTRI	137.391,08	2.621,94	1.257,17	141.270,19	1,669245837	235.814,68
095	CEZAR AUGUSTO SCHIRMER	67.203,19	285,90	69,90	67.558,99	1,669245837	112.772,56
096	CIRO FERREIRA GOMES	20.202,32	261,20	92,24	20.555,76	1,669245837	34.312,62

Seq.	Nome do Deputado	Tarifa (A)	Taxa Embarque (B)	Outras Taxas (C)	Montante (Fev/2009) (D)=(A)+(B)+(C)	Coeficiente (E)	Atualizado (Jun/2017) (F)=(D)*(E)
097	CIRO FRANCISCO PEDROSA	57.700,16	1.126,88	636,84	59.463,88	1,669245837	99.259,83
098	CIRO NOGUEIRA LIMA FILHO	117.899,60	1.011,06	2.158,26	121.068,92	1,669245837	202.093,79
099	CLÁUDIO ANTÔNIO VIGNATTI	86.639,92	564,78	-	87.204,70	1,669245837	145.566,08
100	CLAUDIO CAJADO SAMPAIO	29.889,41	259,86	692,34	30.841,61	1,669245837	51.482,23
101	CLÁUDIO CASTANHEIRA DIAZ	85.304,82	840,26	264,69	86.409,77	1,669245837	144.239,15
102	CLÁUDIO MAGRÃO DE CAMARGO CRE	119.112,44	163,98	-	119.276,42	1,669245837	199.101,67
103	CLEBER VERDE CORDEIRO MENDES	137.159,98	2.451,42	294,12	139.905,52	1,669245837	233.536,71
104	CLODOVIL HERNANDES	85.147,02	2.110,30	197,28	87.454,60	1,669245837	145.983,23
105	CLÓVIS ANTÔNIO CHAVES FECURY	158.050,93	4.015,47	1.052,11	163.118,51	1,669245837	272.284,89
106	COLBERT MARTINS DA SILVA FILHO	52.971,53	346,08	1.042,37	54.359,98	1,669245837	90.740,17
107	CRISTIANO MATHEUS DA SILVA E SOUSA	119.940,25	1.540,20	-	121.480,45	1,669245837	202.780,74
108	CUSTÓDIO ANTÔNIO DE MATTOS	22.449,76	-	-	22.449,76	1,669245837	37.474,17
109	DAGOBERTO NOGUEIRA FILHO	94.099,90	3.000,52	2.731,78	99.832,20	1,669245837	166.644,48
110	DAMIÃO FELICIANO DA SILVA	122.086,04	1.154,50	411,13	123.651,67	1,669245837	206.405,04
111	DANIEL GOMES DE ALMEIDA	88.617,53	1.437,64	185,52	90.240,69	1,669245837	150.633,90
112	DARCI POMPEO DE MATTOS	198.929,93	1.647,54	163,49	200.740,96	1,669245837	335.086,01
113	DARCISIO PAULO PERONDI	134.948,83	2.778,60	985,41	138.712,84	1,669245837	231.545,83
114	DAVI ALVES SILVA JÚNIOR	219.804,74	1.446,36	-	221.251,10	1,669245837	369.322,48
115	DAVID SAMUEL ALCOLUMBRE TOBELEM	131.498,76	1.569,78	463,35	133.531,89	1,669245837	222.897,55
116	DÉCIO NERY DE LIMA	99.747,92	1.144,98	-	100.892,90	1,669245837	168.415,05
117	DEVANIR RIBEIRO	17.844,48	781,80	393,93	19.020,21	1,669245837	31.749,41
118	DILCEU JOÃO SPERAFICO	64.270,63	637,98	2.017,77	66.926,38	1,669245837	111.716,58
119	DJALMA VANDO BERGER	112.304,54	1.889,04	783,55	114.977,13	1,669245837	191.925,10
120	DOMINGOS FRANCISCO DUTRA FILHO	94.848,72	1.824,72	319,73	96.993,17	1,669245837	161.905,45
121	EDGAR MOURY FERNANDES SOBRINHO	71.256,14	745,07	1.061,00	73.062,21	1,669245837	121.958,79
122	EDIGAR EVANGELISTA DOS ANJOS	96.604,28	947,40	161,95	97.713,63	1,669245837	163.108,07
123	ÉDIO VIEIRA LOPES	296.393,82	2.492,85	1.518,59	300.405,26	1,669245837	501.450,23
124	EDMAR BATISTA MOREIRA	71.315,09	2.282,94	-	73.598,03	1,669245837	122.853,21
125	EDMILSON JOSÉ VALENTIM DOS SANTOS	55.660,32	828,80	38,95	56.528,07	1,669245837	94.359,25
126	EDSON APARECIDO DOS SANTOS	43.773,46	1.499,94	406,65	45.680,05	1,669245837	76.251,23
127	EDSON BEZ DE OLIVEIRA	123.869,76	1.989,00	720,80	126.579,56	1,669245837	211.292,40
128	EDSON EZEQUIEL DE MATOS	10.409,31	113,52	-	10.522,83	1,669245837	17.565,19
129	EDSON GONÇALVES DUARTE	127.419,41	937,41	532,95	128.889,77	1,669245837	215.148,71
130	EDSON SANTOS DE SOUZA	10.052,98	-	-	10.052,98	1,669245837	16.780,90
131	EDUARDO ALVES DE MOURA	11.328,13	190,62	-	11.518,75	1,669245837	19.227,63
132	EDUARDO ALVES DO AMORIM	101.432,77	1.142,28	151,80	102.726,85	1,669245837	171.476,37
133	EDUARDO BENEDITO LOPES	197.485,89	1.555,26	706,71	199.747,86	1,669245837	333.428,28
134	EDUARDO COSENTINO DA CUNHA	54.835,22	1.548,66	-	56.383,88	1,669245837	94.118,56
135	EDUARDO FRANCISCO SCIARRA	38.191,67	109,32	-	38.300,99	1,669245837	63.933,77
136	EDUARDO HENRIQUE DA FONTE DE ALBUQUERQUE SILVA	121.640,34	1.049,06	1.703,20	124.392,60	1,669245837	207.641,83
137	EDUARDO LUIZ BARROS BARBOSA	76.585,75	2.399,55	97,09	79.082,39	1,669245837	132.007,95
138	EDUARDO VALVERDE ARAÚJO ALVES	155.918,68	1.016,52	150,90	157.086,10	1,669245837	262.215,32
139	EDVALDO BAIÃO ALBINO	10.563,17	-	-	10.563,17	1,669245837	17.632,53
140	EFRAIM DE ARAÚJO MORAIS FILHO	129.639,15	1.649,94	456,87	131.745,96	1,669245837	219.916,40
141	ELCIONE THEREZINHA ZAHLUTH BARBALHO	16.956,12	58,86	-	17.014,98	1,669245837	28.402,18
142	ELIENE JOSE DE LIMA	55.835,46	741,45	81,98	56.658,89	1,669245837	94.577,62
143	ELISEU LEMOS PADILHA	57.296,46	625,38	88,95	58.010,79	1,669245837	96.834,27
144	ELISMAR FERNANDES PRADO	41.777,71	707,76	-	42.485,47	1,669245837	70.918,69
145	EMANUEL FERNANDES	33.234,38	133,14	-	33.367,52	1,669245837	55.698,59
146	ENIO EGON BERGMANN BACCI	158.329,80	1.283,74	1.010,61	160.624,15	1,669245837	268.121,19
147	ERICO DA SILVA RIBEIRO	13.411,04	-	-	13.411,04	1,669245837	22.386,32
148	ERNANDES SANTOS AMORIM	170.480,26	2.272,68	430,97	173.183,91	1,669245837	289.086,52
149	ETIVALDO VADÃO GOMES	92.869,91	2.291,31	594,36	95.755,58	1,669245837	159.839,60
150	EUGÊNIO RABELO	214.742,86	4.214,17	1.135,62	220.092,65	1,669245837	367.388,74
151	EUNÍCIO LOPES DE OLIVEIRA	42.706,09	1.002,08	881,60	44.589,77	1,669245837	74.431,29
152	EVANDRO COSTA MILHOMEN	183.710,69	3.571,57	358,57	187.640,83	1,669245837	313.218,67
153	FÁBIO AUGUSTO RAMALHO DOS SANTOS	84.051,32	1.368,88	723,00	86.143,20	1,669245837	143.794,18

Seq.	Nome do Deputado	Tarifa (A)	Taxa Embarque (B)	Outras Taxas (C)	Montante (Fev/2009) (D)=(A)+(B)+(C)	Coeficiente (E)	Atualizado (Jun/2017) (F)=(D)*(E)
154	FÁBIO LOUREIRO SOUTO	81.719,82	1.552,66	93,21	83.365,69	1,669245837	139.157,83
155	FÁBIO RODRIGUES DE OLIVEIRA	10.294,24	135,96	-	10.430,20	1,669245837	17.410,57
156	FÁBIO SALUSTINO MESQUITA DE FARIA	95.555,89	1.527,60	652,48	97.735,97	1,669245837	163.145,36
157	FÁTIMA LÚCIA PELAES	148.203,40	1.501,02	353,70	150.058,12	1,669245837	250.483,89
158	FELIPE CATALÃO MAIA	34.568,60	510,78	458,76	35.538,14	1,669245837	59.321,89
159	FELIPE LEONE BORNIER DE OLIVEIRA	65.175,06	801,90	186,73	66.163,69	1,669245837	110.443,46
160	FELIX DE ALMEIDA MENDONÇA	26.560,49	668,16	1.790,52	29.019,17	1,669245837	48.440,13
161	FÉLIX DE ALMEIDA MENDONÇA JUNIOR	41.179,90	-	-	41.179,90	1,669245837	68.739,38
162	FERNANDO ALBERTO DINIZ	114.682,21	724,56	39,47	115.446,24	1,669245837	192.708,16
163	FERNANDO BARRANCOS CHUCRE	45.781,22	1.152,72	227,72	47.161,66	1,669245837	78.724,40
164	FERNANDO BEZERRA DE SOUZA COELHO FILHO	103.825,76	1.042,86	2.505,25	107.373,87	1,669245837	179.233,39
165	FERNANDO DANTAS FERRO	132.310,59	839,66	780,06	133.930,31	1,669245837	223.562,61
166	FERNANDO LUCIO GIACOBO	107.899,92	1.416,96	462,60	109.779,48	1,669245837	183.248,94
167	FERNANDO MELO DA COSTA	207.901,70	643,32	-	208.545,02	1,669245837	348.112,91
168	FERNANDO PAULO NAGLE GABEIRA	13.943,94	465,30	-	14.409,24	1,669245837	24.052,56
169	FERNANDO RICARDO GALBIATI ESTIMA	13.522,38	-	-	13.522,38	1,669245837	22.572,18
170	FILIPE DE ALMEIDA PEREIRA	63.671,46	1.029,42	627,57	65.328,45	1,669245837	109.049,24
171	FLAVIANO FLÁVIO BAPTISTA DE MELO	157.077,48	627,90	-	157.705,38	1,669245837	263.249,05
172	FLÁVIO BEZERRA DA SILVA	150.379,43	2.819,70	39,90	153.239,03	1,669245837	255.793,61
173	FLÁVIO DINO DE CASTRO E COSTA	147.321,86	3.869,46	211,70	151.403,02	1,669245837	252.728,86
174	FLORISVALDO FIER	108.860,93	1.582,76	333,81	110.777,50	1,669245837	184.914,88
175	FRANCINETO LUZ DE AGUIAR	94.480,70	953,04	400,58	95.834,32	1,669245837	159.971,04
176	FRANCISCO ALMEIDA LIMA	35.953,28	274,68	-	36.227,96	1,669245837	60.473,37
177	FRANCISCO ARIOSTO HOLANDA	90.555,54	182,52	258,80	90.996,86	1,669245837	151.896,13
178	FRANCISCO DE ASSIS RODRIGUES	111.345,00	872,34	776,58	112.993,92	1,669245837	188.614,63
179	FRANCISCO EDNALDO PRACIANO	248.135,29	493,32	-	248.628,61	1,669245837	415.022,27
180	FRANCISCO EDUARDO ANICETO ROSSI	126.287,81	1.786,47	-	128.074,28	1,669245837	213.787,46
181	FRANCISCO GARCIA RODRÍGUES	13.313,16	156,00	452,76	13.921,92	1,669245837	23.239,11
182	FRANCISCO GOMES DE ABREU	50.516,71	611,16	399,40	51.527,27	1,669245837	86.011,68
183	FRANCISCO GONÇALVES FILHO	11.313,84	39,24	-	11.353,08	1,669245837	18.951,08
184	FRANCISCO JOSE D'ANGELO PINTO	53.373,06	1.513,56	-	54.886,62	1,669245837	91.619,26
185	FRANCISCO LOPES DA SILVA	133.462,43	2.800,08	103,90	136.366,41	1,669245837	227.629,06
186	FRANCISCO MARCELO ORTIZ FILHO	68.525,05	78,48	-	68.603,53	1,669245837	114.516,16
187	FRANCISCO OCTAVIO BECKERT	56.753,60	152,76	63,90	56.970,26	1,669245837	95.097,37
188	FRANCISCO RODRIGUES DE ALENCAR FILHO	73.004,73	616,38	-	73.621,11	1,669245837	122.891,73
189	GASTÃO DIAS VIEIRA	58.750,78	1.051,08	303,44	60.105,30	1,669245837	100.330,52
190	GEORGE HILTON DOS SANTOS CECILIO	92.605,65	2.535,66	717,01	95.858,32	1,669245837	160.011,10
191	GERALDO MAGELA PEREIRA	34.146,92	937,66	721,66	35.806,24	1,669245837	59.769,42
192	GERALDO RESENDE PEREIRA	48.518,06	693,52	96,33	49.307,91	1,669245837	82.307,02
193	GERALDO ROBERTO SIQUEIRA DE SOUZA	36.591,98	98,10	30,00	36.720,08	1,669245837	61.294,84
194	GERALDO TENUTA FILHO	18.805,34	792,72	1.983,13	21.581,19	1,669245837	36.024,31
195	GERALDO THADEU PEDREIRA DOS SANTOS	62.627,45	955,62	1.881,22	65.464,29	1,669245837	109.275,99
196	GERMANO MOSTARDEIRO BONOW	77.917,56	812,46	356,34	79.086,36	1,669245837	132.014,58
197	GERSON DOS SANTOS PERES	79.787,76	1.485,54	298,18	81.571,48	1,669245837	136.162,85
198	GERVÁSIO JOSÉ DA SILVA	122.449,94	1.388,82	135,85	123.974,61	1,669245837	206.944,10
199	GILBERTO JOSÉ SPIER VARGAS	133.660,84	2.228,10	67,90	135.956,84	1,669245837	226.945,39
200	GILMAR ALVES MACHADO	64.123,94	864,66	993,90	65.982,50	1,669245837	110.141,01
201	GIOVANNI CORREA QUEIROZ	66.994,22	811,50	98,85	67.904,57	1,669245837	113.349,42
202	GIVALDO DE SÁ GOUVEIA CARIMBÃO	148.950,46	576,00	-	149.526,46	1,669245837	249.596,42
203	GLADSON DE LIMA CAMELI	244.869,47	1.023,60	-	245.893,07	1,669245837	410.455,98
204	GUILHERME CAMPOS JUNIOR	75.396,04	1.656,66	30,95	77.083,65	1,669245837	128.671,56
205	GUILHERME MENEZES DE ANDRADE	38.892,33	659,88	35,95	39.588,16	1,669245837	66.082,37
206	GUSTAVO BONATO FRUET	31.528,96	-	-	31.528,96	1,669245837	52.629,59
207	HELENO AUGUSTO DE LIMA	13.608,52	19,62	-	13.628,14	1,669245837	22.748,72
208	HENRIQUE AFONSO SOARES LIMA	280.919,48	1.412,82	-	282.332,30	1,669245837	471.282,02
209	HENRIQUE EDUARDO LYRA ALVES	222.297,37	2.172,65	1.497,80	225.967,82	1,669245837	377.195,84
210	HENRIQUE FONTANA JUNIOR	98.099,37	1.102,80	748,68	99.950,85	1,669245837	166.842,54

Seq.	Nome do Deputado	Tarifa (A)	Taxa Embarque (B)	Outras Taxas (C)	Montante (Fev/2009) (D)=(A)+(B)+(C)	Coeficiente (E)	Atualizado (Jun/2017) (F)=(D)*(E)
211	HERMES PARCIANELLO	63.390,92	318,68	255,23	63.964,83	1,669245837	106.773,03
212	HIDEKAZU TAKAYAMA	183.093,72	3.754,33	2.456,25	189.304,30	1,669245837	315.995,41
213	HOMERO ALVES PEREIRA	27.117,56	583,08	-	27.700,64	1,669245837	46.239,18
214	HOMERO BARBOSA NETO	101.587,74	1.875,30	-	103.463,04	1,669245837	172.705,25
215	HUGO LEAL MELO DA SILVA	64.470,96	49,05	-	64.520,01	1,669245837	107.699,76
216	IBERE PAIVA FERREIRA DE SOUZA	10.491,36	-	-	10.491,36	1,669245837	17.512,66
217	IBSEN VALLS PINHEIRO	11.692,40	78,48	-	11.770,88	1,669245837	19.648,49
218	ILDERLEI SOUZA RODRIGUES CORDEIRO	265.923,75	1.245,64	781,83	267.951,22	1,669245837	447.276,46
219	ILIOBALDO VIVAS DA SILVA	91.411,60	651,72	762,91	92.826,23	1,669245837	154.949,80
220	INOCÊNCIO GOMES DE OLIVEIRA	218.699,09	1.269,10	3.041,31	223.009,50	1,669245837	372.257,68
221	IRINY NICOLAU CORRES LOPES	66.294,47	1.935,54	30,00	68.260,01	1,669245837	113.942,74
222	IRIS DE ARAUJO REZENDE MACHADO	17.599,52	191,94	101,97	17.893,43	1,669245837	29.868,53
223	ISAIAS SILVESTRE	18.152,56	-	-	18.152,56	1,669245837	30.301,09
224	IVAN VALENTE	64.273,86	646,94	180,64	65.101,44	1,669245837	108.670,31
225	JACKSON BARRETO DE LIMA	116.013,23	1.504,23	1.087,86	118.605,32	1,669245837	197.981,44
226	JACOB ALFREDO STOFFELS KAEFER	131.549,53	1.635,54	-	133.185,07	1,669245837	222.318,62
227	JADER FONTENELLE BARBALHO	105.366,08	3.164,46	580,35	109.110,89	1,669245837	182.132,90
228	JAIME MARTINS FILHO	56.882,42	417,48	2.034,91	59.334,81	1,669245837	99.044,38
229	JAIR MESSIAS BOLSONARO	96.341,00	992,22	-	97.333,22	1,669245837	162.473,07
230	JAIRO ATAIDE VIEIRA	19.124,40	-	-	19.124,40	1,669245837	31.923,33
231	JANETE MARIA GÓES CAPIBERIBE	182.555,30	2.508,87	735,36	185.799,53	1,669245837	310.145,09
232	JANETE ROCHA PIETÁ	37.234,16	989,01	36,95	38.260,12	1,669245837	63.865,55
233	JEFFERSON ALVES DE CAMPOS	35.305,00	319,56	-	35.624,56	1,669245837	59.466,15
234	JERÔNIMO DE OLIVEIRA REIS	132.690,57	2.234,10	118,86	135.043,53	1,669245837	225.420,85
235	JILMAR AUGUSTINHO TATTO	79.311,26	1.657,10	3.131,53	84.099,89	1,669245837	140.383,39
236	JOÃO ALBERTO PIZZOLATTI JÚNIOR	81.400,01	1.258,50	285,23	82.943,74	1,669245837	138.453,49
237	JOÃO ALFREDO TELLES MELO	11.602,74	39,24	-	11.641,98	1,669245837	19.433,33
238	JOÃO ALMEIDA DOS SANTOS	36.807,89	315,66	579,97	37.703,52	1,669245837	62.936,44
239	JOÃO BATISTA MATOS	68.161,46	2.152,68	923,37	71.237,51	1,669245837	118.912,92
240	JOÃO BITTAR JUNIOR	36.560,89	1.651,68	924,20	39.136,77	1,669245837	65.328,89
241	JOÃO CAMPOS DE ARAÚJO	105.232,43	1.250,16	747,57	107.230,16	1,669245837	178.993,50
242	JOÃO CARLOS PAOLILO BACELAR FILHO	110.774,97	2.081,40	1.150,89	114.007,26	1,669245837	190.306,14
243	JOÃO DA SILVA MAIA	82.541,66	1.785,42	139,40	84.466,48	1,669245837	140.995,32
244	JOÃO EDUARDO DADO LEITE DE CARVALHO	51.946,33	1.386,46	185,60	53.518,39	1,669245837	89.335,35
245	JOÃO FELIPE DE SOUZA LEÃO	120.479,45	630,66	-	121.110,11	1,669245837	202.162,55
246	JOÃO LÚCIO MAGALHÃES BIFANO	96.663,54	2.983,87	302,21	99.949,62	1,669245837	166.840,49
247	JOÃO OLIVEIRA DE SOUSA	149.047,89	3.275,64	649,33	152.972,86	1,669245837	255.349,31
248	JOÃO PAULO CUNHA	100.603,24	995,24	377,54	101.976,02	1,669245837	170.223,05
249	JOÃO SANDES JÚNIOR	58.223,43	971,94	116,04	59.311,41	1,669245837	99.005,32
250	JOAQUIM BELTRÃO SIQUEIRA	122.749,84	2.356,34	163,49	125.269,67	1,669245837	209.105,88
251	JOAQUIM DE LIRA MAIA	185.407,93	2.465,28	-	187.873,21	1,669245837	313.606,57
252	JOFRAN FREJAT	66.453,02	656,40	656,88	67.766,30	1,669245837	113.118,61
253	JORGE ALBERTO PORTANOVA MENDES RIBEIRO FILHO	79.625,08	98,10	-	79.723,18	1,669245837	133.077,59
254	JORGE CATARINO LEONARDELI BOEIRA	12.546,90	-	-	12.546,90	1,669245837	20.943,86
255	JORGE DE FARIA MALULY	90.536,50	1.099,84	43,34	91.679,68	1,669245837	153.035,92
256	JORGE KHOURY HEDAYE	110.411,38	1.198,30	376,82	111.986,50	1,669245837	186.933,00
257	JORGE RICARDO BITTAR	38.545,14	-	-	38.545,14	1,669245837	64.341,31
258	JORGE TADEU MUDALEN	18.207,32	243,58	97,32	18.548,22	1,669245837	30.961,54
259	JOSÉ ABELARDO GUIMARÃES CAMARINHA	50.448,62	1.376,22	94,85	51.919,69	1,669245837	86.666,73
260	JOSÉ AIRTON FÉLIX CIRILO DA SILVA	151.754,10	3.146,97	307,55	155.208,62	1,669245837	259.081,34
261	JOSE ALDO REBELO FIGUEIREDO	112.663,92	2.395,08	-	115.059,00	1,669245837	192.061,76
262	JOSÉ ALFONSO EBERT HAMM	134.636,49	2.425,57	2.186,30	139.248,36	1,669245837	232.439,75
263	JOSÉ ALVES ROCHA	31.791,61	35,04	-	31.826,65	1,669245837	53.126,50
264	JOSÉ ANÍBAL PERES DE PONTES	76.000,34	954,42	320,23	77.274,99	1,669245837	128.990,96
265	JOSÉ ARISTODEMO PINOTTI	69.208,88	2.787,51	-	71.996,39	1,669245837	120.179,67
266	JOSE ARNON CRUZ BEZERRA DE MENEZES	142.506,38	529,56	568,96	143.604,90	1,669245837	239.711,88
267	JOSÉ BARROSO PIMENTEL	131.645,12	-	-	131.645,12	1,669245837	219.748,07

266

Seq.	Nome do Deputado	Tarifa (A)	Taxa Embarque (B)	Outras Taxas (C)	Montante (Fev/2009) (D)=(A)+(B)+(C)	Coeficiente (E)	Atualizado (Jun/2017) (F)=(D)*(E)
268	JOSE CARLOS ALELUIA COSTA	103.619,56	1.427,28	765,54	105.812,38	1,669245837	176.626,87
269	JOSE CARLOS LEÃO DE ARAÚJO	51.562,50	19,62	-	51.582,12	1,669245837	86.103,24
270	JOSE CARLOS MACHADO	37.426,64	-	-	37.426,64	1,669245837	62.474,26
271	JOSE CARLOS VIEIRA	69.443,54	1.784,82	507,45	71.735,81	1,669245837	119.744,70
272	JOSÉ DA CRUZ MARINHO	176.323,96	3.457,62	240,28	180.021,86	1,669245837	300.500,74
273	JOSÉ DE ARAÚJO MENDONÇA SOBRINHO	109.933,79	1.684,71	-	111.618,50	1,669245837	186.318,72
274	JOSÉ DE RIBAMAR COSTA ALVES	147.890,00	2.865,96	-	150.755,96	1,669245837	251.648,76
275	JOSE DOS SANTOS FREIRE JUNIOR	43.246,28	1.885,14	-	45.131,42	1,669245837	75.335,43
276	JOSÉ EDMAR DE CASTRO CORDEIRO	17.472,42	-	-	17.472,42	1,669245837	29.165,76
277	JOSÉ EDUARDO MARTINS CARDOZO	37.434,38	1.286,52	-	38.720,90	1,669245837	64.634,70
278	JOSE EDUARDO VIEIRA RIBEIRO	131.178,63	1.203,83	170,05	132.552,51	1,669245837	221.262,73
279	JOSÉ ELEONILDO SOARES	203.834,48	4.249,14	-	208.083,62	1,669245837	347.342,72
280	JOSÉ FERNANDO APARECIDO DE OLIVEIRA	109.984,80	1.391,64	-	111.376,44	1,669245837	185.914,66
281	JOSÉ FRANCISCO CERQUEIRA TENÓRIO	143.616,48	1.788,24	79,95	145.484,67	1,669245837	242.849,68
282	JOSÉ FRANCISCO PAES LANDIM	156.588,34	1.843,05	166,85	158.598,24	1,669245837	264.739,45
283	JOSÉ FUSCALDI CESILIO	158.198,68	1.361,28	358,89	159.918,85	1,669245837	266.943,87
284	JOSÉ GENOÍNO NETO	19.348,17	834,88	468,21	20.651,26	1,669245837	34.472,03
285	JOSÉ GERALDO TORRES DA SILVA	111.817,48	2.009,57	1.644,56	115.471,61	1,669245837	192.750,50
286	JOSÉ GERARDO OLIVEIRA DE ARRUDA FILHO	161.935,39	750,52	403,06	163.088,97	1,669245837	272.235,58
287	JOSÉ IRAN BARBOSA FILHO	98.432,59	1.875,30	370,60	100.678,49	1,669245837	168.057,15
288	JOSÉ LEONARDO COSTA MONTEIRO	84.473,82	469,50	155,85	85.099,17	1,669245837	142.051,44
289	JOSÉ LIMA DA SILVA	14.161,54	19,62	-	14.181,16	1,669245837	23.671,84
290	JOSÉ LINHARES PONTE	87.498,96	98,10	-	87.597,06	1,669245837	146.221,03
291	JOSÉ MENDONÇA BEZERRA	128.296,92	2.070,54	2.225,58	132.593,04	1,669245837	221.330,38
292	JOSÉ MENTOR GUILHERME DE MELLO NETTO	41.381,66	292,92	-	41.674,58	1,669245837	69.565,12
293	JOSÉ MIGUEL MARTINI	45.550,60	599,82	-	46.150,42	1,669245837	77.036,40
294	JOSÉ MÚCIO MONTEIRO FILHO	60.496,70	58,86	-	60.555,56	1,669245837	101.082,12
295	JOSÉ NAZARENO CARDEAL FONTELES	122.995,70	3.410,48	1.371,62	127.777,80	1,669245837	213.292,56
296	JOSÉ NOBRE GUIMARÃES	130.164,92	1.428,06	253,60	131.846,58	1,669245837	220.084,35
297	JOSÉ OTÁVIO GERMANO	101.564,20	1.840,74	455,36	103.860,30	1,669245837	173.368,37
298	JOSÉ PAULO TOFFANO	53.948,60	620,82	412,36	54.981,78	1,669245837	91.778,11
299	JOSÉ RAFAEL GUERRA PINTO COELHO	109.610,20	1.713,70	240,01	111.563,91	1,669245837	186.227,59
300	JOSÉ RICARDO ALVARENGA TRIPOLI	54.136,96	494,26	1.164,63	55.795,85	1,669245837	93.136,99
301	JOSÉ ROBERTO OLIVEIRA FARO	113.036,54	1.999,86	143,31	115.179,71	1,669245837	192.263,25
302	JOSÉ ROBERTO SANTIAGO GOMES	72.480,33	1.086,12	-	73.566,45	1,669245837	122.800,49
303	JOSÉ SARAIVA FELIPE	50.833,44	137,34	-	50.970,78	1,669245837	85.082,76
304	JOSÉ SARNEY FILHO	176.361,31	5.061,96	671,30	182.094,57	1,669245837	303.960,60
305	JOSÉ SEVERIANO CHAVES	78.813,04	898,32	-	79.711,36	1,669245837	133.057,86
306	JOSÉ WELLINGTON ROBERTO	88.612,44	-	-	88.612,44	1,669245837	147.915,95
307	JOSÉ WILSON SANTIAGO	92.254,08	1.237,56	-	93.491,64	1,669245837	156.060,53
308	JOSEPH WALLACE FARIA BANDEIRA	41.533,84	-	-	41.533,84	1,669245837	69.330,19
309	JOSIAS QUINTAL DE OLIVEIRA	12.887,10	-	-	12.887,10	1,669245837	21.511,74
310	JOVAIR DE OLIVEIRA ARANTES	70.137,52	315,36	-	70.452,88	1,669245837	117.603,18
311	JULIÃO AMIN CASTRO	113.545,11	2.083,98	422,39	116.051,48	1,669245837	193.718,45
312	JÚLIO CÉSAR DE CARVALHO LIMA	51.861,78	144,36	148,85	52.154,99	1,669245837	87.059,50
313	JULIO CESAR DELGADO	77.274,68	1.354,60	1.002,04	79.631,32	1,669245837	132.924,25
314	JURANDIL DOS SANTOS JUAREZ	203.206,02	3.160,75	-	206.366,77	1,669245837	344.476,87
315	JURANDYR LOUREIRO BARROSO	77.971,93	1.134,32	405,81	79.512,06	1,669245837	132.725,18
316	JUSMARI TEREZINHA DE SOUZA OLIVEIRA	39.310,54	367,20	-	39.677,74	1,669245837	66.231,90
317	JUTAHY MAGALHÃES JÚNIOR	52.189,42	458,28	-	52.647,70	1,669245837	87.881,95
318	JUVENIL ALVES FERREIRA FILHO	113.415,87	1.663,50	-	115.079,37	1,669245837	192.095,76
319	LAEL VIEIRA VARELLA	86.888,51	1.370,34	292,03	88.550,88	1,669245837	147.813,19
320	LAERTE RODRIGUES DE BESSA	66.718,38	-	-	66.718,38	1,669245837	111.369,38
321	LAUREZ DA ROCHA MOREIRA	29.656,39	754,58	22,84	30.433,81	1,669245837	50.801,51
322	LÁZARO BOTELHO MARTINS	111.556,09	1.428,24	346,41	113.330,74	1,669245837	189.176,87
323	LEANDRO JOSÉ MENDES SAMPAIO FERNANDES	87.171,92	1.893,05	1.337,54	90.402,51	1,669245837	150.904,01

Seq.	Nome do Deputado	Tarifa (A)	Taxa Embarque (B)	Outras Taxas (C)	Montante (Fev/2009) (D)=(A)+(B)+(C)	Coeficiente (E)	Atualizado (Jun/2017) (F)=(D)*(E)
324	LEANDRO VILELA VELOSO	17.151,14	61,68	-	17.212,82	1,669245837	28.732,43
325	LEONARDO CARNEIRO MONTEIRO PICCIANI	53.269,06	290,96	196,36	53.756,38	1,669245837	89.732,61
326	LEONARDO LEMOS BARROS QUINTÃO	44.299,72	796,26	1.234,88	46.330,86	1,669245837	77.337,60
327	LEONARDO MOURA VILELA	29.113,21	513,00	-	29.626,21	1,669245837	49.453,43
328	LEONARDO ROSARIO DE ALCANTARA	108.424,68	2.088,35	2.504,77	113.017,80	1,669245837	188.654,49
329	LÍDICE DA MATA E SOUZA	63.910,16	501,72	-	64.411,88	1,669245837	107.519,26
330	LINCOLN DINIZ PORTELA	73.168,36	877,63	390,76	74.436,75	1,669245837	124.253,24
331	LINDOMAR BARBOSA ALVES	178.293,85	1.873,98	246,90	180.414,73	1,669245837	301.156,54
332	LUCIANA DE ALMEIDA COSTA	74.104,31	1.360,86	248,16	75.713,33	1,669245837	126.384,16
333	LUCIANA KREBS GENRO	200.222,76	2.409,48	1.114,38	203.746,62	1,669245837	340.103,20
334	LUCIANO DE SOUZA CASTRO	228.281,93	1.291,84	732,27	230.306,04	1,669245837	384.437,40
335	LUCIANO PIZZATTO	29.573,50	1.363,62	1.871,05	32.808,17	1,669245837	54.764,90
336	LÚCIO DUTRA VALE	121.274,06	1.341,18	-	122.615,24	1,669245837	204.674,98
337	LUIS CARLOS HEINZE	95.155,32	1.045,24	-	96.200,56	1,669245837	160.582,38
338	LUIZ ALBERTO SILVA DOS SANTOS	18.240,08	-	-	18.240,08	1,669245837	30.447,18
339	LUIZ ALBUQUERQUE COUTO	103.832,55	1.692,39	50,95	105.575,89	1,669245837	176.232,11
340	LUIZ ANTONIO VASCONCELLOS CARREIRA	9.996,42	98,10	-	10.094,52	1,669245837	16.850,24
341	LUIZ CARLOS BASSUMA	131.136,98	1.057,88	117,32	132.312,18	1,669245837	220.861,56
342	LUIZ CARLOS GHIORZZI BUSATO	45.330,38	917,82	742,86	46.991,06	1,669245837	78.439,63
343	LUIZ CARLOS JORGE HAULY	90.154,63	1.617,36	150,00	91.921,99	1,669245837	153.440,40
344	LUIZ CARLOS SETIM	73.966,98	482,82	238,07	74.687,87	1,669245837	124.672,42
345	LUIZ FERNANDO DE FABINHO ARAÚJO LIMA	167.165,13	1.805,92	1.296,67	170.267,72	1,669245837	284.218,68
346	LUIZ FERNANDO RAMOS FARIA	52.544,41	1.646,64	239,98	54.431,03	1,669245837	90.858,77
347	LUIZ GONZAGA PATRIOTA	81.432,76	736,38	1.113,55	83.282,69	1,669245837	139.019,28
348	LUIZ JOSÉ BITTENCOURT	54.429,05	992,28	899,45	56.320,78	1,669245837	94.013,23
349	LUIZ PAULO TEIXEIRA FERREIRA	83.168,02	1.928,40	-	85.096,42	1,669245837	142.046,84
350	LUIZ PAULO VELLOZO LUCAS	54.637,25	1.386,78	786,66	56.810,69	1,669245837	94.831,01
351	LUIZ ROBERTO DE ALBUQUERQUE	54.148,08	298,44	90,13	54.536,65	1,669245837	91.035,08
352	LUIZ SERGIO NOBREGA DE OLIVEIRA	44.448,64	203,22	-	44.651,86	1,669245837	74.534,93
353	LUIZA ERUNDINA DE SOUSA	38.071,76	1.121,16	-	39.192,92	1,669245837	65.422,62
354	MANOEL ALVES DA SILVA JUNIOR	79.141,09	971,28	421,18	80.533,55	1,669245837	134.430,29
355	MANOEL FERREIRA	63.842,11	1.543,06	1.170,93	66.556,10	1,669245837	111.098,49
356	MANOEL SALVIANO SOBRINHO	193.807,77	626,16	213,66	194.647,59	1,669245837	324.914,68
357	MANUELA PINTO VIEIRA D'AVILA	107.078,70	2.423,10	-	109.501,80	1,669245837	182.785,42
358	MARCELLO LIGNANI SIQUEIRA	12.602,68	-	-	12.602,68	1,669245837	21.036,97
359	MARCELO AUGUSTO DA EIRA CORREA	166.613,32	1.318,02	953,05	168.884,39	1,669245837	281.909,56
360	MARCELO BELTRAO DE ALMEIDA	90.832,48	1.960,62	33,95	92.827,05	1,669245837	154.951,17
361	MARCELO COSTA E CASTRO	127.914,20	2.826,62	1.090,32	131.831,14	1,669245837	220.058,58
362	MARCELO DE ARAÚJO MELO	46.043,02	1.332,02	1.387,71	48.762,75	1,669245837	81.397,02
363	MARCELO DE OLIVEIRA GUIMARÃES FILHO	78.487,48	192,66	107,28	78.787,42	1,669245837	131.515,57
364	MARCELO ZATURANSKY NOGUEIRA ITAGIBA	48.103,86	196,20	-	48.300,06	1,669245837	80.624,67
365	MÁRCIO ALESSANDRO FLEXA DE OLIVEIRA	34.687,28	517,08	70,78	35.275,14	1,669245837	58.882,88
366	MARCIO CARLOS MARINHO	19.644,86	70,68	-	19.715,54	1,669245837	32.910,08
367	MÁRCIO HENRIQUE JUNQUEIRA PEREIRA	212.250,66	2.609,58	421,41	215.281,65	1,669245837	359.358,00
368	MARCIO LUIZ FRANÇA GOMES	102.521,03	1.313,16	-	103.834,19	1,669245837	173.324,79
369	MARCIO REINALDO DIAS MOREIRA	36.391,68	137,34	30,00	36.559,02	1,669245837	61.025,99
370	MARCO AURÉLIO SPALL MAIA	49.288,38	741,36	-	50.029,74	1,669245837	83.511,94
371	MARCO AURÉLIO UBIALI	67.469,58	2.318,30	1.598,11	71.385,99	1,669245837	119.160,77
372	MARCONDES IRAN BENEVIDES GADELHA	118.068,63	1.200,08	2.324,84	121.593,55	1,669245837	202.969,53
373	MARCOS ANTONIO MEDRADO	135.073,58	571,80	-	135.645,38	1,669245837	226.425,49
374	MARCOS ANTÔNIO RAMOS DA HORA	126.027,92	1.701,36	-	127.729,28	1,669245837	213.211,57
375	MARCOS MONTES CORDEIRO	24.231,66	869,72	448,38	25.549,76	1,669245837	42.648,83
376	MARIA APARECIDA DIOGO BRAGA	65.874,98	1.875,12	-	67.750,10	1,669245837	113.091,57
377	MARIA DALVA DE SOUZA FIGUEIREDO	104.606,61	2.406,48	146,90	107.159,99	1,669245837	178.876,37
378	MARIA DE FÁTIMA BEZERRA	172.241,12	1.189,28	172,69	173.603,09	1,669245837	289.786,24
379	MARIA DO CARMO LARA PERPÉTUO	67.627,50	1.227,66	-	68.855,16	1,669245837	114.936,19
380	MARIA DO ROSÁRIO NUNES	108.094,74	741,36	-	108.836,10	1,669245837	181.674,21

Seq.	Nome do Deputado	Tarifa (A)	Taxa Embarque (B)	Outras Taxas (C)	Montante (Fev/2009) (D)=(A)+(B)+(C)	Coeficiente (E)	Atualizado (Jun/2017) (F)=(D)*(E)
381	MARIA DO SOCORRO JÔ MORAES VIEIRA	78.793,64	1.149,18	62,90	80.005,72	1,669245837	133.549,22
382	MARIA GORETE PEREIRA	47.230,78	501,62	582,51	48.314,91	1,669245837	80.649,46
383	MARIA HELENA VERONESE RODRIGUES	176.897,97	963,12	578,34	178.439,43	1,669245837	297.859,28
384	MARIA LUCENIRA FERREIRA OLIVEIRA PIMENTEL	220.604,50	2.323,80	964,05	223.892,35	1,669245837	373.731,37
385	MARIA LÚCIA CARDOSO	70.897,10	890,92	1.214,10	73.002,12	1,669245837	121.858,48
386	MARIA PERPÉTUA ALMEIDA	216.271,11	2.927,76	227,51	219.426,38	1,669245837	366.276,57
387	MARINA TERRA MAGGESSI DE SOUZA	54.160,70	1.457,52	-	55.618,22	1,669245837	92.840,48
388	MARINHA CÉLIA ROCHA RAUPP DE MATOS	126.492,88	2.120,88	454,60	129.068,36	1,669245837	215.446,82
389	MARIO DE OLIVEIRA	105.594,57	2.046,18	-	107.640,75	1,669245837	179.678,87
390	MÁRIO LÚCIO HERINGER	60.224,66	39,24	-	60.263,90	1,669245837	100.595,26
391	MÁRIO SILVIO MENDES NEGROMONTE	127.257,90	2.220,74	1.929,98	131.408,62	1,669245837	219.353,29
392	MATTEO ROTA CHIARELLI	20.274,00	368,58	-	20.642,58	1,669245837	34.457,54
393	MAURÍCIO GONÇALVES TRINDADE	138.021,06	1.761,82	989,09	140.771,97	1,669245837	234.983,02
394	MAURÍCIO QUINTELLA MALTA LESSA	132.117,09	3.351,35	672,71	136.141,15	1,669245837	227.253,05
395	MAURÍCIO RANDS COELHO BARROS	100.048,23	325,86	61,72	100.435,81	1,669245837	167.652,06
396	MAURO MARIANI	52.904,76	555,00	-	53.459,76	1,669245837	89.237,48
397	MAURO NAZIF RASUL	54.487,03	197,64	-	54.684,67	1,669245837	91.282,16
398	MAURO RIBEIRO LOPES	95.150,42	1.095,96	-	96.246,38	1,669245837	160.658,87
399	MAX ROSENMANN	105.399,19	232,10	194,08	105.825,37	1,669245837	176.648,56
400	MIGUEL CORREA DA SILVA JÚNIOR	112.857,60	3.315,78	-	116.173,38	1,669245837	193.921,93
401	MIGUEL DE SOUZA	22.603,68	-	-	22.603,68	1,669245837	37.731,10
402	MILTON ANTÔNIO CASQUEL MONTI	17.020,82	571,80	65,90	17.658,52	1,669245837	29.476,41
403	MIRO TEIXEIRA	23.387,30	183,60	-	23.570,90	1,669245837	39.345,63
404	MOACIR MICHELETTO	54.881,92	456,74	707,75	56.046,41	1,669245837	93.555,24
405	MOISÉS NOGUEIRA AVELINO	90.379,16	3.535,82	757,27	94.672,25	1,669245837	158.031,26
406	MORONI BING TORGAN	38.631,76	-	-	38.631,76	1,669245837	64.485,90
407	MUSSA DE JESUS DEMES	116.099,62	2.303,10	1.917,70	120.320,42	1,669245837	200.844,36
408	NARCIO RODRIGUES DA SILVEIRA	39.534,01	651,72	-	40.185,73	1,669245837	67.079,86
409	NATAN DONADON	88.248,98	1.663,41	-	89.912,39	1,669245837	150.085,88
410	NEILTON MULIM DA COSTA	51.015,39	1.395,29	74,10	52.484,78	1,669245837	87.610,00
411	NELSON GOETTEN DE LIMA	181.470,19	2.328,81	827,20	184.626,20	1,669245837	308.186,52
412	NELSON LUIZ PROENÇA FERNANDES	69.014,64	298,18	109,42	69.422,24	1,669245837	115.882,79
413	NELSON MARQUEZELLI	83.678,12	2.597,81	1.386,39	87.662,32	1,669245837	146.329,96
414	NELSON MEURER	58.632,26	759,60	77,90	59.469,76	1,669245837	99.269,65
415	NELSON ROBERTO BORNIER DE OLIVEIRA	32.130,27	475,64	180,35	32.786,26	1,669245837	54.728,33
416	NELSON TADEU FILIPPELLI	44.229,12	1.543,72	733,23	46.506,07	1,669245837	77.630,06
417	NELSON TRAD	84.813,16	2.169,66	-	86.982,82	1,669245837	145.195,71
418	NELSON VICENTE PORTELA PELLEGRINO	70.337,36	290,10	-	70.627,46	1,669245837	117.894,59
419	NERI GELLER	10.513,38	581,64	-	11.095,02	1,669245837	18.520,32
420	NEUCIMAR FERREIRA FRAGA	86.715,54	2.290,17	483,29	89.489,00	1,669245837	149.379,14
421	NEUDO RIBEIRO CAMPOS	249.855,09	1.729,65	775,97	252.360,71	1,669245837	421.252,06
422	NILMAR GAVINO RUIZ	139.187,63	2.243,68	1.956,23	143.387,54	1,669245837	239.349,05
423	NILSON MOURA LEITE MOURÃO	237.080,94	3.460,08	908,26	241.449,28	1,669245837	403.038,21
424	NILSON PINTO DE OLIVEIRA	163.261,82	4.084,42	531,34	167.877,58	1,669245837	280.228,95
425	ODACIR ZONTA	92.072,97	1.023,42	379,70	93.476,09	1,669245837	156.034,57
426	ODAIR JOSÉ DA CUNHA	76.837,36	1.046,88	157,09	78.041,33	1,669245837	130.270,17
427	ODÍLIO BALBINOTTI	165.075,63	1.452,72	655,41	167.183,76	1,669245837	279.070,80
428	OLAVO BILAC PINTO NETO	16.672,17	482,82	214,85	17.369,84	1,669245837	28.994,53
429	OLAVO CALHEIROS FILHO	98.367,84	1.027,29	109,85	99.504,98	1,669245837	166.098,27
430	ONYX DORNELLES LORENZONI	122.713,47	3.327,00	126,85	126.167,32	1,669245837	210.604,27
431	ORLANDO DESCONSI	14.789,34	-	-	14.789,34	1,669245837	24.687,04
432	OSMAR JOSÉ SERRAGLIO	139.925,26	644,70	-	140.569,96	1,669245837	234.645,82
433	OSMAR RIBEIRO DE ALMEIDA JÚNIOR	131.520,36	2.086,86	34,95	133.642,17	1,669245837	223.081,64
434	OSÓRIO ADRIANO FILHO	43.246,50	601,68	994,24	44.842,42	1,669245837	74.853,02
435	OSVALDO DE SOUZA REIS	193.815,20	1.664,41	644,17	196.123,78	1,669245837	327.378,80
436	OTAVIO SANTOS SILVA LEITE	69.282,23	1.873,56	650,19	71.805,98	1,669245837	119.861,83
437	PAULO ABI-ACKEL	73.496,15	2.005,59	420,45	75.922,19	1,669245837	126.732,80

Seq.	Nome do Deputado	Tarifa (A)	Taxa Embarque (B)	Outras Taxas (C)	Montante (Fev/2009) (D)=(A)+(B)+(C)	Coeficiente (E)	Atualizado (Jun/2017) (F)=(D)*(E)
438	PAULO CESAR BALTAZAR DA NOBREGA	15.776,98	19,62	-	15.796,60	1,669245837	26.368,41
439	PAULO CÉSAR DA GUIA ALMEIDA	31.638,44	137,34	-	31.775,78	1,669245837	53.041,59
440	PAULO HENRIQUE ELLERY LUSTOSA DA COSTA	123.546,23	1.947,11	1.937,76	127.431,10	1,669245837	212.713,83
441	PAULO PEREIRA DA SILVA	102.657,58	3.362,04	-	106.019,62	1,669245837	176.972,81
442	PAULO PIAU NOGUEIRA	73.410,75	2.219,74	682,72	76.313,21	1,669245837	127.385,51
443	PAULO RENATO COSTA SOUZA	34.053,04	745,62	-	34.798,66	1,669245837	58.087,52
444	PAULO ROBERTO BARRETO BORNHAUSEN	71.753,23	1.297,46	666,75	73.717,44	1,669245837	123.052,53
445	PAULO ROBERTO GALVÃO DA ROCHA	74.312,34	360,18	-	74.672,52	1,669245837	124.646,79
446	PAULO ROBERTO GOMES MANSUR	38.719,86	1.305,06	524,81	40.549,73	1,669245837	67.687,47
447	PAULO ROBERTO MANOEL PEREIRA	187.564,85	2.520,72	1.234,15	191.319,72	1,669245837	319.359,65
448	PAULO ROBERTO SEVERO PIMENTA	172.558,26	804,42	61,42	173.424,10	1,669245837	289.487,46
449	PAULO RUBEM SANTIAGO FERREIRA	168.414,65	599,82	-	169.014,47	1,669245837	282.126,70
450	PAULO SALIM MALUF	66.346,74	2.351,61	65,90	68.764,25	1,669245837	114.784,44
451	PAULO SERGIO PARANHOS DE MAGALHAES	86.114,34	818,46	109,90	87.042,70	1,669245837	145.295,66
452	PEDRO ALMEIDA VALADARES NETO	17.475,06	354,60	-	17.829,66	1,669245837	29.762,09
453	PEDRO EUGÊNIO DE CASTRO TOLEDO CABRAL	123.835,51	882,90	88,40	124.806,81	1,669245837	208.333,25
454	PEDRO FERNANDES RIBEIRO	187.985,94	4.902,78	2.220,69	195.109,41	1,669245837	325.685,57
455	PEDRO HENRY NETO	84.316,48	1.569,78	-	85.886,26	1,669245837	143.365,28
456	PEDRO NOVAIS LIMA	88.785,59	1.945,44	746,45	91.477,48	1,669245837	152.698,40
457	PEDRO PINHEIRO CHAVES	11.205,30	163,98	-	11.369,28	1,669245837	18.978,12
458	PEDRO RIBEIRO FILHO	57.053,01	215,82	-	57.268,83	1,669245837	95.595,76
459	PEDRO WILSON GUIMARÃES	76.462,54	144,36	-	76.606,90	1,669245837	127.875,75
460	RAIMUNDO GOMES DE MATOS	109.599,52	-	-	109.599,52	1,669245837	182.948,54
461	RAIMUNDO SABINO CASTELO BRANCO MAUÉS	162.154,10	737,16	-	162.891,26	1,669245837	271.905,56
462	RAQUEL FIGUEIREDO ALESSANDRI TEIXEIRA	42.896,50	465,04	83,98	43.445,52	1,669245837	72.521,25
463	RAUL BELENS JUNGMANN PINTO	64.347,48	693,66	447,26	65.488,40	1,669245837	109.316,24
464	RAUL JEAN LOUIS HENRY JÚNIOR	61.410,69	1.215,06	104,18	62.729,93	1,669245837	104.711,67
465	RAYMUNDO VELOSO SILVA	164.073,00	2.460,76	117,38	166.651,14	1,669245837	278.181,72
466	REBECCA MARTINS GARCIA	131.876,70	770,40	1.732,34	134.379,44	1,669245837	224.312,32
467	REGINALDO LÁZARO DE OLIVEIRA LOPES	79.990,86	1.066,50	-	81.057,36	1,669245837	135.304,66
468	REGIS FERNANDES DE OLIVEIRA	52.201,68	1.719,52	1.463,09	55.384,29	1,669245837	92.450,00
469	REINALDO GRIP LOPES	12.780,84	-	-	12.780,84	1,669245837	21.334,36
470	REINALDO NOGUEIRA LOPES CRUZ	44.438,38	791,88	-	45.230,26	1,669245837	75.500,42
471	REMI ABREU TRINTA	16.717,98	-	-	16.717,98	1,669245837	27.906,42
472	RENATO DELMAR MOLLING	69.949,09	254,58	407,70	70.611,37	1,669245837	117.867,74
473	RENATO FAUVEL AMARY	57.584,49	1.244,46	1.063,84	59.892,79	1,669245837	99.975,79
474	RENILDO VASCONCELOS CALHEIROS	132.309,87	2.282,94	351,67	134.944,48	1,669245837	225.255,51
475	RICARDO JOSÉ MAGALHÃES BARROS	77.324,41	996,56	776,72	79.097,69	1,669245837	132.033,49
476	RICARDO JOSÉ RIBEIRO BERZOINI	31.026,81	480,43	198,58	31.705,82	1,669245837	52.924,81
477	RICARDO NAGIB IZAR	27.914,23	870,96	332,08	29.117,27	1,669245837	48.603,88
478	RITA DE CÁSSIA PASTE CAMATA	25.577,42	487,74	-	26.065,16	1,669245837	43.509,16
479	ROBERTO COELHO ROCHA	273.496,56	2.097,44	396,20	275.990,20	1,669245837	460.695,49
480	ROBERTO EGIDIO BALESTRA	43.513,01	289,64	541,53	44.344,18	1,669245837	74.021,34
481	ROBERTO JOÃO PEREIRA FREIRE	23.765,70	39,24	-	23.804,94	1,669245837	39.736,30
482	ROBERTO MAGALHÃES MELO	21.014,24	176,58	-	21.190,82	1,669245837	35.372,69
483	ROBERTO PEREIRA DE BRITTO	61.902,36	470,36	253,58	62.626,30	1,669245837	104.538,69
484	ROBSON LEMOS RODOVALHO	50.247,88	1.592,90	197,34	52.038,12	1,669245837	86.864,42
485	RODOLFO PEREIRA	29.304,72	-	-	29.304,72	1,669245837	48.916,78
486	RODRIGO BATISTA DE CASTRO	31.778,18	274,68	-	32.052,86	1,669245837	53.504,10
487	RODRIGO FELINTO IBARRA EPITÁCIO MAIA	61.498,55	791,68	1.265,24	63.555,47	1,669245837	106.089,70
488	RODRIGO SANTOS DA ROCHA LOURES	54.152,10	1.055,28	-	55.207,38	1,669245837	92.154,69
489	RODRIGO SOBRAL ROLLEMBERG	20.578,40	462,36	574,26	21.615,02	1,669245837	36.080,78
490	ROGERIO MARTINS LISBOA	56.038,70	772,20	-	56.810,90	1,669245837	94.831,36
491	ROGÉRIO SIMONETTI MARINHO	87.935,99	1.056,27	397,12	89.389,38	1,669245837	149.212,85
492	RÔMULO JOSÉ DE GOUVEIA	148.957,17	1.708,50	406,65	151.072,32	1,669245837	252.176,84

Seq.	Nome do Deputado	Tarifa (A)	Taxa Embarque (B)	Outras Taxas (C)	Montante (Fev/2009) (D)=(A)+(B)+(C)	Coeficiente (E)	Atualizado (Jun/2017) (F)=(D)*(E)
493	RONALDO DE BRITO LEITE	14.091,94	-	-	14.091,94	1,669245837	23.522,91
494	RONALDO JOSÉ DA CUNHA LIMA	51.739,95	1.414,20	519,68	53.673,83	1,669245837	89.594,82
495	RONALDO RAMOS CAIADO	25.207,39	249,48	65,68	25.522,55	1,669245837	42.603,41
496	ROSILDA DE FREITAS	44.994,54	85,50	-	45.080,04	1,669245837	75.249,67
497	RUBENS MOREIRA MENDES FILHO	113.157,31	2.305,68	772,27	116.235,26	1,669245837	194.025,22
498	RUBENS OTONI GOMIDE	38.474,50	463,92	60,00	38.998,42	1,669245837	65.097,95
499	RUY PAULETTI	116.830,04	2.103,46	1.633,58	120.567,08	1,669245837	201.256,10
500	SANDRA MARIA DA ESCÓSSIA ROSADO	89.646,88	2.195,34	119,64	91.961,86	1,669245837	153.506,95
501	SANDRO ANTONIO SCODRO	29.133,16	430,32	116,44	29.679,92	1,669245837	49.543,08
502	SANDRO MATOS PEREIRA	75.820,64	68,67	19,48	75.908,79	1,669245837	126.710,43
503	SATURNINO MASSON	35.676,04	1.890,72	-	37.566,76	1,669245837	62.708,16
504	SEBASTIÃO FERREIRA DA ROCHA	188.550,84	2.904,06	79,95	191.534,85	1,669245837	319.718,75
505	SEBASTIAO TORRES MADEIRA	136.508,03	3.645,87	802,03	140.955,93	1,669245837	235.290,10
506	SERGIO ANTONIO NECHAR	27.918,20	778,17	-	28.696,37	1,669245837	47.901,30
507	SÉRGIO BARRADAS CARNEIRO	65.987,34	105,12	-	66.092,46	1,669245837	110.324,56
508	SÉRGIO DE OLIVEIRA CUNHA	211.136,14	1.882,26	120,11	213.138,51	1,669245837	355.780,57
509	SÉRGIO IVAN MORAES	172.850,46	2.071,38	136,85	175.058,69	1,669245837	292.215,99
510	SERGIO LUIS LACERDA BRITO	69.498,09	1.171,62	-	70.669,71	1,669245837	117.965,12
511	SÉTIMO WAQUIM	195.182,39	1.405,05	-	196.587,44	1,669245837	328.152,77
512	SEVERIANO ALVES DE SOUZA	94.142,60	751,17	209,80	95.103,57	1,669245837	158.751,24
513	SILAS CAMARA	269.050,40	789,06	-	269.839,46	1,669245837	450.428,40
514	SILVIO LOPES TEIXEIRA	84.385,73	223,96	92,83	84.702,52	1,669245837	141.389,33
515	SILVIO ROBERTO CAVALCANTI PECCIOLI	36.928,46	549,36	80,92	37.558,74	1,669245837	62.694,77
516	SILVIO SERAFIM COSTA	71.980,16	550,54	643,76	73.174,46	1,669245837	122.146,16
517	SIMAO SESSIM	32.895,10	105,12	-	33.000,22	1,669245837	55.085,48
518	SOLANGE AMARAL	49.017,07	404,68	319,17	49.740,92	1,669245837	83.029,82
519	SOLANGE PEREIRA DE ALMEIDA	138.244,52	274,68	-	138.519,20	1,669245837	231.222,60
520	SUELI RANGEL SILVA VIDIGAL	79.608,00	1.824,84	-	81.432,84	1,669245837	135.931,43
521	SUELY SANTANA DA SILVA	129.101,86	1.538,82	160,95	130.801,63	1,669245837	218.340,08
522	TALMIR RODRIGUES	91.940,79	1.554,24	-	93.495,03	1,669245837	156.066,19
523	TARCISIO JOÃO ZIMERMMANN	117.675,95	1.110,16	988,02	119.774,13	1,669245837	199.932,47
524	THELMA PIMENTEL FIGUEIREDO DE OLIVEIRA	77.505,51	2.257,08	124,37	79.886,96	1,669245837	133.350,98
525	ULDURICO ALVES PINTO	154.007,58	1.886,52	716,82	156.610,92	1,669245837	261.422,13
526	URZENI DA ROCHA FREITAS FILHO	104.159,11	1.131,06	67,95	105.358,12	1,669245837	175.868,60
527	VALDEMAR COSTA NETO	38.645,88	484,46	1.686,02	40.816,36	1,669245837	68.132,54
528	VALDIR COLATTO	41.528,58	235,41	30,00	41.793,99	1,669245837	69.764,44
529	VALTENIR LUIZ PEREIRA	115.400,68	1.541,70	195,80	117.138,18	1,669245837	195.532,42
530	VANDER LUIZ DOS SANTOS LOUBET	78.048,95	1.951,02	-	79.999,97	1,669245837	133.539,62
531	VANDERLEI MACRIS	12.955,12	529,94	342,34	13.827,40	1,669245837	23.081,33
532	VANESSA GRAZZIOTIN	140.296,91	1.719,60	493,00	142.509,51	1,669245837	237.883,41
533	VICENTE ALVES DE OLIVEIRA	124.302,48	3.038,64	669,71	128.010,83	1,669245837	213.681,55
534	VICENTE FERREIRA DE ARRUDA COELHO	79.422,18	-	-	79.422,18	1,669245837	132.575,14
535	VICENTE PAULO DA SILVA	48.125,45	667,08	95,90	48.888,43	1,669245837	81.606,81
536	VICTOR PIRES FRANCO NETO	125.438,93	3.092,92	3.270,51	131.802,36	1,669245837	220.010,54
537	VICTORIO GALLI FILHO	26.693,41	566,22	-	27.259,63	1,669245837	45.503,02
538	VILSON LUIZ COVATTI	126.535,82	1.150,38	1.283,80	128.970,00	1,669245837	215.282,64
539	VINICIUS RAPOZO DE CARVALHO	82.281,83	2.323,53	555,18	85.160,54	1,669245837	142.153,88
540	VIRGÍLIO GUIMARÃES DE PAULA	57.069,00	156,96	-	57.225,96	1,669245837	95.524,20
541	VITAL DO RÊGO FILHO	120.658,71	1.164,72	706,66	122.530,09	1,669245837	204.532,84
542	VITOR PENIDO DE BARROS	21.319,98	372,78	-	21.692,76	1,669245837	36.210,55
543	WALDEMIR MOKA MIRANDA DE BRITTO	140.806,96	2.130,38	3.370,67	146.308,01	1,669245837	244.224,04
544	WALDIR MARANHÃO CARDOSO	148.974,39	3.016,74	1.099,80	153.090,93	1,669245837	255.546,40
545	WALDIR NEVES BARBOSA	115.654,67	1.744,06	1.163,25	118.561,98	1,669245837	197.909,09
546	WALTER CORREIA DE BRITO NETO	105.542,27	690,96	292,70	106.525,93	1,669245837	177.817,97
547	WALTER DE FREITAS PINHEIRO	66.551,44	1.467,36	-	68.018,80	1,669245837	113.540,10
548	WALTER SHINDI IIHOSHI	37.024,08	156,96	-	37.181,04	1,669245837	62.064,30
549	WANDENKOLK PASTEUR GONÇALVES	155.247,89	4.962,06	621,72	160.831,67	1,669245837	268.467,60

Seq.	Nome do Deputado	Tarifa (A)	Taxa Embarque (B)	Outras Taxas (C)	Montante (Fev/2009) (D)=(A)+(B)+(C)	Coeficiente (E)	Atualizado (Jun/2017) (F)=(D)*(E)
550	WANDERLEY ALVES DE OLIVEIRA	152.986,19	520,86	249,68	153.756,73	1,669245837	256.657,78
551	WELINGTON COIMBRA	75.846,06	1.495,86	48,95	77.390,87	1,669245837	129.184,39
552	WELLINGTON ANTONIO FAGUNDES	56.252,00	1.160,52	-	57.412,52	1,669245837	95.835,61
553	WILLIAM BOSS WOO	25.183,00	517,86	305,28	26.006,14	1,669245837	43.410,64
554	WILSON LEITE BRAGA	113.573,32	1.498,26	223,80	115.295,38	1,669245837	192.456,33
555	WLADIMIR AFONSO DA COSTA RABELO	110.493,30	2.280,54	-	112.773,84	1,669245837	188.247,26
556	WOLNEY QUEIROZ MACIEL	84.465,34	287,34	651,98	85.404,66	1,669245837	142.561,37
557	ZELINDA NOVAES E SILVA JARSKE	10.002,20	-	-	10.002,20	1,669245837	16.696,13
558	ZENALDO RODRIGUES COUTINHO JUNIOR	165.085,88	1.384,62	-	166.470,50	1,669245837	277.880,19
Total geral		49.305.438,46	674.304,74	222.398,53	50.202.141,73	-	83.799.716,08

Quadro Complementar

Descrição da categoria	Tarifa (A)	Tx Emb. (B)	Out. Txs (C)	Montante (Fev/2009) (D)=(A)+(B)+(C)	Coeficiente (E)	Atualizado (Jun/2017) (F)=(D)*(E)
PARLAMENTAR NÃO LOCALIZADO	23.605,01	625,71	620,39	24.851,11	1,669245837	41.482,61
PARLAMENTAR É SENADOR	1.168.673,72	-	-	1.168.673,72	1,669245837	1.950.803,74
Total geral	1.192.278,73	625,71	620,39	1.193.524,83	-	1.992.286,35

Fig. A-14 – Fonte: Apêndice III do Relatório de Análise 022/2017, da Procuradoria da República no Distrito Federal, feito a pedido da procuradora Sara Moreira Leite, em 2017, atualizando os valores dos gastos de passagens irregulares dos deputados, senadores e ex-parlamentares, constante no inquérito civil público (ICP) nº 1.16.000.002149/2005-21, volume XII, folhas 2.559 em diante.

Anexo II

Fotografias

Jair e Michelle Bolsonaro: um dia após o casamento, Câmara emitiu bilhetes para viagem dos recém-casados a Foz do Iguaçu. (Crédito: Válter Campanato/ABR)

Michel Temer e Marcella: passeio em praia na Bahia foi pago com dinheiro público. (Crédito: Válter Campanato/ABR)

José Sarney: ex-presidente da República comandou o Congresso durante o escândalo das passagens aéreas e dos atos secretos. (Crédito: Marcos Brandão/Ag.Senado)

Lula: o ex-sindicalista e presidente da República fez o que pôde para preservar Sarney, Temer e seu projeto político com Dilma Rousseff. (Crédito: Roberto Stuckert Filho/PR)

Companhias aéreas mantêm guichê dentro do Congresso até hoje, como esses na Câmara dos Deputados. (Crédito: Eduardo Militão/18 ago. 2020)

Anexo III

Listas

Lista 1

Lista de 443 parlamentares denunciados por peculato (as denúncias foram rejeitadas pela Justiça): http://www.mpf.mp.br/regiao1/sala-de-imprensa/docs/tabeladenunciadeputado.pdf Fonte: Procuradoria Regional da República da 1ª Região."

Lista 2

Lista de outros 218 políticos suspeitos de peculato, mas cujos casos foram enviados ao Supremo Tribunal Federal (as investigações foram arquivadas pela Procuradoria-Geral da República depois): http://www.mpf.mp.br/regiao1/sala-de-imprensa/docs/denuncias-prerrogativa-de-foro.pdf

Lista 3

Lista com os nomes de 261 deputados que usaram suas cotas para viajar para o exterior usando dinheiro público ou enviando outros passageiros em seu lugar. Relação dos nomes dos passageiros: https://congressoemfoco.uol.com.br/upload/congresso/arquivo/VoosInternacionais_Alfabetica5.pdf

Lista 4

Lista com a quantidade de trechos voados por esses 261 deputados: https://congressoemfoco.uol.com.br/upload/congresso/arquivo/VoosInternacionais_Resumo4.pdf

Lista 5

Gastos de deputados com passagens aéreas em 2005 e 2006

Nesta relação estão todas as despesas feitas, sem distinção entre as regulares e aquelas que os investigadores consideravam irregulares, como passeios ao exterior e com passageiros que não os próprios parlamentares.

Tabela 1 - Totais de Requisições de Passagens Aéreas – RPA e totais de bilhetes aéreos ressarcidos nos anos de 2005 e 2006, por parlamentar.

Item	Nome do parlamentar[1]	Total de RPA[2] 2005 (R$)	Total de RPA[3] 2006 (R$)	Total Bilhetes Ressarcidos[4] 2005 e 2006 (R$)
1	ABELARDO LUPION	123.737,64	130.681,08	
2	ADÃO PRETTO	142.718,61	151.366,51	
3	ADELOR VIEIRA	133.272,18	140.191,02	559,62
4	ADEMIR CAMILO	96.901,35	102.860,88	
5	AFFONSO CAMARGO	123.737,64	130.681,08	
6	AFONSO HAMM	35.931,92	34.634,28	

LAUDO Nº 1251/2009 - SETEC/SR/DPF/DF

7	AGNALDO MUNIZ	167.479,07	178.207,62	2.291,05
8	AGNELO QUEIROZ		37.047,43	
9	AIRTON ROVEDA	123.737,64	130.681,08	
10	ALBÉRICO FILHO	63.172,51	163.513,44	123,00
11	ALBERTO FRAGA	47.120,86	49.765,20	
12	ALBERTO GOLDMAN	146.710,72	117.232,30	2.276,99
13	ALCESTE ALMEIDA	186.932,94	197.979,41	874,63
14	ALCEU COLLARES	142.732,86	150.297,20	
15	ALDIR CABRAL	87.304,68	46.063,86	477,25
16	ALDO REBELO	86.283,16	251.088,73	
17	ALEX CANZIANI	125.994,96	130.432,08	324,08
18	ALEXANDRE CARDOSO	94.241,76	131.224,65	
19	ALEXANDRE MAIA	40.632,23	25.049,09	8.422,78
20	ALEXANDRE SANTOS	94.241,76	99.530,04	
21	ALICE PORTUGAL	125.055,12	132.072,47	
22	ALMEIDA DE JESUS	155.656,94	166.517,28	1.361,24
23	ALMERINDA DE CARVALHO	94.241,76	99.530,04	
24	ALMIR MOURA	92.889,72	98.712,18	2.169,90
25	ALMIR SÁ	187.105,40	198.157,80	
26	ÁLVARO DIAS	160.325,88	169.322,44	
27	AMAURI GASQUES	106.407,72	112.378,68	
28	ANA ALENCAR	61.861,73	113.409,64	
29	ANA GUERRA	86.998,68	102.860,88	
30	ANDRÉ COSTA	94.241,76	99.530,04	
31	ANDRÉ DE PAULA	151.146,17	158.759,88	
32	ANDRÉ FIGUEIREDO	128.561,41	155.033,04	38.592,33
33	ANDRE LUIZ	21.777,85		
34	ANDRÉ ZACHAROW	123.737,60	130.681,07	
35	ÂNGELA GUADAGNIN	105.736,86	112.378,00	670,40
36	ANÍBAL GOMES	157.669,80	164.165,28	
37	ANIVALDO VALE	155.543,64	164.271,84	
38	ANN PONTES	155.117,64	164.271,84	
39	ANSELMO DE JESUS	167.399,29	177.740,73	3.515,80
40	ANTENOR NASPOLINI	152.651,74	27.752,88	1.554,30
41	ANTONIO CAMBRAIA	157.669,80	165.724,65	792,63
42	ANTÔNIO CARLOS BIFFI	139.150,08	147.408,24	
43	ANTONIO CARLOS BISCAIA	91.596,08	99.376,86	
44	ANTONIO CARLOS MAGALHÃES NETO	125.055,12	132.072,40	
45	ANTONIO CARLOS MENDES THAME	105.941,72	111.340,48	1.038,20
46	ANTONIO CARLOS PANNUNZIO	106.154,72	111.603,06	775,62
47	ANTONIO CRUZ	138.576,08	147.408,24	
48	ANTONIO JOAQUIM	154.156,56	163.513,44	
49	ARACELY DE PAULA	93.544,00	100.163,00	6.547,87
50	ARIOSTO HOLANDA	157.669,80	165.989,65	527,63

277

LAUDO Nº 1251/2009 - SETEC/SR/DPF/DF

51	ARLINDO CHINAGLIA	185.408,57	161.918,52	
52	ARMANDO ABILIO		69.869,33	
53	ARMANDO MONTEIRO	150.324,54	158.759,88	
54	ARNALDO FARIA DE SÁ	106.407,72	112.307,76	
55	ARNALDO MADEIRA		84.586,10	
56	ARNON BEZERRA	157.669,80	166.517,28	
57	AROLDE DE OLIVEIRA	4.910,54	57.269,28	
58	AROLDO CEDRAZ	124.742,21	131.908,07	
59	ARY KARA	105.867,74	112.378,00	
60	ASDRUBAL BENTES	155.543,64	164.271,48	
61	ASSIS DO COUTO	119.491,07	127.364,14	7.564,37
62	ÁTILA LINS	168.270,00	177.622,85	
63	ATILA LIRA	143.641,41	151.701,86	
64	AUGUSTO NARDES	96.926,08		
65	B. SÁ	143.641,74	151.702,08	0,60
66	BABÁ	155.543,64	172.449,52	
67	BADU PICANÇO	165.574,24	175.756,83	
68	BARBOSA NETO	91.844,40	96.998,16	
69	BENEDITO DE LIRA	142.629,70	150.615,91	1.557,20
70	BENJAMIN MARANHAO	153.696,48	162.321,00	
71	BERNARDO ARISTON	94.239,76	99.524,45	
72	BETINHO ROSADO	160.068,51	169.320,90	254,28
73	BETO ALBUQUERQUE	141.533,31	150.384,19	1.557,56
74	BISMARCK MAIA	157.669,80	166.517,28	
75	BONIFACIO DE ANDRADA	97.380,14	102.860,88	
76	BOSCO COSTA	135.564,35	143.368,32	
77	CABO JÚLIO	97.243,60	102.860,88	
78	CAPITÃO WAYNE	37.511,11	9.393,44	24.106,08
79	CARLITO MERSS	132.851,15	140.580,68	417,91
80	CARLOS ABICALIL	128.171,21	136.248,60	
81	CARLOS ALBERTO LERÉIA	91.388,62	96.947,16	304,16
82	CARLOS BATATA	42.206,19	158.759,88	
83	CARLOS DUNGA	153.696,48	161.751,38	569,62
84	CARLOS EDUARDO CADOCA	150.324,54	158.759,88	
85	CARLOS MELLES	97.365,60	102.860,88	
86	CARLOS MOTA	97.395,60	102.860,88	
87	CARLOS NADER	92.839,04	95.462,35	1.402,72
88	CARLOS RODRIGUES	66.715,11		
89	CARLOS SAMPAIO	106.407,72	110.528,38	
90	CARLOS SANTANA	93.851,76	99.530,04	
91	CARLOS SOUZA	168.270,00	177.712,32	
92	CARLOS WILLIAN	96.035,53	100.393,38	2.662,35
93	CELCITA PINHEIRO	129.009,36	136.008,60	
94	CELSO RUSSOMANNO	106.407,00	112.378,00	

7

747 - A

LAUDO Nº 1251/2009 - SETEC/SR/DPF/DF

95	CÉSAR BANDEIRA	154.825,56	163.513,44	
96	CÉSAR MEDEIROS	95.100,31	101.287,43	3.543,41
97	CEZAR SCHIRMER	142.732,86	150.742,20	
98	CEZAR SILVESTRI	119.453,28	130.681,08	
99	CHICÃO BRÍGIDO	21.143,18	124.038,48	64.210,78
100	CHICO ALENCAR	93.521,66	111.515,40	389,55
101	CHICO DA PRINCESA	123.736,97	130.681,05	
102	CHICO SARDELLI	73.174,62	27.489,52	
103	CIRO NOGUEIRA	111.197,66	113.186,76	340.596,52
104	CLAUDIO CAJADO	56.836,84	115.472,48	84.818,28
105	CLAUDIO DIAZ		2.000,00	
106	CLÁUDIO MAGRAO	106.396,46	107.876,97	
107	CLAUDIO RORATO	13.392,51	32.670,27	
108	CLEONÂNCIO FONSECA	132.613,53	143.368,32	
109	CLEUBER CARNEIRO	79.866,57	66.599,05	28.352,15
110	CLÓVIS FECURY	152.442,31	105.508,24	
111	COLBERT MARTINS	124.715,12	130.284,89	1.787,59
112	COLOMBO	123.736,02	130.389,66	
113	CORAUCI SOBRINHO	78.206,60	105.000,00	28.367,74
114	CORIOLANO SALES	125.055,12	99.054,40	
115	CORONEL ALVES	163.866,83	175.756,83	971,04
116	COSTA FERREIRA	152.446,63	163.513,44	
117	CUSTÓDIO MATTOS	103.061,77	102.412,26	448,62
118	DANIEL ALMEIDA	123.023,60	129.679,42	4.365,85
119	DANILO DE CASTRO		25.991,73	
120	DARCI COELHO	129.725,61	96.124,32	
121	DARCÍSIO PERONDI	142.109,30	150.742,20	623,56
122	DAVI ALCOLUMBRE	166.418,76	174.443,12	
123	DELEY	94.218,78	97.779,15	
124	DELFIM NETTO	106.407,72	112.378,68	
125	DEVANIR RIBEIRO	105.894,88	112.378,68	
126	DILCEU SPERAFICO	106.022,76	116.412,60	27.301,50
127	DIMAS RAMALHO	147.499,58	113.371,12	281,08
128	DOMICIANO CABRAL	153.695,56	123.383,66	
129	DR. BENEDITO DIAS	166.418,58	175.756,77	
130	DR. FRANCISCO GONÇALVES	62.608,11	53.664,40	81.878,00
131	DR. HELENO	101.410,66	99.530,04	
132	DR. PINOTTI		85.255,03	
133	DR. RODOLFO PEREIRA	186.757,56	198.157,80	871,62
134	DR. ROSINHA	122.510,64	130.706,61	
135	DRA. CLAIR	123.737,64	130.681,08	
136	DURVAL ORLATO	106.407,72	112.378,68	
137	EDINHO BEZ	97.429,87	140.742,80	1.163,67
138	EDINHO MONTEMOR	105.867,74	112.378,68	

LAUDO Nº 1251/2009 - SETEC/SR/DPF/DF

139	EDIR OLIVEIRA	1.580,00	111.852,45	
140	EDISON ANDRINO	133.272,18	35.187,66	
141	EDMAR MOREIRA	97.395,60	102.860,88	
142	EDMUNDO GALDINO	5.892,27	46.991,40	
143	EDNA MACEDO	106.107,20	111.083,96	688,70
144	EDSON DUARTE	132.553,34	137.195,11	
145	EDSON EZEQUIEL	94.241,23	99.530,04	
146	EDUARDO BARBOSA	97.477,82	102.260,04	989,47
147	EDUARDO CAMPOS	70.844,49	158.759,88	
148	EDUARDO CUNHA	94.241,76	98.530,92	
149	EDUARDO GOMES	243.504,85	176.564,42	19.500,00
150	EDUARDO PAES	93.022,68	99.530,04	1.687,93
151	EDUARDO SCIARRA	119.914,61	123.155,79	8.537,97
152	EDUARDO SEABRA	166.418,76	175.757,16	
153	EDUARDO VALVERDE	169.231,89	178.731,43	
154	ELAINE COSTA	94.201,76	66.470,33	
155	ELIMAR MÁXIMO DAMASCENO	106.407,72	112.230,06	
156	ELISEU PADILHA	142.317,70	150.742,20	415,16
157	ELISEU RESENDE	96.404,36	102.860,88	991,24
158	ENÉAS	106.336,37	112.378,68	
159	ENIO BACCI	142.732,86	150.742,20	
160	ENIO TATICO	91.844,40	96.998,16	
161	ENIVALDO RIBEIRO	153.698,48	162.312,06	
162	ÉRICO RIBEIRO	142.732,86	150.075,58	666,62
163	EUNICIO OLIVEIRA	77.439,45	166.517,28	
164	EVANDRO MILHOMEN		162.890,10	1.055,42
165	FÁBIO SOUTO	125.055,12	132.072,48	
166	FÁTIMA BEZERRA	160.325,88	169.322,40	
167	FÉLIX MENDONÇA	87.918,04	81.332,48	87.537,08
168	FERNANDO CORUJA	132.601,76	184.097,68	670,42
169	FERNANDO DE FABINHO	125.054,49	131.802,86	269,62
170	FERNANDO DINIZ	97.395,60	102.860,88	
171	FERNANDO ESTIMA	45.809,54	112.378,68	
172	FERNANDO FERRO	145.306,51	154.362,94	
173	FERNANDO GABEIRA	96.062,04	99.244,04	
174	FERNANDO GONÇALVES	29.305,92	99.529,18	
175	FERNANDO LOPES	94.241,76	99.530,04	
176	FEU ROSA	109.231,16	116.310,44	452,08
177	FLEURY	106.407,72	112.377,91	
178	FRANCISCO APPIO	142.732,86	150.742,20	
179	FRANCISCO DORNELLES	91.850,50	99.530,04	
180	FRANCISCO ESCÓRCIO		46.580,31	
181	FRANCISCO GARCIA	168.270,00	177.712,32	
182	FRANCISCO RODRIGUES	187.629,18	195.305,54	

9

747 - A

LAUDO Nº 1251/2009 - SETEC/SR/DPF/DF

183	FRANCISCO TURRA	140.425,05	150.741,89	
184	FRED KOHLER		36.419,25	
185	GASTÃO VIEIRA	154.825,56	162.438,52	1.074,92
186	GEDDEL VIEIRA LIMA	140.182,47	132.072,48	
187	GERALDO RESENDE	180.625,10	196.946,90	109,00
188	GERALDO THADEU	98.003,73	102.860,88	
189	GERSON GABRIELLI	127.266,66	132.072,44	
190	GERVÁSIO OLIVEIRA	157.010,00	175.746,43	
191	GERVÁSIO SILVA	139.365,46	122.013,04	22.044,32
192	GIACOBO	123.737,64	130.681,08	
193	GILBERTO NASCIMENTO	105.644,64	112.378,68	518,08
194	GILMAR MACHADO	96.209,60	89.582,24	12.979,64
195	GIVALDO CARIMBÃO	184.607,47	225.729,25	1.540,71
196	GONZAGA MOTA	158.291,90	166.517,28	
197	GONZAGA PATRIOTA	155.232,17	158.759,88	
198	GORETE PEREIRA	79.050,92		410,55
199	GUILHERME MENEZES	115.837,96	124.933,16	17.369,10
200	GUSTAVO FRUET	123.737,64	130.681,08	
201	HAMILTON CASARA	169.240,50	177.903,24	
202	HELENILDO RIBEIRO	95.529,54	151.424,44	
203	HELENO SILVA	135.750,78	143.368,32	
204	HÉLIO ESTEVES	166.418,76	175.757,16	
205	HENRIQUE AFONSO	178.339,38	188.356,72	
206	HENRIQUE EDUARDO ALVES	160.325,88	169.055,40	
207	HENRIQUE FONTANA	159.246,02	197.739,19	
208	HERCULANO ANGHINETTI	8.170,86	76.943,93	478,24
209	HERMES PARCIANELLO	109.150,04	114.865,48	30.486,46
210	HOMERO BARRETO	129.688,98	97.425,74	
211	HUMBERTO MICHILES	129.017,69	150.249,40	66.715,23
212	IARA BERNARDI	106.108,17	112.378,68	299,55
213	IBERÊ FERREIRA	155.651,40	169.322,40	621,10
214	IBRAHIM ABI-ACKEL	89.461,14	25.715,22	
215	ILDEU ARAUJO	106.142,72	112.378,68	
216	INÁCIO ARRUDA	155.607,10	205.035,64	4.127,89
217	INALDO LEITÃO	153.431,77	92.413,89	
218	INOCÊNCIO OLIVEIRA	281.665,02	283.993,50	4.950,00
219	IRINEU RODRIGUES		9.562,36	
220	IRINY LOPES	109.601,34	116.186,52	
221	IRIS SIMÕES	122.663,54	129.214,10	2.521,72
222	ISAÍAS SILVESTRE	93.215,82	101.554,46	5.486,20
223	ITAMAR SERPA	94.241,76	99.530,04	
224	IVAN PAIXÃO	132.699,93	17.920,18	
225	IVAN RANZOLIN	133.272,18	140.750,84	
226	IVAN VALENTE	106.407,72	117.039,65	

LAUDO Nº 1251/2009 - SETEC/SR/DPF/DF

227	IVO JOSÉ	87.111,82	95.697,02	17.447,64
228	JACKSON BARRETO	135.750,78	139.276,82	
229	JADER BARBALHO	155.543,64	164.271,84	
230	JAIME MARTINS	80.972,52	102.626,46	16.657,50
231	JAIR BOLSONARO	94.241,76	99.146,66	339,62
232	JAIR DE OLIVEIRA	108.724,96	116.186,52	730,00
233	JAIRO CARNEIRO	124.631,12	131.337,85	734,63
234	JAMIL MURAD	105.781,80	111.811,44	1.486,03
235	JANDIRA FEGHALI	97.241,35	99.244,04	
236	JANETE CAPIBERIBE	165.829,76	14.646,35	
237	JEFFERSON CAMPOS	106.154,72	111.553,42	825,26
238	JOÃO ALFREDO	155.147,87	173.182,84	1.257,55
239	JOÃO ALMEIDA	97.200,09	76.385,36	83.353,15
240	JOÃO BATISTA	106.197,72	112.378,68	
241	JOÃO CALDAS	264.257,39	290.135,64	
242	JOÃO CAMPOS	61.711,84	96.998,16	30.132,56
243	JOÃO CARLOS BACELAR	125.055,12	40.879,58	
244	JOÃO CASTELO	154.825,56	163.513,44	
245	JOÃO CORREIA	116.899,38	123.846,72	125.900,00
246	JOAO DADO		4.229,31	
247	JOÃO FONTES	135.750,78	142.442,90	925,42
248	JOÃO GRANDÃO	139.576,08	147.408,24	
249	JOÃO HERRMANN NETO	115.921,57	129.358,56	1.313,99
250	JOÃO LEÃO	122.515,12	131.568,48	
251	JOÃO LYRA	143.379,54	132.971,87	
252	JOÃO MAGALHÃES	97.395,60	101.532,18	1.328,70
253	JOÃO MAGNO	86.212,42	100.736,02	12.471,92
254	JOÃO MATOS	22.282,33	105.941,34	
255	JOÃO MENDES DE JESUS	92.554,59	99.530,04	1.222,17
256	JOÃO PAULO CUNHA	121.535,07	112.378,68	
257	JOÃO PAULO GOMES DA SILVA	96.800,60	102.860,88	441,00
258	JOÃO PIZZOLATTI	133.271,43	140.747,18	
259	JOÃO TOTA	163.763,90	188.298,10	
260	JOAQUIM FRANCISCO	150.324,54	158.759,88	
261	JOEL DE HOLLANDA		123.722,68	467,62
262	JONIVAL LUCAS JUNIOR	44.519,02	52.772,48	159.836,10
263	JORGE ALBERTO	173.986,47	192.907,80	
264	JORGE BITTAR	94.241,76	99.124,62	405,42
265	JORGE BOEIRA	123.306,00	120.000,00	10.380,66
266	JORGE GOMES	150.324,54	158.759,88	
267	JORGE KHOURY		96.741,45	5.812,52
268	JORGE PINHEIRO	47.121,46	49.765,20	
269	JORGE VI	55.661,55	46.042,14	
270	JOSÉ BORBA	122.549,69		

LAUDO Nº 1251/2009 - SETEC/SR/DPF/DF

271	JOSÉ CARLOS ALELUIA	129.008,26	132.058,50	
272	JOSÉ CARLOS ARAUJO	124.129,93	130.883,50	1.982,04
273	JOSÉ CARLOS MACHADO	135.447,54	143.258,70	412,86
274	JOSÉ CHAVES	162.148,64	158.759,88	
275	JOSÉ DIRCEU	44.347,58		
276	JOSÉ DIVINO	93.821,14	99.530,04	
277	JOSE EDUARDO CARDOZO	106.065,68	111.268,74	1.249,26
278	JOSÉ JANENE	166.955,38	135.421,51	
279	JOSÉ LINHARES	157.669,80	166.517,28	
280	JOSÉ MENDONÇA BEZERRA	150.324,84	158.759,88	
281	JOSÉ MENTOR	103.932,31	112.378,68	2.085,41
282	JOSÉ MILITÃO	37.849,20	51.697,20	110.710,08
283	JOSÉ MÚCIO MONTEIRO	197.231,88	208.299,36	
284	JOSE OTAVIO GERMANO	1.496,92	117.108,86	
285	JOSÉ PIMENTEL	157.669,80	166.517,28	
286	JOSÉ PRIANTE	155.543,64	163.807,22	
287	JOSÉ ROBERTO ARRUDA	47.120,86	32.846,75	
288	JOSÉ ROCHA	70.859,87	104.626,24	81.641,49
289	JOSÉ SANTANA VASCONCELLOS	97.395,60	502,88	102.358,00
290	JOSÉ THOMAZ NONÔ	260.490,22	290.135,64	2.321,79
291	JOSIAS GOMES	125.055,12	129.699,63	2.334,28
292	JOSIAS QUINTAL	94.241,76	99.530,04	
293	JOSUÉ BENGTSON	154.497,33	164.270,05	629,08
294	JOVAIR ARANTES	91.844,40	100.135,75	
295	JOVINO CANDIDO	110.077,29	142.208,90	370,25
296	JUÍZA DENISE FROSSARD	94.242,48	92.038,46	
297	JÚLIO CESAR	68.725,59	84.396,82	142.221,15
298	JÚLIO DELGADO	105.586,20	100.936,72	
299	JULIO LOPES	94.241,76	99.530,04	
300	JÚLIO REDECKER	141.661,86	150.460,20	
301	JULIO SEMEGHINI	105.063,26	111.981,26	1.741,88
302	JÚNIOR BETÃO	177.420,19	187.496,88	
303	JURANDIL JUAREZ	15.888,59		
304	JURANDIR BÓIA	100.855,31		645,16
305	JUTAHY JUNIOR	115.755,12	175.419,52	9.300,00
306	KÁTIA ABREU	123.877,29	136.001,27	6.800,82
307	KELLY MORAES	142.732,08	150.742,20	
308	LAEL VARELLA	97.395,60	102.860,88	
309	LAURA CARNEIRO	93.638,43	99.248,04	
310	LEANDRO VILELA	28.719,40	27.855,52	106.267,64
311	LÉO ALCÂNTARA	156.577,25	165.443,04	2.166,79
312	LEODEGAR TISCOSKI	133.272,18	140.750,64	
313	LEONARDO MATTOS	97.395,60	102.860,88	
314	LEONARDO MONTEIRO	97.395,60	102.860,88	

LAUDO Nº 1251/2009 - SETEC/SR/DPF/DF

315	LEONARDO PICCIANI	94.241,76	99.530,04	
316	LEONARDO VILELA	9.236,13	41.334,98	47.580,00
317	LINCOLN PORTELA	97.395,60	102.860,88	
318	LINO ROSSI	93.893,73	101.430,32	
319	LOBBE NETO	88.573,38	108.767,90	21.444,88
320	LUCI CHOINACKI	132.815,18	140.750,64	
321	LÚCIA BRAGA	155.830,24	162.321,00	
322	LUCIANA GENRO	151.737,76	157.780,44	
323	LUCIANO CASTRO	187.629,18	241.357,41	
324	LUCIANO LEITOA	117.544,56	131.713,44	69.081,00
325	LUCIANO ZICA	105.951,51	110.893,39	1.474,53
326	LUIS CARLOS HEINZE	142.732,86	150.742,20	
327	LUIZ ALBERTO	123.925,03	132.208,99	1.362,33
328	LUIZ BASSUMA	123.824,11	130.288,88	2.795,99
329	LUIZ BITTENCOURT	91.844,40	96.998,16	
330	LUIZ CARLOS HAULY	123.296,89	127.739,53	
331	LUIZ CARLOS SANTOS	106.407,72	112.378,68	
332	LUIZ CARREIRA	125.055,12	132.072,48	
333	LUIZ COUTO	153.581,47	162.020,03	
334	LUIZ EDUARDO GREENHALGH	104.766,57	110.207,61	3.812,21
335	LUIZ PIAUHYLINO	165.451,89	158.759,88	
336	LUIZ SÉRGIO	94.241,76	99.530,04	
337	LUIZA ERUNDINA	106.407,72	112.378,68	
338	LUPÉRCIO RAMOS	168.270,00	177.712,32	
339	MANATO	109.726,93	116.116,52	286,08
340	MANINHA	47.121,06	58.421,29	
341	MANOEL SALVIANO	143.834,94	150.390,55	29.961,59
342	MARCELINO FRAGA	110.013,24	86.659,89	
343	MARCELLO SIQUEIRA	97.395,60	102.860,88	
344	MARCELO BARBIERI	104.696,73	27.091,28	
345	MARCELO CASTRO	48.405,13	148.843,67	98.080,60
346	MARCELO GUIMARÃES FILHO	125.055,12	127.378,86	4.693,62
347	MARCELO ORTIZ	129.441,15	112.378,68	
348	MARCELO TEIXEIRA	157.669,80	166.517,28	
349	MÁRCIO FORTES	61.460,29	13.022,57	1.934,70
350	MÁRCIO REINALDO MOREIRA	97.395,60	102.860,88	
351	MARCO MAIA	142.008,54	151.342,81	
352	MARCONDES GADELHA	153.605,27	164.128,57	
353	MARCOS ABRAMO	106.407,72	109.459,23	
354	MARCOS DE JESUS	150.324,54	158.147,26	612,62
355	MARCUS VICENTE	110.013,24	116.091,05	
356	MARIA DO CARMO LARA	93.575,44	102.371,88	4.309,16
357	MARIA DO ROSÁRIO	142.131,86	150.742,20	
358	MARIA HELENA	187.629,18	198.157,80	

LAUDO Nº 1251/2009 - SETEC/SR/DPF/DF

359	MARIA LÚCIA CARDOSO	67.853,73	24.225,66	4.463,91
360	MARIANGELA DUARTE	63.951,21	111.804,64	574,04
361	MARINHA RAUPP	169.237,90	180.456,41	
362	MÁRIO ASSAD JUNIOR	97.395,60	102.860,88	
363	MÁRIO HERINGER	87.853,16	130.099,72	73.216,02
364	MÁRIO NEGROMONTE	125.055,12	175.419,52	
365	MAURÍCIO QUINTELLA LESSA	39.538,72	151.425,12	
366	MAURÍCIO RABELO	94.605,67	137.005,08	
367	MAURÍCIO RANDS	150.324,54	158.759,88	
368	MAURO BENEVIDES	157.669,80	166.517,28	
369	MAURO LOPES	97.399,60	102.860,88	
370	MAURO PASSOS	132.453,10	140.311,64	
371	MAX ROSENMANN	133.890,93	130.680,13	
372	MEDEIROS	106.000,17	112.378,68	
373	MENDES RIBEIRO FILHO	142.732,86	150.742,20	
374	MENDONÇA PRADO	3.050,80	125.284,85	
375	MICHEL TEMER	106.407,72	112.378,68	
376	MIGUEL ARRAES	82.768,70		
377	MIGUEL DE SOUZA	168.927,77	177.769,12	1.280,85
378	MILTON BARBOSA	125.055,12	132.072,48	
379	MILTON CARDIAS	142.199,86	37.685,55	
380	MILTON MONTI	105.973,32	112.338,68	474,40
381	MIRO TEIXEIRA	94.241,76	63.736,24	
382	MOACIR MICHELETTO	123.737,64	130.680,63	
383	MORAES SOUZA	143.394,12	151.702,08	
384	MOREIRA FRANCO	94.241,76	99.530,04	
385	MORONI TORGAN	157.669,80	166.517,28	
386	MURILO ZAUITH	139.186,53	147.408,24	389,55
387	MUSSA DEMES	143.641,74	150.378,74	1.323,34
388	NARCIO RODRIGUES	92.580,68	101.317,38	4.293,46
389	NATAN DONADON	150.968,66	168.276,70	27.873,54
390	NAZARENO FONTELES	143.431,66	151.701,73	
391	NEIVA MOREIRA	154.825,56	163.513,44	
392	NÉLIO DIAS	160.325,88	169.322,40	
393	NELSON BORNIER	94.241,76	98.730,04	
394	NELSON MARQUEZELLI	106.052,17	112.378,68	355,55
395	NELSON MEURER	120.771,33	127.559,69	6.087,64
396	NELSON PELLEGRINO	125.055,12	132.072,48	
397	NELSON PROENÇA	142.732,86	150.742,20	
398	NELSON TRAD	139.576,08	147.408,24	
399	NEUCIMAR FRAGA	109.464,24	115.139,52	
400	NEUTON LIMA	106.407,72	112.378,68	
401	NEY LOPES	158.005,88	169.322,25	
402	NEYDE APARECIDA	91.844,40	96.998,15	

14

LAUDO Nº 1251/2009 - SETEC/SR/DPF/DF

403	NICE LOBÃO	154.825,56	163.513,44	
404	NICIAS RIBEIRO	154.278,50	162.607,10	2.929,88
405	NILSON MOURAO	178.339,38	168.952,08	15.620,00
406	NILSON PINTO	155.543,64	164.271,84	
407	NILTON BAIANO	110.013,24	116.186,52	
408	NILTON CAPIXABA	286.739,52	317.457,76	14.044,00
409	ODAIR CUNHA	97.395,27	102.857,18	
410	ODÍLIO BALBINOTTI	123.737,64	121.525,38	9.132,20
411	OLAVO CALHEIROS	142.786,46	109.905,33	593,08
412	OLIVEIRA FILHO	123.733,25	130.679,36	
413	ONYX LORENZONI	142.846,09	150.742,20	
414	ORLANDO DESCONSI	139.323,45	146.985,79	7.165,82
415	ORLANDO FANTAZZINI	106.657,05	119.618,76	
416	OSMÂNIO PEREIRA	97.395,60	102.860,88	
417	OSMAR SERRAGLIO	123.495,22	119.000,00	11.743,36
418	OSMAR TERRA	8.903,30	113.461,87	
419	OSORIO ADRIANO	36.387,43	25.539,59	
420	OSVALDO BIOLCHI	142.732,86	150.684,49	
421	OSVALDO COELHO	150.324,54	158.759,88	
422	OSVALDO REIS	124.954,48	136.093,07	4.637,31
423	PAES LANDIM	143.641,74	151.482,82	
424	PASTOR AMARILDO	142.602,54	186.544,00	
425	PASTOR FRANCISCO OLIMPIO	149.528,00	157.272,52	2.098,62
426	PASTOR FRANKEMBERGEN	187.629,18	198.655,08	
427	PASTOR PEDRO RIBEIRO	156.958,52	166.517,28	711,28
428	PASTOR REINALDO	136.822,30	145.148,31	10.788,45
429	PAUDERNEY AVELINO	167.889,45	177.712,32	380,55
430	PAULO AFONSO	133.272,18	140.750,64	
431	PAULO BALTAZAR	94.241,76	107.387,11	
432	PAULO BAUER	133.272,18	140.750,64	
433	PAULO BERNARDO	29.198,55		
434	PAULO DELGADO	92.932,94	103.882,98	
435	PAULO FEIJÓ	88.900,47	99.530,04	5.341,29
436	PAULO GOUVÊA	142.732,86	148.082,71	1.997,24
437	PAULO KOBAYASHI	33.478,92		
438	PAULO LIMA	105.259,96	112.378,08	973,16
439	PAULO MAGALHÃES	124.775,04	132.072,48	280,08
440	PAULO MARINHO	97.090,12		
441	PAULO PIMENTA	142.732,86	148.265,53	
442	PAULO ROCHA	142.656,00		
443	PAULO RUBEM SANTIAGO	149.829,54	158.440,88	
444	PEDRO CANEDO	72.499,76	8.083,18	9.000,00
445	PEDRO CHAVES	33.673,89	55.907,12	98.237,00
446	PEDRO CORRÊA	150.324,54	39.648,22	

15

LAUDO Nº 1251/2009 - SETEC/SR/DPF/DF

447	PEDRO FERNANDES	154.825,56	163.513,44	
448	PEDRO HENRY	132.698,96	136.248,60	
449	PEDRO IRUJO	124.078,57	132.072,48	976,55
450	PEDRO NOVAIS	154.825,56	163.513,44	
451	PERPÉTUA ALMEIDA	177.894,38	188.027,60	
452	PHILEMON RODRIGUES	153.696,48	162.021,00	
453	POMPEO DE MATTOS	123.810,67	150.742,20	1.004,65
454	PROF IRAPUAN TEIXEIRA	106.407,72	112.378,68	
455	PROFESSOR LUIZINHO	116.405,35	112.378,68	
456	PROFESSORA RAQUEL TEIXEIRA	31.714,20	20.831,74	67.794,62
457	RAFAEL GUERRA	96.948,52	102.860,88	447,08
458	RAIMUNDO GOMES DE MATOS		136.399,16	2.365,24
459	RAIMUNDO SANTOS	155.543,64	162.720,18	
460	RAUL JUNGMANN	150.324,54	158.289,03	
461	REGINALDO GERMANO	124.808,37	131.883,48	
462	REGINALDO LOPES	94.830,28	97.754,58	7.671,62
463	REINALDO BETÃO	93.213,56	99.520,14	862,20
464	REINALDO GRIPP	29.306,06	99.530,04	
465	REINHOLD STEPHANES	11.875,86	98.010,81	1.019,24
466	REMI TRINTA	154.825,56	163.513,44	
467	RENATO CASAGRANDE	156.920,58	126.174,32	
468	RENATO COZZOLINO	94.241,76	99.529,04	
469	RENILDO CALHEIROS	197.231,88	167.642,12	
470	RIBAMAR ALVES	154.825,56	163.513,44	
471	RICARDO BARROS	122.622,38	130.681,08	1.115,26
472	RICARDO BERZOINI	52.866,33	112.378,68	
473	RICARDO FIUZA	150.324,54		
474	RICARDO IZAR	106.407,72	112.378,68	
475	RICARDO RIQUE	150.674,18	93.872,73	
476	RICARDO SANTOS		37.760,62	
477	RICARTE DE FREITAS	126.835,49	136.211,41	
478	ROBÉRIO NUNES	34.362,75	57.635,43	165.129,42
479	ROBERTO BALESTRA	2.870,80	88.914,98	
480	ROBERTO BRANT	96.061,34	101.911,22	310,42
481	ROBERTO FREIRE	150.324,54	158.759,88	
482	ROBERTO GOUVEIA	106.407,25	112.378,68	
483	ROBERTO JEFFERSON	66.715,11		
484	ROBERTO MAGALHÃES	150.324,54	158.759,88	
485	ROBSON TUMA	104.482,44	112.219,62	550,55
486	RODRIGO MAIA	136.413,54	148.285,53	1.454,24
487	ROGÉRIO TEÓFILO	143.409,54	151.165,12	
488	ROLAND LAVIGNE		47.929,53	
489	ROMEL ANIZIO	87.233,62	84.164,22	28.175,34
490	ROMEU QUEIROZ	81.903,52	67.770,88	47.682,08

Visto

747 - A

LAUDO Nº 1251/2009 - SETEC/SR/DPF/DF

491	RONALDO CAIADO	91.844,40	96.998,16	
492	RONALDO CEZAR COELHO		85.311,46	
493	RONALDO CUNHA LIMA		122.182,34	
494	RONALDO DIMAS	109.264,15	82.928,66	29.851,66
495	RONIVON SANTIAGO	178.339,38		
496	ROSE DE FREITAS	110.013,24	116.186,52	
497	RUBENS OTONI	87.687,86	65.022,28	32.200,00
498	RUBINELLI	53.188,12		
499	SALATIEL CARVALHO	7.681,93	158.759,88	
500	SALVADOR ZIMBALDI	106.407,72	112.378,68	
501	SANDES JÚNIOR	84.808,30	96.779,42	139,82
502	SANDRA ROSADO	164.842,11	171.824,66	
503	SANDRO MABEL	137.312,49	103.338,03	225,08
504	SANDRO MATOS	94.241,76	99.530,04	
505	SARAIVA FELIPE	55.300,02	77.422,17	241,08
506	SARNEY FILHO	168.520,55	176.963,12	
507	SEBASTIÃO MADEIRA	132.725,56	163.513,44	22.100,00
508	SELMA SCHONS	123.072,78	130.121,96	1.223,92
509	SÉRGIO CAIADO	79.170,80	12.004,43	6.534,00
510	SÉRGIO MIRANDA	97.165,52	102.860,88	
511	SEVERIANO ALVES	165.693,43	84.824,85	54.027,26
512	SEVERINO CAVALCANTI	199.394,73		
513	SIGMARINGA SEIXAS	47.120,62	51.339,66	
514	SILAS BRASILEIRO	15.281,10	80.811,22	
515	SILAS CÂMARA	168.270,00	177.712,26	
516	SILVIO TORRES	103.717,28	31.078,71	2.599,46
517	SIMÃO SESSIM	94.241,76	99.530,04	
518	SIMPLÍCIO MÁRIO	143.602,12	151.699,30	
519	SOCORRO GOMES	33.119,25	163.845,84	
520	SUELY CAMPOS	187.629,08	198.157,80	
521	TADEU FILIPPELLI	9.265,92	37.659,61	
522	TAKAYAMA	123.354,04	126.306,62	4.005,46
523	TARCÍSIO ZIMMERMANN	142.027,35	150.742,20	
524	TATICO	47.121,05	41.471,00	
525	TELMA DE SOUZA	104.351,97	112.222,68	
526	TEREZINHA FERNANDES	154.311,56	163.068,82	
527	TETÉ BEZERRA	122.545,52	136.248,60	
528	THAIS BARBOSA	39.907,02	42.634,76	3.072,46
529	THELMA DE OLIVEIRA	128.193,08	136.248,60	
530	VADÃO GOMES	105.850,46	112.378,68	
531	VADINHO BAIAO	89.874,76	99.409,67	4.475,99
532	VALDEMAR COSTA NETO	32.110,60		
533	VALDIR COLATTO	18.260,38		
534	VANDER LOUBET	139.404,53	147.408,24	

17

747 - A

LAUDO Nº 1251/2009 - SETEC/SR/DPF/DF

535	VANDERLEI ASSIS	106.103,02	111.339,94	1.339,29
536	VANESSA GRAZZIOTIN	167.613,00	176.861,32	
537	VIC PIRES FRANCO	155.543,64	162.792,51	
538	VICENTE ARRUDA	155.810,40	166.517,28	1.859,40
539	VICENTE CASCIONE	106.407,72	112.378,68	
540	VICENTE CHELOTTI		3.822,14	
541	VICENTINHO	105.757,10	110.699,38	
542	VIEIRA REIS	91.252,06	98.252,06	4.064,98
543	VIGNATTI	131.200,18	125.186,54	17.636,36
544	VILMAR ROCHA	91.344,99	103.336,28	
545	VIRGILIO GUIMARAES	97.120,52	100.833,92	2.302,04
546	VITORASSI	90.241,38	130.395,66	285,42
547	VITTORIO MEDIOLI	97.395,17	102.347,99	
548	WAGNER LAGO	154.825,56	163.513,44	
549	WALDEMIR MOKA	139.150,08	148.473,60	
550	WALTER BARELLI	104.233,73	111.445,24	2.547,32
551	WALTER FELDMAN		82.188,07	
552	WALTER PINHEIRO	123.817,87	132.072,48	1.237,25
553	WANDERVAL SANTOS	106.407,72	110.491,64	1.887,04
554	WASNY ROURE	47.121,06	12.441,39	
555	WELLINGTON FAGUNDES	129.009,36	138.455,81	
556	WELLINGTON ROBERTO	153.696,48	161.751,38	569,62
557	WILSON CIGNACHI	131.087,39	37.685,55	
558	WILSON SANTIAGO	172.671,44	183.469,28	29.884,58
559	WLADIMIR COSTA	155.543,64	164.271,84	
560	XICO GRAZIANO	105.597,74	111.296,72	647,04
561	YEDA CRUSIUS	142.488,31	145.424,54	244,55
562	ZARATTINI	49.544,44		672,55
563	ZÉ GERALDO	155.543,64	164.271,84	
564	ZÉ GERARDO	157.669,80	153.517,28	13.000,00
565	ZÉ LIMA	155.543,64	164.271,84	
566	ZELINDA NOVAES	124.726,37	132.072,48	328,75
567	ZENALDO COUTINHO	155.051,09	164.271,84	492,55
568	ZEQUINHA MARINHO	155.543,17	164.153,37	
569	ZEZÉU RIBEIRO	116.672,74	127.072,48	12.582,38
570	ZICO BRONZEADO	178.339,38	188.346,72	
571	ZONTA	128.591,78	138.199,50	
572	ZULAIÊ COBRA	106.407,72	112.378,68	2.551,14

[1] Nomes dos parlamentares extraídos dos arquivos armazenados na mídia encaminhada a exame.
[2] Somatório das Requisições de Passagens Aéreas – RPA (constante do arquivo "Relação RPAs faturadas em 2005.xls") durante o ano de 2005, por parlamentar.
[3] Somatório das Requisições de Passagens Aéreas – RPA (constante do arquivo "Relação RPAs faturadas em 2006.xls") durante o ano de 2006, por parlamentar.
[4] Somatório dos valores de bilhetes ressarcidos por meio da cota de passagem aérea no período de 01/01/05 a 31/12/06 (constante do arquivo "Relação de Bilhetes Ressarcidos de 01_01_05 a 31_12_06 PLANI.xls"), por parlamentar.

Fonte: Laudo nº 1.251/2009, da Polícia Federal, encartado no inquérito nº 2.294 do Supremo Tribunal Federal.

Lista 6
Políticos que devolveram dinheiro gasto com passagens

1º) Informações prestadas pela Câmara em 2019 ao Ministério Público:

RELAÇÃO DE DEPUTADOS QUE DEVOLVERAM CRÉDITOS POR MEIO DE GRU E DESCONTO EM FOLHA

NOME PARLAMENTAR	VALOR (R$)	COMPETÊNCIA	DATA DO RECOLHIMENTO	Nº RA
...eni Guerra	328,54			
...eni Guerra	124,28	08/07	11/05/09	2009RA000796
...andre Cardoso	18.530,76	10/07	11/05/09	2009RA000797
...RE VARGAS	294,42	12/08	25/04/17	2017RA000903
...nio Carlos Mendes Thame	3.744,56	07/2009	01/04/10	2010RA000520
...ando Monteiro	6.435,00	04/09	08/04/09	2009RA000413
...NON BEZERRA	13,50	12/08	05/10/09	2009RA001664
...NON BEZERRA	3.903,10	11/2009	17/03/10	2010RA000367
...NON BEZERRA	1.786,86	11/2009	29/04/10	2010RA000686
...rlos Sampaio	152,29	12/2009	27/07/10	2010RA001279
...rlos Sampaio	152,29	04/09	28/05/09	2009RA000871
...LSO MALDANER	415,00	04/09	28/05/09	2009RA000872
...nico Alencar	2.178,24	11/2009	08/04/10	2010RA000549
...goberto Nogueira Filho	50,00	05/09	11/05/09	2009RA000534
...goberto Nogueira Filho	843,04	09/09	24/11/09	2009RA001749
...OMINGOS DUTRA	96,20	01/09	09/11/09	2009RA001646
...RA. CLAIR	6.600,00	11/2009	19/05/10	2010RA000855
...RA. CLAIR	6.600,00	12/2008	04/09/09	2009RA001495
...io Lopes	9.116,34	12/2008	08/09/09	2009RA001508
...duardo Sciarra	597,24	04/07	26/06/09	2009RA001087
...bio Faria	2.405,00	12/08	27/05/09	2009RA000880
...bio Faria	2.650,00	12/07	15/04/09	2009RA000601
...bio Faria	18.693,60	12/07	14/04/09	2009RA000589
...bio Faria	320,22	12/07	14/04/09	2009RA000588
...tima Bezerra	735,04	09/09	23/04/09	2009RA000657
...ernando Coelho Filho	2.252,00	08/07	15/09/09	2009RA001302
...ernando Gabeira	2.252,00	08/07	25/06/09	2009RA001081
...ernando Gabeira	2.252,79	08/07	27/07/09	2009RA001249
...ernando Gabeira	100,00	07/2009	25/05/09	2009RA000857
...EORGE HILTON	284,42	05/2009	12/03/10	2010RA000581
...LMAR MACHADO	65,29	07/2009	22/07/10	2010RA001266
...LMAR MACHADO	100,00	12/2009	23/03/10	2010RA000402
...IS DE ARAÚJO	550,04	11/09	15/04/10	2010RA000581
...airo Ataide	3,00	11/2009	16/12/09	2009RA001882
...ERÔNIMO REIS	5.878,21	02/07	16/04/10	2010RA000594
...oão Alfredo	12.230,02	12/07	17/04/08	2009RA000623
...oão Dado	3.596,47	12/08	13/05/09	2009RA000812
...oão Paulo Cunha	6.258,82	09/09	06/08/09	2009RA001313
...osé Aníbal	377,42	09/2009	19/05/09	Desc. Em folha
...OSÉ CARLOS MACHADO	1.123,24	07/2009	04/11/10	2010RA001844
...OSÉ CHAVES		05/2009	18/02/11	2011RA000253
...OSÉ FERNANDO APARECIDO ...E OLIVEIRA	1.167,86	05/2009	23/04/10	2010RA000635
...SÉ FERNANDO APARECIDO ...OLIVEIRA	4.450,46		01/06/10	2010RA000948

290

Nome	Valor			
FERNANDO APARECIDO OLIVEIRA	328,62	07/2009		
FERNANDO APARECIDO OLIVEIRA	694,84	07/2009	23/04/10	2010RA000637
FERNANDO APARECIDO OLIVEIRA	53,00	08/2009	16/06/10	2010RA001035
FERNANDO APARECIDO OLIVEIRA	93,00	08/2009	26/07/10	2010RA001275
FERNANDO APARECIDO OLIVEIRA	1.423,86	12/2009	16/06/10	2010RA001036
Fernando Aparecido de ...eira	1.635,26	12/09	08/04/10	2010RA000548
...e Mentor	837,74	05/09	03/03/10	2010RA000267
...ao Amin	1.143,10	09/08	20/05/09	2009RA000590
...andy Loureiro	4.310,90	07/08	06/05/09	2009RA000773
...RANDY LOUREIRO	50,00	08/2009	28/04/09	2009RA000682
...SMARI OLIVEIRA	7.490,96	12/2008	23/04/10	2010RA000639
...andro Sampaio	238,62	06/09	22/12/08	2008RA002352
...onardo Quintão	7.731,45	10/07	09/07/09	2009RA000884
...COLN PORTELA	53,00	08/2009	08/05/09	2009RA000795
...coln Portela	18.500,00	12/08	16/11/10	2010RA001275
...z Paulo Vellozo Lucas	2.717,32	12/07	23/04/09	2009RA000656
...rcos Medrado	1.178,24	10/09	07/05/09	2009RA000781
...RCOS MEDRADO	478,62	12/2009	14/10/09	2009RA001451
...ARIA HELENA	577,24	12/2009	03/05/10	2010RA000740
...ARINA MAGGESSI	377,24	10/2009	26/03/10	2010RA000437
...OACIR MICHELETTO	727,24	09/2009	28/10/10	2010RA001789
...OACIR MICHELETTO	541,48	12/2009	24/05/10	2010RA000878
...oreira Mendes	5.478,43	08/07	23/04/10	2010RA000636
...ARCIO RODRIGUES	1.738,14	03/2009	21/05/09	2009RA000848
...SMAR SERRAGLIO	1.209,24	05/2009	10/12/09	2009RA001858
...SMAR SERRAGLIO	381,24	11/2009	27/05/10	2010RA000903
...smar Serraglio	1.010,66	08/09	17/05/10	2010RA000823
...SMAR TERRA	1.594,48	07/2009	22/10/09	2009RA001502
...SMAR TERRA	1.068,86	10/2009	03/09/10	2010RA001518
...SMAR TERRA	2.036,28	11/2009	25/05/10	2010RA000890
...smar Terra	448,62	11/09	24/05/10	2010RA000877
...SVALDO BIOLCHI	6,00	09/2009	03/12/09	2009RA001844
...TAVIO LEITE	3.232,80	04/2008	27/04/10	2010RA000660
...aulo Abi-Ackel	1.447,00	11/07	23/05/12	2012RA001137
...aulo Bornhausen	539,12	03/09	28/08/09	2009RA001435
...aulo Bornhausen	4.452,70	02/08	23/04/09	2009RA000468
...aulo Bornhausen	321,43	04/09	25/11/09	2009RA001876
...aulo Piau	16.636,25	12/08	23/04/09	2009RA000467
...aulo Rocha	764,04	06/09	16/10/09	2009RA001688
...afael Guerra	2.285,25	11/07	05/06/09	2009RA000674
...aul Jungmann	407,15	09/08	14/07/09	2009RA001205
...lodovalho	41.196,40	12/08	08/05/09	2009RA00078
...lodovalho	5.418,00	04/09	14/05/09	2009RA00081
			24/04/09	2009RA0004

	4.774,48	12/07	25/06/09	2009RA001080
...Marinho	1.365,58	04/09	28/04/09	2009RA000498
...Mabel	5.533,08	09/2009	14/12/11	2011RA001901
...O MATOS	50,00	12/2009	25/03/10	2010RA000639
...BARRADAS CARNEIRO	1.074,24	05/2009	25/03/10	2010RA000428
...OSE AMARAL	779,67	09/08	16/04/09	2009RA000610
...co Pinto	3.306,37	06/2009	17/06/09	2009RA000729
...MAR COSTA NETO	8.596,94	12/08	18/12/09	2009RA002021
...tes Macris	2.299,10	09/09	21/12/09	2009RA001920
...Covatti	1.004,04	08/2009	23/12/10	2010RA002179
...OR MARANHÃO				
TOTAL	**301.344,88**			

Total informado: R$ 301.344,88

Observação: Todos os pagamentos se referem a despesas realizadas em 2007 e 2009. Fonte: Ofício nº 224/19/GP do presidente da Câmara dos Deputados, Rodrigo Maia, de 19 de fevereiro de 2019, constante em inquérito civil público da Procuradoria da República no Distrito Federal, volume XII, folhas 1.781 em diante.

2º) Informações prestadas pela Câmara em 2016 aos autores:
Total devolvido de 2009 a 2016: R$ 786.201,37
Total devolvido só em 2009: R$ 401.571,04

Quem mais devolveu dinheiro
Deputados que encabeçam ranking dos ressarcimentos por passagens desde a época do escândalo:

Período	Nome	Valor (R$)
2009	Fernando Coruja (PPS-SC)	84.000,00
2009	Chico Alencar (PSOL-RJ)	71.737,87
2009	Robson Rodovalho (PP-DF)	46.614,40
2013 a 2015	Takayama (PSC-PR)	40.754,22
2009	Fábio Faria (PSD-RN)	23.748,60
2009*	João Alfredo (PSOL-CE)	19.580,14
2009	Lincoln Portela (PR-MG)	18.500,00
2009	Paulo Piau (MDB-MG)	16.636,25
2009	Geraldo Magela (PT-DF)	14.000,00
2013	Sérgio Moraes (PTB-RS)	12.974,68

*Documento interno da Câmara aponta o ano de 2008, mas tudo leva a crer se tratar de um erro de digitação. Fontes: Informações prestadas por deputados, documentos levantados pelos autores e relatório da Coordenação de Relacionamento, Pesquisa e Informação da Câmara dos Deputados.

Anexo IV

Principais reportagens
do escândalo

A primeira reportagem exclusiva
A farra das passagens aéreas na Câmara
17 de setembro de 2008.
https://congressoemfoco.uol.com.br/especial/noticias/a-farra-das-passa gens-aereas
-na-camara/
Link alternativo com o texto completo: https://acmp-ce.org.br/2008/09 /2168/

Câmara paga passagem de colaborador de Fernando Sarney
5 de março de 2009.
https://congressoemfoco.uol.com.br/corrupcao/camara-paga-passa gem-de-
colaborador -de-fernando-sarney/

Versões diferentes de Abicalil e Valadares
6 de março de 2009.
https://congressoemfoco.uol.com.br/corrupcao/versoes-dife rentes-de-abicalil
-e-valadares/

Colaborador de Fernando Sarney ainda trabalha no Senado
13 de março de 2009.
https://congressoemfoco.uol.com.br/especial/noticias/colabora dor-de-fernando-
sarney -ainda-trabalha-no-senado/

Doze dias depois, Câmara ignora uso indevido de passagem
18 de março de 2009.
https://congressoemfoco.uol.com.br/especial/noticias/doze-dias-depois
-camara-ignora-uso-indevido-de-passagem/

Câmara paga oito voos para investigado pela PF
10 de maio de 2009.
https://congressoemfoco.uol.com.br/legislativo/camara-paga -oito-voos-para
-investigado-pela-pf/

O misterioso voo do colaborador de Fernando Sarney
18 de agosto de 2009.
https://congressoemfoco.uol.com.br/especial/noticias/o-misterioso-voo-do
-colaborador -de-fernando-sarney/

Caso Roseana Sarney
De São Luís a Brasília, por conta do Senado
16 de março de 2009.
https://congressoemfoco.uol.com.br/legislativo/de-sao-luis-a-brasilia -por-conta
-do-senado/

Senado e Roseana se contradizem sobre uso de passagens
17 de março de 2009.
https://congressoemfoco.uol.com.br/especial/noticias/senado-e-roseana
-se-contradizem -sobre-uso-de-passagens/

Agência de turismo muda versão de conversa gravada
17 de março de 2009
https://congressoemfoco.uol.com.br/noticias/agencia-de-turismo -muda-versao-de
-conversa-gravada/

Agência recebeu R$ 6,23 milhões do Senado este ano
18 de março de 2009.
https://congressoemfoco.uol.com.br/especial/noticias/agencia-recebeu -r-6-23-
milhoes-do -senado-este-ano/

Roseana diz que pagou quatro passagens com cheque
24 de março de 2009.
https://congressoemfoco.uol.com.br/especial/noticias/roseana-diz-que -pagou-quatro
-passagens-com-cheque/

MPF vai investigar uso indevido de passagem aérea
Link alternativo – https://correio-forense.jusbrasil.com.br/noticias/947181/mpf-vai-
investigar -uso-indevido-de-passagem-aerea

Período após a eclosão do escândalo
Adriane Galisteu e artistas viajam por conta da Câmara
14 de abril de 2009.
https://congressoemfoco.uol.com.br/legislativo/adriane-galisteu -e-artistas-viajam
-por-conta-da-camara/

Fábio Faria reconhece uso de passagem da Câmara para viagem de Adriane Galisteu
14 de abril de 2009.
https://congressoemfoco.uol.com.br/especial/noticias/fabio-faria-reconhece-uso
-de-passagem-da-camara-para-viagem-de-adriane-galisteu/

Fábio Faria diz que devolveu R$ 21 mil em bilhetes
14 de abril de 2009.
https://congressoemfoco.uol.com.br/especial/noticias/fabio-faria-diz-que-devolveu
-r-21-mil-em-bilhetes/

A mentira do deputado Fábio Faria
15 de abril de 2009.
https://congressoemfoco.uol.com.br/legislativo/a-mentira-do-deputado-fabio-faria/

Ex de Galisteu devolve mais R$ 2.405,00 à Câmara
17 de abril de 2009.
https://congressoemfoco.uol.com.br/especial/noticias/ex-de-galisteu-devolve
-mais-r-2-405-a-camara/

Adriane Galisteu agora quer "limpar" a política brasileira
18 de abril de 2009.
https://congressoemfoco.uol.com.br/especial/noticias/adriane-galisteu-agora
-quer-limpar-a-politica-brasileira/

Fábio Faria: "Meu mandato é maior que qualquer ex-namorada"
23 de abril de 2009.
https://congressoemfoco.uol.com.br/especial/noticias/fabio-faria-meu-mandato
-e-maior-que-qualquer-ex-namorada/

Ministros-deputados usam passagens da Câmara
15 de abril de 2009.
https://congressoemfoco.uol.com.br/especial/noticias/ministros-deputados-usam-
passagens-da-camara/

Como conhecer o mundo por conta da Câmara
16 de abril de 2009.
https://congressoemfoco.uol.com.br/legislativo/como-conhecer-o-mundo-por-
conta-da-camara/

Deputado diz que viajou com a mulher para discutir "defesa da vida"
16 de abril de 2009.
https://congressoemfoco.uol.com.br/especial/noticias/deputado-diz-que-viajou-com
-a-mulher-para-discutir-defesa-da-vida/

Farra das passagens chega a Gilmar Mendes
16 de abril de 2009.
https://congressoemfoco.uol.com.br/especial/noticias/farra-das-passagens-chega
-a-gilmar-mendes/

Temer abre sindicância para apurar denúncia do Congresso em Foco; Mendes pede esclarecimentos
17 de abril de 2009.
https://congressoemfoco.uol.com.br/especial/noticias/temer-abre-sindicancia-para-
apurar -denuncia-do-congresso-em-foco-mendes-pede-esclarecimentos/

Como Gilmar Mendes voou com cota da Câmara
28 de julho de 2009.
https://congressoemfoco.uol.com.br/especial/noticias/como-gilmar-mendes
-voou-com-cota-da-camara/

Senado paga viagem de Hélio Costa e família para Miami
17 de abril de 2009.
https://congressoemfoco.uol.com.br/especial/noticias/senado-paga-viagem -de-helio
-costa-e-familia-para-miami/

Líderes e famílias viajam ao exterior e Câmara paga
18 de abril de 2009.
https://congressoemfoco.uol.com.br/legislativo/lideres-e-familias -viajam-ao-exterior
-camara-paga/

Líderes admitem levar família para o exterior na cota da Câmara
18 de abril de 2009.
https://congressoemfoco.uol.com.br/legislativo/lideres-admitem-levar -familia-
para-o-exterior-na -cota-da-camara/

Os voos da família Moka e da mulher de Odair
19 de abril de 2009.
https://congressoemfoco.uol.com.br/legislativo/os-voos-da-familia -moka-e-da-
mulher -de-odair/

Veja a lista dos campeões de voos internacionais
20 de abril de 2009.
https://congressoemfoco.uol.com.br/legislativo/veja-a-lista-dos-campeoes -dos-voos
-internacionais/

Miami, Paris e NY são os destinos preferidos nos voos internacionais; veja a lista
20 de abril de 2009.
https://congressoemfoco.uol.com.br/especial/noticias/miami-paris-e-ny-sao-os
-destinos-preferidos-nos-voos-internacionais-veja-a-lista/

Michel Temer fez turismo na Bahia com passagens da Câmara
Presidente da Câmara dos Deputados admite ter utilizado sua cota aérea para viagens
pessoais, mas alega que as normas à época vigentes permitiam isso
20 de abril de 2009.
https://congressoemfoco.uol.com.br/legislativo/michel-temer-fez-turismo-na-bahia
-com-passagens-da-camara/

Ministro do TCU voa na cota de amigo deputado
21 de abril de 2009.
https://congressoemfoco.uol.com.br/legislativo/ministro-do-tcu-voa-na-cota-de
-amigo-deputado/

Uma "troca de favores", e nada mais
21 de abril de 2009
https://congressoemfoco.uol.com.br/especial/noticias/uma-troca-de-favores
-e-nada-mais/

Maioria da Câmara usou cotas para voos ao exterior
22 de abril de 2009.
https://congressoemfoco.uol.com.br/legislativo/maioria-da-camara-usou-cotas-
para-voos-ao-exterior/

O que dizem os deputados
22 de abril de 2009.
https://congressoemfoco.uol.com.br/legislativo/o-que-dizem-os-deputados/

Filippelli exibe comprovante de pagamento de passagens
22 de abril de 2009.
https://congressoemfoco.uol.com.br/especial/noticias/filippelli-exibe-comprovante
-de-pagamento-de-passagens/

Com palavrões, Ciro contesta informações sobre viagem da mãe
22 de abril de 2009.
https://congressoemfoco.uol.com.br/especial/noticias/com-palavroes-ciro-contesta-
informacoes-sobre-viagem-da-mae/

A Câmara pagou, sim, Ciro
18 de maio de 2009.
https://congressoemfoco.uol.com.br/especial/noticias/a-camara-pagou-sim-ciro/

TAM diz que inverteu passagens de Ciro Gomes
19 de maio de 2009.
https://congressoemfoco.uol.com.br/especial/noticias/tam-diz-que-inverteu
-passagens-de-ciro -gomes/

TAM confirma apenas viagem de maio da mãe de Ciro
25 de maio de 2009.
https://congressoemfoco.uol.com.br/especial/noticias/tam-confirma-apenas -viagem-
de-maio -da-mae-de-ciro/

Cota de Ciro pagou viagem de chef de cozinha
1º de junho de 2009.
https://congressoemfoco.uol.com.br/especial/noticias/cota-de-ciro-pagou -viagem-
de-chefe -de-cozinha/

Câmara pagou 42 passagens para ex-diretor do Senado e família
23 de abril de 2009.
https://congressoemfoco.uol.com.br/legislativo/camara-pagou-42-passagens -para-
ex-diretor-do -senado-e-familia/

Os parlamentares gostam mesmo é dos Estados Unidos
24 de abril de 2009.
https://congressoemfoco.uol.com.br/legislativo/os-parlamentares -gostam-mesmo
-e-dos-eua/

Lula cobra fim rápido da farra das passagens, diz Múcio
24 de abril de 2009.
https://congressoemfoco.uol.com.br/especial/noticias/lula-cobra-fim-rapido
-da-farra-das -passagens-diz-mucio/

Deputado recua e defende restrição na cota de passagem
25 de abril de 2009.
https://congressoemfoco.uol.com.br/especial/noticias/deputado-recua-e-defende
-restricao-na-cota-de-passagem/

Deputados que mais viajaram ao exterior são milionários
26 de abril de 2009.
https://congressoemfoco.uol.com.br/especial/noticias/deputados-que-mais-viajaram
-ao-exterior-sao-milionarios/

Editorial: o Congresso que queremos
27 de abril de 2009.
https://congressoemfoco.uol.com.br/opiniao/editorial/editorial-o-congresso -que
-queremos/

Câmara paga passagens para ex-deputados
28 de abril de 2009.
https://congressoemfoco.uol.com.br/legislativo/camara-paga-passagens
-para-ex-deputados/

Os ex-deputados que usaram a cota ao menos 20 vezes após o mandato
https://congressoemfoco.uol.com.br/especial/noticias/na-cota-da -camara/
https://congressoemfoco.uol.com.br/especial/noticias/o-que-dizem -os-ex-deputados/

Senadores também usaram cota para voos ao exterior
30 de abril de 2009.
https://congressoemfoco.uol.com.br/legislativo/senadores-tambem-usaram -cota-
para -voos-ao-exterior/

Deputado campeão de voos internacionais deixa Conselho de Ética
1º de maio de 2009.
https://congressoemfoco.uol.com.br/especial/noticias/deputado-campeao-de -voos-
internacionais -deixa-conselho-de-etica/

Senador usou 13 e distribuiu 258 bilhetes
4 de maio de 2009.
https://congressoemfoco.uol.com.br/legislativo/senador-usou-13-e -distribuiu
-258-bilhetes/

Ex-senador Bornhausen voa na cota do Congresso
7 de maio de 2009.
https://congressoemfoco.uol.com.br/legislativo/ex-senador-bornhausen -voa-na-
cota -do-congresso/

Senado paga 291 voos para ex-senadores
8 de maio de 2009.
https://congressoemfoco.uol.com.br/legislativo/senado-paga-291 -voos-para
-ex-senadores/

Governador usa cota e assessor do Senado
8 de maio de 2009.
https://congressoemfoco.uol.com.br/legislativo/governador-usa -cota-e-assessor
-do-senado/

Heloísa Helena critica cobertura da imprensa
11 de maio de 2009.
https://congressoemfoco.uol.com.br/especial/noticias/heloisa-helena -critica-
cobertura -da-imprensa/

Câmara paga passagens para artistas gospel
15 de maio de 2009.
https://congressoemfoco.uol.com.br/especial/noticias/camara-paga-passagens
-para-artistas-gospel/

Olho no poder: R$ 150 mil para dois juristas
17 de junho de 2009.
https://congressoemfoco.uol.com.br/opiniao/colunas/olho-no-poder -r-150-mil
-para-dois-juristas/

A arma da Câmara em favor da farra de passagens
22 de junho de 2009.
https://congressoemfoco.uol.com.br/especial/noticias/a-arma -da-camara-em-favor
-da-farra-de-passagens/

Temer: regras anteriores permitiam uso de passagens
23 de junho de 2009
https://congressoemfoco.uol.com.br/especial/noticias/temer-regras-anteriores
-permitiam-uso-de-passagens/

Parecer ético das cotas contradiz parecer jurídico
24 de junho de 2009.
https://congressoemfoco.uol.com.br/especial/noticias/parecer-etico-das -cotas-
contradiz -parecer-juridico/

Notas

Capítulo 1 – Lua de mel em Foz do Iguaçu

[1] A viagem de Jair Bolsonaro e Michelle a Foz do Iguaçu está registrada nos arquivos digitais que a companhia aérea Gol enviou ao Ministério Público para revelar os gastos da Câmara dos Deputados com passagens aéreas. O arquivo com o voo do casal consta de várias mídias dentro do inquérito civil público (ICP) da Procuradoria da República no Distrito Federal nº 1.16.000.002149/2005-21, principalmente no volume IV, no qual esses dados foram encartados pela primeira vez na investigação. No caso da viagem a Foz, a Gol produziu uma planilha em 18 de agosto de 2008, conforme mostram as propriedades do arquivo. Uma das cópias desse documento está no volume VIII, folha 1.915, mídia de DVD "RA 0017-2010, Demonstrativos analíticos e consolidados", pasta "Arquivos originais – Gol – CD nº 01", arquivo "Reservas_parlamentares.xls". O voo de Bolsonaro e Michelle encontra-se registrado entre as linhas 48.949 e 48.952 da planilha. O localizador da reserva TWTBDM mostra gasto de R$ 1.729,24 na coluna "AG-AMT". Segundo um documento da própria Gol, essa coluna revela o gasto com todos os passageiros que voavam naquela reserva. A coluna "Destino" mostra que o voo partiu de Brasília ("BSB"), passou em Curitiba ("CWB") e seguiu para Foz do Iguaçu ("IGU"). A coluna "data do voo" indica 29 de novembro de 2007, um dia depois do casamento civil. Não há informações precisas sobre a data da volta ou se esses valores já cobriam as despesas de retorno a Brasília.

[2] Decisão do presidente da Câmara dos Deputados, Arlindo Chinaglia (PT-SP), com base em pedido feito pelo deputado Jair Bolsonaro (PP-RJ) no processo administrativo nº 2007/145347, publicada no Suplemento do Diário da Câmara dos Deputados de 27 de março de 2008, na página 124.

[3] Prontuário do capitão Jair Messias Bolsonaro no Serviço Nacional de Informações (SNI), atualizado em 25 de setembro de 1989. Documento classificado como "secreto", obtido no fundo do SNI do Arquivo Nacional.

[4] Os bilhetes de Vicente de Paulo Reinaldo e Maísa Antunes foram emitidos no trecho Brasília-Galeão em 12 de março de 2008 e 16 de janeiro de 2009, conforme os localizadores "PT6SLB" e "F2QN5F", respectivamente, emitidos pela Varig. Custo: R$ 1.686,48. Os bilhetes de Ângela Maria Firmo Ferreira foram emitidos em 25 de abril de 2008 nos trechos Brasília-Galeão e Galeão-Brasília pela TAM,

conforme fatura 3420628, número de requisição 316.175/2008, formulário 2349, série 401229. Custo: R$ 743,24. Os bilhetes de Suyane Lanuze Ferreira Lima foram emitidos em 25 de abril de 2008 entre Brasília e Galeão, em viagem só de ida, e, depois, em 2 de julho de 2008, em viagem de ida e volta entre Brasília e Galeão. Todos os voos foram pela TAM, conforme a fatura 3420628, requisição 316.175/2008, formulário 2349 e série 401232; a fatura 3464583, requisição 325.528/2008, formulário 2349 e série 401232; e a fatura 3464583, requisição 325.528/2008, formulário 2349 e série 785581. Custo: R$ 1.207,36.

[5] Os 17 voos de Michelle Bolsonaro, sozinha ou acompanhada, entre 16 de agosto de 2007 e 12 de fevereiro de 2009, estão registrados nos arquivos da Gol (localizadores Q8N5LX, RCR6BM, YTL3AN, HE37DW, TWTBDM e PSB4CP), da Varig (localizadores U631DA, TIY7DD, WU3VCE, KBFKBA, BH9NLF, J47NAF, H7RF2T e Z5B7FS) e da TAM (números de requisição, formulário e série 291035, 2007-2338, 151030; 291035 2007, 2338, 151030; 316.175 2008, 2347, 865709; 316.175 2008, 2347, 865712; 316.175 2008, 2347, 865714; 325.528 2008, 2350, 944640; 325.528 2008, 2350, 944647; e 325.528 2008, 2350, 944659).

[6] Viagem dos irmãos Flávio e Carlos a Salvador consta de registros da Varig, localizadores LBVCLD e NG1NDD, na planilha 2008JAN01_2008JUN30-IPR277333. xls, que consta de várias mídias do inquérito civil público nº 1.16.000.002149/2005-21, como as cópias disponíveis no volume VIII da investigação.

[7] A viagem de Flávio Bolsonaro a Florianópolis e Porto Alegre em julho de 2008 consta de registros da companhia aérea TAM, conforme bilhetes cuja sequência numérica (requisição, empresa, formulário e série) é 3464583, 325.528 2008, 957, 2351, 442514. Para Florianópolis, a companhia registrou gasto de R$ 454,50 e taxa de embarque de R$ 19,62; para Porto Alegre, os mesmos valores. Total: R$ 948,00.

[8] A viagem de Carlos Bolsonaro e "Léo Índio" está registrada nos arquivos da Gol, planilha "Reservas_parlamentares.xls" com localizador LR7MDP, ao custo de R$ 1.138,48, com data de voo de 25 de setembro de 2007. Os trechos incluem ida e volta entre Rio e Brasília.

[9] As viagens de Ana Cristina Valle e o filho Jair Renan, em agosto de 2007, constam de registros da Gol, conforme localizadores de reserva "PJMYLP" e "VP7BCW", no arquivo "Reservas parlamentares", no inquérito civil público da Procuradoria da República no Distrito Federal já mencionado. A viagem de Jair Renan com o pai em 16 de julho de 2008 pela Gol está anotada na reserva "IZCZDA". O custo foi de R$ 999,24.

As demais viagens dos irmãos Flávio, Carlos, Eduardo e Jair Renan Bolsonaro estão nos arquivos das companhias aéreas em mídias constantes do inquérito civil do Ministério Público. Elas estão anotadas em localizadores da Varig e da Gol, como LBVCLD, NG1NDD, JJCGDD, JKYVDF, IZCZDA, GIGFOR, IJ1HCN, LR7MDP e PJMYLP, e em bilhetes TAM, como o 957, 2351, 442514 (sequência empresa, formulário e série), gerado a partir de requisição como a 325.528 2008.

Capítulo 2 – Michel e Marcela passeiam no sul da Bahia

[10] Reportagem "Michel Temer fez turismo na Bahia com passagens da Câmara", publicada pelo Congresso em Foco em 20 de março de 2009 e disponível em https://congressoemfoco.uol.com.br/legislativo/michel-temer-fez-turismo-na-bahia-com-passagens-da-camara/.

[11] Conforme se vê na Fig. 5, o banco de dados digital da companhia aérea Varig, que faz parte do inquérito civil da PRDF nº 1.16.000.002149/2005-21. O localizador da reserva CKQRCG revela viagem da família de Michel Temer a Porto Seguro (BA), identificada pelo código aeroportuário "BPS", na coluna FLT-STPS. As colunas AG-AMT mostram o total do localizador, de acordo com esclarecimentos prestados pela companhia aérea ao Ministério Público. No caso, o valor total de todos os passageiros foi de R$ 2.773,10. Na coluna PNR-TOT, há o valor do bilhete de cada passageiro daquele localizador, no caso, R$ 554,62.

[12] Informe nº 315/15/ASP/84, de 1º de fevereiro de 1984, e que faz parte do Fundo SNI (Serviço Nacional de Informações) do Arquivo Nacional.

[13] Informações sobre patrimônios de políticos neste livro foram extraídas de declarações de bens à Receita Federal e à Justiça Eleitoral feitas por políticos, compiladas e divulgadas na internet em banco de dados mantido pelo site Poder 360.

Capítulo 3 – As conexões da família Sarney

[14] A cotação do dólar em 15 de maio de 2007 era de R$ 1,982,00, de acordo com notícia do portal UOL, disponível em https://noticias.uol.com.br/economia/cotacoes/ultnot/2007/05/15/ult1918u62.jhtm

[15] Em março de 2008, o casal Sarney Filho e Camila fez nova viagem. O destino dessa vez foi Madri. Registros da TAM para voos entre Miami, Buenos Aires, Madri, Santiago e Montevidéu, sob os números 2339-980993, 2339-980994, 2344-9289, 2344-9292, 2348-854588, 2349-785563, 2334-605700 e 2339-946613, alguns com trechos de ida e volta, no período entre agosto de 2007 e julho de 2008.

Capítulo 4 – Práticas perdulárias

[16] Pesquisa divulgada pelo jornal *Folha de S.Paulo* em 3 de fevereiro de 2009. CNT-Sensus, disponível em https://m.folha.uol.com.br/poder/2009/02/497945-avaliacao-do-governo-federal-e-do-presidente-lula-bate-novo-recorde-diz-cntsensus.shtml

Capítulo 6 – Inquéritos rastreiam negócios paralelos

[17] Inquérito nº 6/2005 em que o agente Alber Vale faz o indiciamento de Pedro Damião e Marlon Araújo.

[18] O Ato da Mesa da Câmara nº 130, de 27 de junho de 2002, deu um acréscimo às cotas de passagens de alguns deputados. Membros titulares da Mesa teriam 70% a mais de verba para voar. Os suplentes de secretários da Mesa e os líderes dos partidos, 25%. Ele também menciona o ressarcimento de despesas de pessoas que estivessem "acompanhando as demandas dos deputados". A regra está disponível em https://www2.camara.leg.br/legin/int/atomes/2002/atodamesa-130-27-junho-2002-321482-publicacaooriginal-1-cd-mesa.html.

Capítulo 8 – Mais de meio século de vida no poder

[19] Reportagem "Família Sarney agora investe em gás", de Rodrigo Rangel, no jornal *O Estado de S.Paulo*, de 25 de julho de 2009, menciona patrimônio de R$ 250 milhões. O texto está disponível em https://politica.estadao.com.br/noticias/geral,familia-sarney-agora-investe-em-terras-com-gas,408465. Os valores foram atualizados até fevereiro de 2021, pela inflação medida pelo IPCA.

Capítulo 12 – O Congresso em Foco sacudiu o Parlamento

[20] Reportagem "Adriane Galisteu e artistas viajam por conta da Câmara", do Congresso em Foco, publicada em 14 de abril de 2009, disponível em https://congressoemfoco.uol.com.br/legislativo/adriane-galisteu-e-artistas-viajam-por-conta-da-camara/.

[21] Reportagem "Artistas se divertem no Carnatal", da revista *Caras*, publicada em 17 de dezembro de 2007, disponível em https://caras.uol.com.br/arquivo/artistas-se-divertem-no-carnatal.phtml.

Capítulo 14 – Conhecer o mundo às expensas da Câmara

[22] Os valores de gastos com passagens feitos pela Câmara em 2007 e 2008 foram corrigidos pela inflação oficial, medida pelo IPCA, até fevereiro de 2021.

Capítulo 16 – Os privilégios têm história

[23] NABUCO, Joaquim. *Um estadista do Império: Nabuco de Araújo* – sua vida, suas opiniões, sua época. Rio de Janeiro: Garnier, 1899. Disponível na Biblioteca Digital do Senado, em http://www2.senado.leg.br/bdsf/handle/id/179441)

Capítulo 31 – Bolsonaro fez carreira e patrimônio com regalias do mandato

[24] Segundo o Sindicato dos Servidores do Legislativo (Sindilegis) informou à agência Reuters em 2005, anteriormente à nomeação de Michelle, havia 1.500 funcionários na Câmara, mas apenas 3.600 eram concursados. Os salários variavam entre R$ 5 mil e R$ 7 mil, de acordo com o sindicato. Disponível em https://noticias.uol.com.br/ultnot/reuters/2005/05/12/ult27u48896.jhtm.

[25] A portaria CD-CC-SP-00311/2006, do Suplemento ao Boletim Administrativo nº 023 de 1º de fevereiro de 2006 (disponível em https://www.camara.leg.br/boletimadm/suplementos/2006/sp010206.pdf#search='michelle%20de%20paula%20firmo%20reinaldo) informa que Michelle Bolsonaro ocupava um cargo de SP-04 em fevereiro de 2006. Não se sabe o valor exato da remuneração dela à época. Mas, em julho daquele ano, os servidores da Câmara ganharam um aumento pela Lei nº 11.335/06. Os funcionários que, a exemplo de Michelle, tinham um SP-04 viram seus ordenados subirem para R$ 600,00. Ou seja, em fevereiro de 2006, seus rendimentos não chegavam a esse valor ainda. Michelle teve um aumento salarial já em março de 2006 feito pelo deputado Vanderlei Assis, que a transferiu para um cargo SP-08. Não se sabe o valor exato que ela recebia à época, mas, após a publicação da Lei nº 1.335, os rendimentos eram de R$ 1.200,00 mensais. Vide registro constante no Suplemento ao Boletim Administrativo nº 049 de 13 de março de 2006, disponível em https://www.camara.leg.br/boletimadm/suplementos/2006/sp130306.pdf#search='michelle%20de%20paula%20firmo).

[26] Suplemento ao Boletim Administrativo da Câmara dos Deputados nº 40, de 28 de fevereiro de 2007, disponível em https://www.camara.leg.br/boletimadm/suplementos/2007/sp280207.pdf e Boletim Administrativo de Pessoal da Câmara dos Deputados nº 123, Ano XXX, de 29 de junho de 2007, em que se registra cargo com rendimento equivalente a R$ 2.893,00 mensais, disponível em https://www.camara.leg.br/boletimadm/2007/ba20070629.pdf).

[27] Boletim Administrativo de Pessoal da Câmara dos Deputados nº 179, Ano XXX, de 18 de setembro de 2007, disponível em https://www.camara.leg.br/boletimadm/2007/ba20070918.pdf), e Suplemento ao Boletim Administrativo de Pessoal da Câmara dos Deputados nº 179, de 18 de setembro de 2007, disponível em https://www.camara.leg.br/boletimadm/suplementos/2007/sp180907.pdf). Suplemento ao Boletim Administrativo de Pessoal da Câmara dos Deputados nº 77, de 24 de abril de 2008, página 47, disponível em https://www.camara.leg.br/boletimadm/suplementos/2008/sp240408.pdf). Esse era o maior salário possível para um funcionário de gabinete parlamentar à época.

[28] Os dados das planilhas das empresas aéreas mostram voos de Arthur Lira. O primeiro foi entre Maceió e São Paulo, com passagem por Salvador, passagem emitida em 26 de junho de 2007. O localizador registrado foi o RHKWBP, e o bilhete custou R$ 439,62. O último trecho foi emitido em 1º de maio de 2008, feriado: foram passagens entre Maceió e Salvador. Há ainda voo da capital baiana até Brasília. Os dois bilhetes carregam o localizador I7Q6DA e tiveram custo de R$ 1.177,24.

Capítulo 32 – Atos secretos: privilégios ocultos no Senado

[29] A reportagem "Mordomo da casa de Roseana Sarney é pago pelo Senado" foi publicada em 20 de junho de 2009, e está disponível em https://politica.estadao.com. br/noticias/geral,mordomo-da-casa-de-roseana-sarney-e-pago-pelo-senado,390254. O salário mencionado, de R$ 12 mil, equivale a R$ 23 mil em valores atualizados pela inflação oficial, medida pelo IPCA, em maio de 2021.

Capítulo 34 – As questões éticas ficaram de lado

[30] Entrevista de Michel Temer concedida em 24 de junho de 2009 aos autores e publicada no dia seguinte pelo Congresso em Foco sob o título "Temer promete ação contra quem vendeu cota", disponível em https://congressoemfoco.uol.com. br/especial/noticias/temer-promete-acao-contra-quem-vendeu-cota/.

Capítulo 35 – Com a democracia, o Parlamento assume os escândalos

[31] Reportagem "Conheça dez histórias de corrupção durante a ditadura militar", de Marcelo Freire, publicada em 1º de abril de 2015 no portal UOL, disponível em https://noticias.uol.com.br/politica/ultimas-noticias/2015/04/01/conheca-dez-historias-de-corrupcao-durante-a-ditadura-militar.htm.

[32] Valores publicados pelo jornal *Folha de S.Paulo* na reportagem "Entenda o caso da pasta", de 1º de março de 1996, e disponíveis em https://www1.folha.uol. com.br/fsp/1996/3/01/brasil/53.html.

Capítulo 38 – Furto de papéis nas gavetas dos gabinetes

[33] Relatório final do inquérito nº 10/1998 da Coordenação de Polícia Legislativa da Câmara, constante dos Autos da Comissão e Sindicância Administrativa criada com a portaria nº 52/2009, volume II, folhas 440 em diante. Depoimento de Elói Xaveiro. Inquérito nº 10/1998 da Coordenação de Polícia Legislativa da Câmara, constante dos Autos da Comissão e Sindicância Administrativa criada com a portaria nº 52/2009, volume II, folhas 438 e 439.

[34] Informação prestada pelo diretor-geral da Câmara dos Deputados, Adelmar Sabino, em relatório que consta em decisão do processo de auditoria DC-0610-40/99-P do Tribunal de Contas da União (TCU), de 8 de setembro de 1999. Os documentos estão encartados no inquérito civil público (ICP) da PRDF nº 1.16.000.002149/2005-21, volume 1, folhas 200 em diante, página 109 do arquivo digital correspondente.

[35] O extrato do processo nº 1998.01.1.052836-5, que correu na 4ª Vara Criminal de Brasília, indica quem foi condenado ou absolvido no caso de Elói Xaveiro. Francisco Ramos foi condenado a dois anos e quatro meses de reclusão em regime aberto – em abril de 2009, a punição foi extinta. Carlos Alberto Cardoso cumpriu uma transação penal e, depois, teve a punição extinta. Elói Xaveiro e Marco Antônio Barroso tiveram o caso arquivado. Ronaldo Alex Ruffo foi denunciado e citado por edital – o processo ficou suspenso para ele segundo o acórdão da 1ª Turma Criminal do Tribunal de Justiça do Distrito Federal de 31 de agosto de 2008. As peças do processo original e da apelação (19980110528365 APR – 0052836-49.1998.8.07.0001) estão no sítio eletrônico do TJDFT, disponíveis em http://cache-internet.tjdft.jus.br/cgi-bin/tjcgi1?NXTPGM=tjhtml105&SELECAO=1&ORIGEM=INTER&CIRCUN=1&CDNUPROC=19980110528365, em http://cache-internet.tjdft.jus.br/cgi-bin/tjcgi1? MGWLPN=SERVIDOR1&NXTPGM=tjhtml11&ORIGEM=INTER&CIRCUN=1&CDNUPROC=19980110528365, e em https://pesquisajuris.tjdft.jus.br/IndexadorAcordaos-web/sistj. A íntegra do processo não foi fornecida aos autores pela 4ª Vara Criminal e pelo Núcleo de Arquivos do TJDFT até a conclusão deste livro.

Capítulo 39 – Uma ação penal tramitou no Supremo

[36] Ofício do procurador Luiz Fernando Viana, de 17 de outubro de 2005, constante do inquérito civil público (ICP) da Procuradoria da República no Distrito Federal (PRDF) número 1.16.000.002149/2005-21, volume I, folha 2-A, página 4 do arquivo digital correspondente.

[37] Depoimento de Pedro Damião Pinto Rabelo em 2005. Relatório final da Comissão de Sindicância Administrativa da Câmara dos Deputados, processo nº 112.498/2009-CD, volume VI, página 9, parágrafo 24.

Capítulo 41 – A cada passo um obstáculo para as investigações

[38] Termo de reinquirição de Pedro Damião Pinto Rabelo, depoimento prestado à Polícia Federal em 6 de novembro de 2006, conforme consta no inquérito nº 2.294, volume 1, folha 103, página 115 do arquivo digital correspondente.

[39] Informação do agente José Herlen Costa, de 22 de julho de 2008, constante do inquérito nº 2.294, volume 2, folhas 274 em diante, página 85 do arquivo digital correspondente.

[40] Novo pedido de busca e apreensão, feito pela procuradora Cláudia Sampaio Marques, em 17 de março de 2008, constante do inquérito nº 2.294, volume 2, folha 203, página 5 do arquivo digital correspondente.

[41] Despacho do juiz Leão Aparecido Alves, que atuou como relator convocado no Tribunal Regional Federal da 1ª Região, em 31 de maio de 2016: "sigilo processual [...] que [...] somente se fez necessário em razão do deferimento de uma medida cautelar de busca e apreensão, decretada ainda nos idos de 2007 (fl. 176) e cuja realização sequer se concretizou". Despacho consta no inquérito nº 2.294 do STF (IPL 0025039-72.2016.4.01.0000/DF do TRF-1), volume 4, folhas 701 em diante, página 77 do arquivo digital correspondente.

Capítulo 42 – Servidor alerta para arquivos das companhias aéreas

[42] Laudo 1251/2009-SETEC-SRDF do Instituto Nacional de Criminalística (INC), da Polícia Federal, constante do inquérito nº 2.294 do STF, volume 3, folhas 417 em diante, página 20 do arquivo digital correspondente

[43] Resposta do coordenador de Gestão da Cota Parlamentar, Hudson Corrêa Lima, em ofício de 1º de dezembro de 2009, constante do inquérito nº 2.294, volume 3, folha 77, página 182 do arquivo digital correspondente.

Capítulo 43 – O Congresso segura as investigações

[44] Parecer do procurador-geral da República Roberto Gurgel, de 19 de novembro de 2012, critica lentidão da Câmara e menciona que servidores não poderiam desviar passagens sem aval dos parlamentares. O documento está no inquérito nº 2.294, volume 3, folhas 626 em diante, página 243 do arquivo digital correspondente.

[45] Ofício do presidente da Câmara, Henrique Eduardo Alves (PMDB-RN), para o Supremo Tribunal Federal, datado de 13 de junho de 2013, conforme consta no inquérito nº 2.294, volume 4, folha 650, página 18 do arquivo digital correspondente.

Capítulo 44 – Janot cometeu uma trapalhada

[46] Reportagens "Janot garante a procuradores viagem em classe executiva", de Ricardo Brito e Andreza Matais, publicada em 24 de setembro de 2013 no jornal

O Estado de S. Paulo, disponível em https://politica.estadao.com.br/noticias/geral,janot-garante-a-procuradores-viagem-em-classe-executiva,1078192.

[47] Reportagem "Justiça suspende classe executiva para procuradores em viagens internacionais", da Agência Estado, reproduzida pela revista *Época Negócios* em 29 de julho de 2015 e disponível em https://epocanegocios.globo.com/Informacao/Acao/noticia/2015/07/justica-suspende-classe-executiva-para-procuradores-em-viagens-internacionais.html.

[48] Áudio de entrevista do procurador-geral da República Rodrigo Janot concedida em 28 de março de 2014 a Eduardo Militão e Sylvio Costa e cujos principais pontos foram publicados em 9 de maio, na revista *Congresso em Foco*, disponível em https://congressoemfoco.uol.com.br/especial/noticias/janot-metade-do-congresso-tem-pendencias-criminais/.

[49] Resposta feita a caneta pela subsecretária de Jornalismo da Secretaria de Comunicação da Procuradoria-Geral da República (PGR), Renata Santiago, entregue em 9 de julho de 2014 a um dos autores deste livro depois de ter sido feito pedido em 28 de janeiro de 2014 dirigido ao chefe de gabinete de Rodrigo Janot, Eduardo Botão Pelella, por meio da Lei de Acesso à Informação (LAI).

Capítulo 45 – Procurador-geral descarta crime de peculato

[50] O arquivamento do inquérito nº 2.294 foi feito a partir de parecer de Rodrigo Janot em 9 de março de 2016, conforme consta no inquérito, volume 4, folha 663 em diante, página 33 do arquivo digital correspondente.

Capítulo 46 – Cinco procuradores contestaram arquivamento de inquérito

[51] Até dezembro de 2019, o artigo 28 do Código de Processo Penal afirmava: "Se o órgão do Ministério Público, ao invés de apresentar a denúncia, requerer o arquivamento do inquérito policial ou de quaisquer peças de informação, o juiz, no caso de considerar improcedentes as razões invocadas, fará remessa do inquérito ou peças de informação ao procurador-geral, e este oferecerá a denúncia, designará outro órgão do Ministério Público para oferecê-la, ou insistirá no pedido de arquivamento, ao qual só então estará o juiz obrigado a atender". Em 2004, o ministro Celso de Mello, do STF, votou a favor de não recusar mais pedidos de arquivamentos feitos pela Procuradoria-Geral da República, conforme decisão no plenário do tribunal na Pet 2509 AgR, julgada em 25 de junho de 2004. O advogado criminalista Luís Henrique Machado, doutor em Direito Penal pela Universidade Humboldt de Berlim (Alemanha), explicou que é impossível,

a um ministro do STF, pedir ao procurador-geral da República, que ocupa o cargo máximo no Ministério Público, que reveja seus pedidos de arquivamento, conforme troca de mensagens com autores deste livro em 21 de outubro de 2020.

Capítulo 48 – Os chefes se livram das acusações

[52] Os nomes dos deputados investigados estão em reportagens do Congresso em Foco e entrevistas de ACM Neto, inclusive para a Agência Câmara, como em 14 de abril de 2010 (https://congressoemfoco.uol.com.br/especial/noticias/camara-manda-processar-deputado-paulo-roberto/), 6 de agosto de 2009 (https://www.camara.leg.br/noticias/131756-passagens-camara-vai-investigar-44-servidores-e-2-deputados/) e 6 de janeiro de 2010 (https://congressoemfoco.uol.com.br/legislativo/corregedor-diz -que-antecipar-cota-nao-quebra-decoro/).

Capítulo 50 – Um inquérito civil busca o dinheiro

[53] Ofícios da Gol, TAM e Varig enviados ao Ministério Público Federal entre 12 de setembro de 2007 e 1º de dezembro de 2008, com gastos de passagens e listas de viajantes e cotas de parlamentares, constantes do inquérito civil público (ICP) da PRDF nº 1.16.000.002149/2005-21, volumes I, II, II e IV.

[54] Depoimento de Vagdar Fortunato Ferreira à PRDF, em 28 de maio de 2009, constante do inquérito civil público (ICP) nº 1.16.000.002149/2005-21, volume V, folhas 1.193 em diante, página 234 do arquivo digital correspondente.

[55] Depoimento de Pedro Damião Pinto Rabelo à PRDF, em 16 de junho de 2009, constante do inquérito civil público (ICP) nº 1.16.000.002149/2005-21, volume VI, folhas 1.350 em diante, página 4 do arquivo digital correspondente.

Capítulo 51 – A análise do perito Marcion

[56] Relatório de análise 017/2010, do perito criminal José Marcion Silva, de 21 de junho de 2010, constante do inquérito civil público (ICP) nº 1.16.000.002149/2005-21, volume VIII, folhas 1.902 em diante, página 155 do arquivo digital correspondente.

[57] Valores corrigidos pela inflação oficial, medida pelo IPCA, até junho de 2021.

Capítulo 52 – Mudança de orientação no Ministério Público

[58] Promoção de arquivamento feita pelo inquérito civil público (ICP) nº 1.16.000.002149/2005-21, em janeiro de 2019.

[59] Ofício nº 224/19/GP do presidente da Câmara dos Deputados Rodrigo Maia, de 19 de fevereiro de 2019, constante do inquérito civil público (ICP) nº 1.16.000.002149/2005-21, volume XII, folhas 1.781 em diante.

Capítulo 53 – Caso encerrado sem punições

[60] Entrevista de Elton Ghersel aos autores deste livro em 16 de outubro de 2020, por meio de aplicativo de mensagens.

Capítulo 54 – Desembargadores trancam ação penal

[61] Os votos do desembargador Cândido Ribeiro e dos demais desembargadores da 4ª Turma do TRF em 8 de maio de 2018, no recurso em sentido estrito do inquérito nº 0076572-55.2016.4.01.3400/DF, estão disponíveis em https://arquivo.trf1.jus.br/PesquisaMenu Arquivo.asp?p1=00765725520164013400&pA=&pN=765725520164013400.

Capítulo 55 – Janot recebe pressão

[62] Entrevista de Rodrigo Janot em café da manhã com jornalistas, incluindo os autores deste livro, em 11 de novembro de 2016, noticiada no *Correio Braziliense* em edição de 12 de novembro de 2016 e disponível em_http://buscacb2.correioweb.com.br/correio/2016/11/12/AXX02-1211.pdf.

Capítulo 56 – A canetada final de Raquel Dodge

[63] Despacho de Janot de 12 de setembro de 2017 ordenou o arquivamento de "notícias de fato". A existência desse documento foi relatada aos autores pela Secretaria de Comunicação da PGR em uma conversa telefônica em 30 de julho de 2019.

[64] No último dia da gestão de Raquel Dodge, 17 de setembro de 2019, um despacho da PGR, em resposta a pedido conforme Lei de Acesso à Informação feito pelos autores, revelou que a "notícia de fato" sobre o presidente Jair Bolsonaro tinha o número 1.00.000.014119/2017-61. No mesmo documento, a PGR afirmou que o documento "tem o grau de sigilo confidencial".

[65] Manifestação nº 217/2019-SFPOSTF/PGR, na Notícia de Fato nº 1.00.000.014119/2017-61, de 13 de agosto de 2019.

Capítulo 58 – O fim da apuração da conexão maranhense

[66] Relatório 22/2016, do analista Raimundo Anjos, conforme página 143, volume II do inquérito civil público (ICP) nº 1.16.000.000780/2009-19, da PRDF.

[67] Pareceres, despachos e declarações dos procuradores do Ministério Público nesse capítulo fazem parte do inquérito civil público (ICP) nº 1.16.000.000780/2009-19 da PRDF, que analisou a conduta de senadores no uso das passagens aéreas pagas pelo Congresso.